Rudolf Decker

# Europa und Afrika

Von der Krise zu einer gemeinsamen Zukunft
der Nachbarkontinente

HERDER

FREIBURG · BASEL · WIEN

MIX
Papier aus verantwor-
tungsvollen Quellen
FSC® C083411
FSC
www.fsc.org

© Verlag Herder GmbH, Freiburg im Breisgau 2017
Alle Rechte vorbehalten
www.herder.de

Umschlaggestaltung: Chris Langohr, Freiburg
Umschlagmotiv: Greenoptix/fotolia
Satz: de·te·pe, Aalen
Herstellung: CPI books GmbH, Leck

Printed in Germany

ISBN 978-3-451-37779-2

# Inhalt

# Vorwort

*von Hans-Jochen Vogel*

Dies ist ein sehr ungewöhnliches Buch, das Rudolf Decker präsentiert. Es beschäftigt sich mit einer weltpolitisch überaus bedeutsamen Frage – nämlich der gegenseitigen Abhängigkeit Europas und Afrikas. Der Autor beschränkt sich aber nicht darauf, Fakten darzustellen, Entwicklungen zu schildern und Prognosen zu stellen. Er legt auch kein aus heutiger Sicht in absehbarer Zeit realisierbares Programm vor. Sondern er beschreibt eine Vision dessen, was seiner Meinung nach geschehen müsste, um den Menschen in beiden Kontinenten – und das wäre 2050 immerhin ein Drittel der Weltbevölkerung – zu einigermaßen erträglichen Lebensverhältnissen zu verhelfen. Zu diesen zählt er für Afrika die Achtung der Menschenrechte, die Schaffung demokratischer und rechtsstaatlicher Strukturen und die Gewährleistung sozialer Mindeststandards. Also ein Leben ohne Gewalt, ohne Hunger und mit einem Mindestmaß an Freiheit. Nur Fortschritte in dieser Richtung könnten angesichts der rapiden Bevölkerungszunahme in Afrika das explosive Anwachsen des schon in Gang gekommenen Flüchtlingsstroms nach Europa verhindern, der sonst die hiesigen Lebensverhältnisse ernsthaft gefährden würde. Beide Kontinente müssten auf kontinentaler Ebene zusammenarbeiten, um diesem Ziel näher zu kommen. Die einzelstaatliche Kooperation genüge dafür nicht mehr. Das gilt auch für die Verhinderung der Klimakatastrophe, die von Europa weitgehend verursacht worden ist, Afrika besonders hart trifft und sich mehr und mehr auf den Flüchtlingsstrom auswirkt.

Der Autor bagatellisiert die Schwierigkeiten, die dem entgegenstehen, keineswegs. Er weiß beispielsweise, dass an der Schaffung besserer staatlicher Strukturen in Afrika Persönlichkeiten mitwirken müssen, die bisher durchweg autoritär regieren, und schreibt das auch. Und er leugnet auch nicht, dass es in Europa durchaus ernstzunehmende Tendenzen gibt, das Problem durch die völlige Schließung der Außengrenzen zu lösen und jedenfalls fundamentale Hilfen für Afrika abzulehnen. Auch eine weitere grundlegende Frage klammert er nicht aus. Nämlich die Frage, welche Rolle China in dem ganzen Zusammenhang spielen soll, das in den letzten zwanzig Jahren zum wichtigsten Handelspartner[1] vieler afrikanischer Staaten geworden ist und zeitweise mehr in die Infrastruktur Afrikas investiert hat als alle EU-Staaten zusammen.[2]

Anderes wird offen gelassen. So die Sorge, ob die Afrikanische Union und die Europäische Union für völkerrechtlich verbindliche Verträge, ja sogar für die Gründung einer übergeordneten Institution wirklich die Kraft und den Willen besitzen. Oder ob die Europäische Union angesichts der Krisen, mit denen sie es gegenwärtig zu tun hat, überhaupt in absehbarer Zeit für Initiativen auf diesem Feld gewonnen werden kann.

Aber all das hat ihn nicht davon abgebracht, dieses Buch zu schreiben. Als Vision, vielleicht sogar als Weckruf. Als Weckruf, der dem Thema endlich ein Stück der Aufmerksamkeit verschafft, die es wahrlich verdient. Dafür ist ihm zu danken.

Zwei Umstände verleihen dem Buch noch zusätzlich einen besonderen Charakter. Das ist die Tatsache, dass hier jemand schreibt, der Afrika seit 1982 mehr als 100-mal besucht und sich dabei jeweils mit maßgeblichen Persönlichkeiten, aber ebenso mit »ganz normalen« Menschen getroffen hat. Mehrfach hat er dabei auch geholfen, Konflikte zu verhindern oder zu beenden. Er kennt also die Fakten, die er beschreibt, aus kontinuierlichem persönlichem Erleben.

Und er bekennt, dass er aus Verantwortung vor Gott handelt und dieses Buch vorlegt. Er beruft sich also auf den Gottesbezug in der Präambel des Grundgesetzes gerade auch in einem globalen Zusammenhang. Das ist ebenfalls nicht alltäglich und stellt eine Nähe zu entsprechenden kirchlichen Äußerungen und insbesondere zu Mahnungen des gegenwärtigen Papstes her. Das Buch lädt deshalb auch zum Nachdenken über diese Aspekte ein. Und auch dafür ist Rudolf Decker zu danken.

Im Dezember 2016                              Hans-Jochen Vogel
*Bundesminister a. D.*
*und ehemaliger*
*SPD-Parteivorsitzender*

# Vorwort

*von Seyoum Mesfin*

In seinem neuesten Buch *Europa und Afrika – Von der Krise zu einer gemeinsamen Zukunft der Nachbarkontinente* schöpft Rudolf Decker aus seiner bewährten langjährigen Erfahrung, Brücken zwischen Völkern und Kontinenten, Europa und Afrika zu bauen. Er hat sich in vorbildlicher Weise bemüht, seinen Lesern zu verdeutlichen, dass Europa und Afrika tatsächlich zwei zusammenpassende Teile eines Ganzen sind, wobei die Völker der beiden Kontinente durch die Jahrhunderte in schlechten Zeiten eng miteinander interagiert haben, z. B. während der Interessenkämpfe um Afrika in der vorkolonialen Zeit und im Afrika nach der Unabhängigkeit, die der Autor richtigerweise als die »Unabhängigkeit der Abhängigen« beschreibt. Während man hauptsächlich abhängig von europäischer Unterstützung war, war die erste Sorge der Afrikaner im Afrika nach der Unabhängigkeit, den Kontinent von den letzten Spuren der Kolonialisierung zu befreien, vom »dunkelsten Kapitel«, das den Weg hin zu einer Ära der Kooperation und Entwicklung mit Chancengleichheit ebnet.

Weil die Chancengleichheit noch nicht in befriedigendem Maße erreicht ist, hat die Zuwanderung aus Afrika nach Europa zugenommen, hauptsächlich wegen wirtschaftlicher Entbehrung, einer kulturellen Unterdrückung, Missbrauch von Grundrechten, Mangel an grundlegendem Respekt für Gesetze und gute Regierungsführung, wie auch der Vorstellung junger Menschen, die von der Kolonialisierung übrig geblieben ist, dass alles Europäische gut und alles Afrikanische nicht so gut sei. Migranten sehen Europa als das Land der Hoffnung und eines guten Lebens, während sie zum Großteil weder in der Lage sind noch dazu ermutigt werden, ihren ressourcenreichen Kontinent zu entwickeln.

Der Autor, ein großer Mann des Glaubens, versucht folglich zu zeigen, dass trotz der Unterschiede in den politischen Systemen Europa und Afrika als Gemeinschaft von Staaten zusammenarbeiten können. Dabei sollte Frieden und Entwicklung in Afrika unter Gottes Führung in gemeinsamer Anstrengung erreicht werden, damit unsere gemeinsamen Erwartungen erfüllt werden können. Der Autor argumentiert, dass dies nicht nur auf Europa und Afrika allein begrenzt sein sollte, da es hier enorme Möglichkeiten gibt, außerafrikanische und außereuropäische Akteure einzuschalten und mit ihnen zusammenzuarbeiten, wie z. B. Afrikas großen Entwicklungspartner China und Afrikas Partner im globalen Kampf gegen den Terrorismus, namentlich die Vereinten Nationen und die Vereinigten Staaten.

Der Autor besteht mutig und richtigerweise darauf, dass es Hoffnung für die Zukunft gibt. Er geht einen langen Weg mit Parallelen und Beispielen, um uns zu zeigen, wie dieser noble Traum erreicht werden kann.

Rudolf Deckers Buch ist ein Meisterwerk und eine humane Herangehensweise, um die Ziele der Völkerverständigung, um Freundschaft, Frieden und Entwicklung zu erreichen. Dieses Buch hat von der ersten bis zu letzten Seite die Aufmerksamkeit der Leser verdient.

Im Dezember 2016                                        Seyoum Mesfin
*1991–2010 Außenminister Äthiopiens,*
*derzeit Botschafter seines Landes in China*

# Einleitung

*Aus der Geschichte wissen wir, dass das Zeitfenster,
in dem man noch friedlich reagieren kann, immer kleiner
wird, je länger man wartet. ... Wenn man zu lange wartet,
bleiben nur noch brutale Lösungen.*

Franz Josef Radermacher[3]

## Eine Herausforderung des Jahrhunderts

Millionen Menschen auf der Flucht haben Europa und die
Welt erschüttert. Mit der Ankunft afrikanischer Bootsflüchtlinge vor der italienischen Insel Lampedusa fing es an. Dann
folgten Hunderttausende aus dem Nahen Osten. Unvorstellbare Schreckensbilder zeigten, dass die Menschlichkeit auf
der Strecke blieb. Europa war unvorbereitet und vielerorts
nicht in der Lage, mit dem Zustrom der Hilfesuchenden fertig
zu werden. Bei dieser Herausforderung versagte die Gemeinschaft der Europäer überraschend und weithin. Menschenmassen zu Fuß oder in lebensgefährlich überfüllten Booten
trieben die ratlose Politik vor sich her. Tatsachen und Prognosen zu beiden Kontinenten drängen die Vermutung auf, dass
die gegenwärtigen Flüchtlingsströme nur Vorboten einer viel
größeren Herausforderung sein könnten. Aus Afrika könnten
jetzt schon hundert Millionen kommen und noch viel mehr,
wenn sich wie vorhergesagt die Bevölkerung des Kontinents
bis 2050 mehr als verdoppelt[4] und einem überalterten Europa
gegenübersteht. So viel steht fest: Europa kommt an Afrika
nicht mehr vorbei.

Die Vision »Europa und Afrika« soll nicht als Anweisung
für den Katastrophenschutz verstanden werden. Vielmehr

15

geht es darum, mit allem denkbaren Einsatz »aus der Not eine Tugend zu machen«. Das hochentwickelte Europa mit seinem Potenzial an Wissen und Erfahrung für Politik, Wirtschaft und Gesellschaft ist ein idealer Partner für ein zwar weithin unterentwickeltes, aber überaus vitales und nach vorne strebendes Afrika: Ein Traumpaar, wenn die so Unterschiedlichen zusammenfinden. Es geht um die Herausforderung des Jahrhunderts. Das ist mit interessanten Zukunftsperspektiven verbunden und in einer »Nebenwirkung« geeignet, durch Beseitigung von Fluchtursachen künftige Flüchtlingsmassen zu vermeiden.

Eigentlich steht Afrika schon längst auf der europäischen Tagesordnung. Bereits im Jahr 1950 sah der Vorschlag des französischen Außenministers, Robert Schuman, zur Schaffung der Kohle- und Stahlunion vor, dass Europa zu Wohlstand gelange, um sich dann Afrika zuzuwenden: »Europa wird dann mit vermehrten Mitteln die Verwirklichung einer seiner wesentlichsten Aufgaben verfolgen können: die Entwicklung des afrikanischen Erdteils.«[5]

»Europa ist in keinem guten Zustand«, stellte vor Kurzem der Präsident der Europäischen Kommission, Jean-Claude Juncker, fest. Sollten die Freiheitsrechte in Europa aufgegeben werden, sei etwa auch der Euro sinnlos. Wolfgang Schäuble, der deutsche Finanzminister, sah die gesamte europäische Integration in Gefahr. »Die Dinge in Afrika entwickeln sich zum Schlechteren«, sagte mir jüngst Stephen Musyoka, langjähriger Außenminister von Kenia. Seyoum Mesfin, 19 Jahre Außenminister von Äthiopien und Verfasser eines Vorwortes zu diesem Buch, sagte immer wieder: »Trotz erfreulicher Entwicklung stimmt die Perspektive nicht. Bei allen Fortschritten hält die Entwicklung dem rasanten Bevölkerungswachstum nicht stand.«

Seit Jahrzehnten ist Afrika Teil meines Lebens. Freunde fragten mich: Wie konnte es zu Situationen wie vor der Insel

Lampedusa kommen? Was bedeuten diese Flüchtlinge für Europa, für Afrika, für die Welt? Ich selbst hatte Fragen über Fragen. Aus der Suche nach Antworten ist dieses Buch entstanden. Es ist den tausenden Ertrunkenen im Mittelmeer und vor Lampedusa und allen anderen Fluchtopfern der Gegenwart gewidmet. Sind diese Menschen Vorboten zu einem neuen Kapitel der Geschichte? Wohin steuert Europa? Wie geht es weiter mit Afrika?

Aus einer unendlichen Menge von Fakten und absehbaren Entwicklungen habe ich Bereiche ausgewählt, die den Leser in eigenen Erkenntnissen bestätigen oder zu einer Urteilsbildung hinführen können. Dabei erhebe ich nicht den Anspruch darauf, alle relevanten Fakten vollständig erwähnt zu haben. Erwähnt werden konnte nur ein Teil der Tatsachen und Prognosen, wie einzusehen sein dürfte. Sogar manches Maßgebliche blieb wahrscheinlich ungenannt. Ohne Garantie für höchstmögliche Genauigkeit berichte ich nach bestem Wissen und Gewissen. Das Erwähnte und nachfolgende Prognosen waren mir jedoch Grund genug, Überlegungen über die Zukunft anzustellen. Dabei entstand die Vision »Europa und Afrika«.

## Erste Überlegungen

Unabweisbare demografische und soziale Entwicklungen legen nahe, dass sich die Kontinente auf ein gemeinsames Schicksal besinnen und dieses zu bewältigen versuchen. Die Alternative wäre eine hermetische Absperrung mit Zäunen und Grenzwachen entlang von je vielen tausend Kilometern Mittelmeerküste auf europäischer oder auf afrikanischer Seite. Mit Waffengewalt müssten millionenfach Männer, Frauen und Kinder von der Flucht nach Europa zurückgehalten werden. Unvorstellbare Szenen menschlicher Tragödien wären das tägliche Hauptthema der Medien, eine nicht hinnehmbare Niederlage für die Menschlichkeit!

Die beiden Kontinente zusammen stellen neben Asien und Amerika eine der drei großen Nord-Süd-Regionen der Erde dar. Diese Geografie bestimmt das Schicksal der Kontinente in der absehbaren Zukunft. »Geschichte ist nichts anderes als eine in Bewegung gesetzte Geografie der Zeiten und Völker«, formulierte Johann Gottfried Herder im 18. Jahrhundert. Die historische Geografie und die reale Demografie führen zu zwei möglichen Optionen:

- Zum einen: unabweisbaren Dingen ihren Lauf zu lassen und ihnen tatenlos entgegenzugehen, um alles der ungewissen Entwicklung zu überlassen.
- Zum anderen: die heute bekannten Tatsachen und verlässlichen Prognosen zur Kenntnis zu nehmen und alsbald das »Gesetz des Handelns« zu ergreifen.

Die in diesem Buch entwickelte Vision will herausfordern. Europa und Afrika sollen zusammenfinden in der Erkenntnis, gemeinsam zu unternehmen, was zu unternehmen ist. Was unternommen werden muss, soll mit Mut und mit Begeisterung angepackt werden. Die Haltung »nach mir die Sintflut« kann angesichts der heute lebenden jungen Menschen in beiden Kontinenten nicht hingenommen werden. Es muss ein Weg aufgezeigt werden, der die junge Generation nördlich und südlich des Mittelmeers mitreißt und begeistert. Wenn die Tatsachen zur Zukunft der Kontinente unbeachtet bleiben, wird eine Dynamik unaufhaltsamer und nicht mehr steuerbarer Entwicklungen der Politik immer wieder ungeplante Prioritäten diktieren.

Vielen Gemeinsamkeiten der Kontinente stehen krasse Unterschiede gegenüber. Europa altert und schrumpft. Afrika ist jung und wächst unaufhörlich. Europa ist reich und weit entwickelt mit überwiegend funktionierenden Staaten, weithin erfolgreichen Marktwirtschaften und gewährleisteten Grundrechten. Afrika ist weitgehend arm und unterentwickelt, mit überwiegend unzureichenden Staatswesen und vielerorts fehlenden Grundrechten. Können derart ungleiche Nachbarn an eine gemeinsame Zukunft denken? Nicht erst seit den ertrinkenden afrikanischen Flüchtlingen wird deutlich: An einem »Miteinander« von Europa und Afrika führt kein Weg vorbei. Darüber hinaus müssen Sofortmaßnahmen gegen lebens- und existenzbedrohende Fluchtursachen in Gang gebracht werden.

Kriege, Terror und Flüchtlinge bestimmen die Berichte der Medien. In Europa gibt es erhebliche Auswirkungen der Flüchtlingskrise auf Wahlen und unerwartete Verschiebungen im politischen Spektrum. Neu ist: Das heutige Weltgeschehen spielt sich durch die elektronischen Medien vor unser aller Augen ab. Diese neue »Weltoffenheit« ist faszinierend und furchterregend zugleich. Bis in »am Ende der Welt« gelegene Siedlungen in den ärmsten Ländern und bis hinein in die erbärmlichsten Hütten der Slums in den Megastädten erfahren alle, wie andere in den wohlhabenden Ländern leben. Alle erfahren dann auch, dass Millionen sich aufmachen, um die tatsächlich bessere Welt zu finden. Das Fernsehen wird zum Fremdenführer. Das Mobiltelefon der am Ziel ihrer Flucht Angekommenen dirigiert die Zurückgebliebenen, die sich auf den Weg machen. Ist die Welt aus den Fugen geraten? Das sind einige der Fakten:

- Kriegerische Auseinandersetzungen in aller Welt bestimmen immer wieder die Schlagzeilen. Viele davon ereignen sich in Afrika.
- »Menschengemachte« Umweltzerstörung führt zu dramatischen Klimaveränderungen, die bestenfalls aufgehalten, aber nicht mehr rückgängig gemacht werden können.
- Der Unterschied der Lebensverhältnisse zwischen einer reichen Minderheit der Weltbevölkerung und einer armen

Mehrheit wächst unaufhaltsam. Der Unterschied kann als Ungerechtigkeit erkannt und für die privilegierte Minderheit zur Bedrohung werden.

- Die demografische Entwicklung diktiert die zukünftige Menschheitsgeschichte. Jahr für Jahr wächst die Erdbevölkerung nach UN-Angaben um über 70 Millionen Menschen.[6]

Wohin wird das führen? In folgenden Kapiteln wird entsprechend der Prognosen der Vereinten Nationen vorwiegend das Jahr 2050 in Betracht genommen. Die Mehrzahl der Kinder von heute kann jedoch mit einer Lebenserwartung bis über das Jahr 2070 hinaus rechnen.[7] Die Nachbarkontinente Europa und Afrika repräsentieren mit rund 1,9 Milliarden Menschen etwa 26 % der Weltbevölkerung. Davon fallen etwa 42 % auf Europa, etwa 58 % auf Afrika. Schätzungen zufolge sind etwa 640 Millionen Afrikaner bis zu 18 Jahre alt im Vergleich zu etwa 160 Millionen Europäern in der gleichen Altersstufe.[8] Für die Kinder und jungen Menschen beider Kontinente ist das eng miteinander verbundene gemeinsame Schicksal eine gewaltige Herausforderung. Die Zukunft ist zum Hoffen – oder zum Verzweifeln.

## Warum dieses Buch?

Der Leser dieses Buches sollte wissen, auf welchem Hintergrund ich mich zu Wort melde. Umfassende Aussagen über zwei Kontinente und seriöse Voraussagen bedürfen einer Vielzahl von Experten und Forschungseinrichtungen. Erkenntnisse dazu füllen Bibliotheken. All dies konnte für *Europa und Afrika* nur teilweise herangezogen werden. Auslöser für das Entstehen des Buches waren die erwähnten dramatischen Ereignisse. Weder mein berufliches »Hauptfach«, das Bauingenieurwesen, noch meine beiden »Wahlfächer«, die »Glaubensfrage mit dem Gottesbezug« sowie die »Verantwortung als politischer Mandatsträger«, qualifizieren mich zum Experten für Entwicklungen von Kontinenten. Deshalb habe ich kein Sachbuch wissenschaftlicher Art vorgelegt. Das Aufgeschriebene erkläre ich aus meinem Werdegang:

Mein Geburtsjahr 1934 macht mich zum Zeitzeugen einiger der dunkelsten und der hellsten Jahrzehnte der jüngeren Geschichte. Gemeint ist der Aufstieg Deutschlands nach 1945 ungeachtet von Kriegsschuld, Verbrechen an der Menschlichkeit, Zerstörung, Elend und millionenfachem Tod. Ich habe den Maurerberuf erlernt und auf dem zweiten Bildungsweg die Hochschulreife erworben. Nach dem Studium des Bauingenieurwesens gründete ich vor mehr als 50 Jahren eine bis heute erfolgreiche Ingenieurgesellschaft, die mein berufliches »Hauptfach« wurde. Mein erstes »Wahlfach« geht auf mein pietistisch geprägtes Elternhaus zurück. Lebenslang begleiten mich die Glaubensfrage nach der Existenz Gottes und die gewachsene Gewissheit, dass es in allen denkbaren Lebenslagen entscheidend auf Gott ankommt. Mein weiteres »Wahlfach« wurde die Politik. 24 Jahre lang war ich »nebenberuflich« Abgeordneter des Landtags von Baden-Württemberg. Zu einem Schwerpunkt meiner Mitwirkung wurde die Umweltpolitik. In meinem 1988 erschienenen Buch *Operation Umwelt* habe ich, *Europa und Afrika* vergleichbar, Fakten aufgezeichnet und Ideen zur Bewältigung einer Krise zusammengestellt, die bis heute meist von tatsächlichen Entwicklungen bestätigt wurden. Der »Gottesbezug« und die Welt der Politik sind in Deutschland an prominenter Stelle verknüpft: Die Präambel des Grundgesetzes für die Bundesrepublik Deutschland geht von einer »Verantwortung vor Gott und den Menschen« aus, die im Sinne der Religionsfreiheit beachtet oder ohne »Gottesbezug« auch als »Verantwortung vor den Menschen« verstanden werden kann.

Weder Religion noch Politik gehören zu den sogenannten exakten Wissenschaften. Mit meinem »Hauptfach«, dem Bauingenieurwesen, und den beiden »Wahlfächern« gehöre ich zwei höchst unterschiedlichen Denkwelten an. Dieses Buch ist eher Religion und Politik zuzuordnen als der Genauigkeit des Naturwissenschaftlers oder gar der Akribie des Juristen. Im Sinne von »Verantwortung vor Gott und den Menschen« bin ich seit Jahren ehrenamtlich und überparteilich in Politik, Wirtschaft und Gesellschaft tätig. Daraus ergaben sich zu den politischen Kontakten in Deutschland auch solche im Ausland, wie zum Beispiel in Afrika.

Meine Afrika-Kontakte begannen 1979 in den USA. Von Abgeordneten des Kongresses der Vereinigten Staaten von Amerika wurde ich zum jährlich stattfindenden *National Prayer Breakfast*, einem »Nationalen Gebetsfrühstück«, in Washington D.C. eingeladen. Dort forderten mich die Veranstalter auf, die Idee von Begegnungen mit Gedankenaustausch und Gebet für politische Mandatsträger in Deutschland einzuführen. Dazu ermutigte mich auch der damalige Botschafter der Bundesrepublik Deutschland in Washington, Bernd von Staden. Im Jahr 1982 bat mich der Begründer des heutigen *National Prayer Breakfast* in den USA, Douglas Coe, einen Kontakt zum damaligen Präsidenten Somalias, Siad Barre, weiterzuführen. Somalia war seit der Befreiung von Geiseln in Deutschland bestens bekannt. 1977 hatten Terroristen die Lufthansamaschine *Landshut* entführt. Mit Genehmigung von Siad Barre konnte die berühmte Gruppe GSG 9 des Bonner Innenministeriums in Mogadischu die *Landshut* stürmen und die Entführten retten. Inzwischen war Bernd von Staden zum Staatssekretär des Auswärtigen Amtes in Bonn aufgestiegen. Um seinen Rat gebeten, empfahl er mir, die Einladung anzunehmen. So unternahm ich mit einigen Freunden die erste von inzwischen mehr als 100 Reisen nach Afrika. Der Kontakt zum Präsidenten Somalias entwickelte sich zu einer Freundschaft. Er war es dann, der mir empfahl, weitere afrikanische Präsidenten zu besuchen und in das Netzwerk der Freunde einzubeziehen. Im Laufe der Jahre ergaben sich so Kontakte zu Persönlichkeiten in mehr als der Hälfte der afrikanischen Staaten. Ich habe in der Regel das Auswärtige Amt von meinen Reisen unterrichtet. Die deutschen Botschafter standen mir oft mit profunder Kenntnis des Landes und bei zahlreichen Unternehmungen vor Ort zur Seite.

## Auf der Suche nach Frieden und Verständigung

Nicht nur der Botschafter der Bundesrepublik Deutschland in Washington gab mir 1979 den Rat, die Initiative »Frühstück mit Gedankenaustausch und Gebet« in Deutschland einzuführen. In Bonn baten uns wenige Jahre später der kenianische und der äthiopische Botschafter, ein derartiges Frühstück für Diplomaten einzurichten. Heute laden Bundestagsabgeordnete dazu ein. Die Botschafter kommen auf gegenseitige Empfehlung. Sie repräsentieren Länder aus aller Welt und gehören verschiedensten Religionen oder Weltanschauungen an. Neben der persönlichen Kontaktpflege sind »Verantwortung vor Gott und den Menschen« und Prinzipien von Jesus von Nazareth Ausgangspunkt für Gespräche. Zu den Teilnehmern gehören auch deutsche Botschafter außer Diensten, zu denen vor Ort Kontakte entstanden waren. Von einigen afrikanischen Botschaftern kamen Bitten, in ihren Ländern bei dortigen Konflikten zu Verständigung und Frieden beizutragen. Entsprechende Missionen wurden oft begleitet von Abgeordneten des Bundestages. Beispiele von entsprechenden Aktionen sind:

Hutu und Tutsi in Burundi. »Du solltest sofort kommen und uns helfen, einen Bürgerkrieg in Burundi zu verhindern«, meldete sich am Telefon der Präsident Burundis, eines kleinen innerafrikanischen Landes mit heute mehr als 10 Millionen Menschen am Tanganjika-See. Ich ließ anderes stehen und liegen und machte mich auf den Weg. Das Land war in großer Unruhe. Die Spannung zwischen den Ethnien der Hutu und der Tutsi hatten wieder einmal einen Höhepunkt erreicht. Näheres sei zur Erläuterung meiner Afrikakontakte und als Beispiel für deren häufige Inhalte erwähnt:

*Mein Beispiel zum Verständnis: Die Spannungen im Land hatten zur Folge, dass der den Hutu angehörende Staatspräsident und sein zur Minderheit der Tutsi gehörende Ministerpräsident nicht mehr miteinander zurechtkamen. Sie konnten sich schon seit geraumer Zeit nicht mehr verständigen. Auch in meiner Anwesenheit wechselten sie zunächst kein Wort, nicht einmal zu meiner Begrüßung. Auf meine Bitte hin erläuterte mir der Ministerpräsident dann die »Verfassungslage« beim Zusammenwirken von Präsident und Ministerpräsident. In die dann entstehende Gesprächspause hinein fragte ich schließlich: »Als Gott die Menschen erschuf, machte er sie ›nach seinem Bild‹, wie die Bibel sagt. Meine Frage an die beiden Herren: Wie sah denn Gott aus – eher wie ein Hutu oder ein Tutsi?« Beide Herren lachten jetzt herzlich. Der Weg zu einem Gespräch war plötzlich frei. Gegen Mitternacht traten beide miteinander an den Eingang der Residenz des Präsidenten, wo zahlreiche Vertreter von Presse und Fernsehen gewartet hatten. Der Versöhnungsprozess im Land solle weitergehen, verkündigten sie gemeinsam. Der Bürgerkrieg war, leider nur für kurze Zeit, abgewendet.* (Oktober 1995)

Im Bürgerkrieg zwischen dem Norden und Süden des Sudan. Auch dieser »Einsatz« nahm seinen Anfang im Frühstückskreis der Botschafter in Bonn. Der Botschafter des Sudan hatte dort von meinen Kontakten zum Präsidenten Ugandas erfahren. Als er davon dem Präsidenten des Sudan in Khartum berichtete, lud mich dieser in die sudanesische Hauptstadt ein. Dort bat er mich, für ihn einen persönlichen Kontakt zu dem Präsidenten Ugandas herzustellen.

*Mein Beispiel zum Verständnis: Uganda war problematisches Feindesland für den Sudan, weil die südsudanesischen Rebellen von dort aus regelmäßig in den Süden des Sudan, ein Gebiet dreimal so groß wie Deutschland, eindringen konnten, um sich nach erfolgreichen Angriffen wieder auf ugandisches Gebiet zurückzuziehen. Im persönlichen Gespräch berichtete ich dem Präsidenten von dem Wunsch seines »Feindes«, mit ihm zu sprechen. Das fand zunächst nicht seine Zustimmung. »Wir sollten nicht nur mit ihm sprechen, sondern auch mit ihm beten, weil er ein frommer Moslem ist«, sagte ich. »Mit einem Moslem beten?«, fragte der gläubige Christ irritiert zurück. Nach einer längeren Pause in unserem Gespräch stimmte der Präsident Ugandas schließlich dem Treffen mit seinem Kollegen aus dem damals größten afrikanischen Land zu: »Wenn mir Gott eine Zunge gegeben hat, muss ich sie wohl auch nutzen. Du kannst das Treffen vorbereiten.« Es fand am Rand einer Konferenz in Nairobi statt.* (Erstes gemeinsames Treffen 1994)

Wir konnten insgesamt fünf vertrauliche, zum Teil höchst abenteuerliche Begegnungen durchführen. Bei der sechsten war Arap Moi, der damalige Präsident Kenias, Gastgeber. Die vertraulichen Begegnungen der beiden Präsidenten trugen dazu bei, dass mithilfe der internationalen Staatengemeinschaft Verhandlungen in Gang kommen konnten, die im Ergebnis nennenswert zur friedlichen Trennung des Nordsudan vom Südsudan beitrugen.

Auf der Suche nach der Zukunft Ruandas vor dem Genozid. Im Sommer 1990 besuchte ich, einer Empfehlung des Präsidenten von Burundi folgend, zum ersten Mal den Präsidenten seines Nachbarlandes Ruanda. Das Gespräch kam nur mühsam in Gang. Der Präsident wollte am Ende wissen, wie der Kontakt nun weitergehe. Ich bot an, er solle mich anrufen, wenn er glaubte, unsere Freunde und ich könnten etwas für ihn tun.

*Mein Beispiel zum Verständnis: Drei Monate nach meinem Besuch in Kigali rief mich der Präsident Ruandas an: »Du hast gesagt, ich solle dich anrufen, wenn ich ein Problem hätte. Ich habe ein Problem: Im Norden Ruandas sind Rebellen aus Flüchtlingslagern in Uganda eingedrungen. Ich habe Bürgerkrieg. Komm und hilf uns!« Mit dieser Bitte fühlte ich mich überfordert. Ich folgte ihr erst, nachdem mein amerikanischer Freund Douglas Coe mir die Begleitung eines amerikanischen Generals im Ruhestand mit Vietnamerfahrung zusagte. Auch hier war Uganda das »feindliche« Nachbarland, von dem aus die Rebellen operierten. Nach dem Besuch beim Präsidenten Ruandas und der Bürgerkriegsfront dort flogen wir nach Uganda, wo uns dessen Präsident auf der »Rebellenseite« an die Front schickte. Wir lernten den Chef der Rebellen, den heutigen Präsidenten Ruandas, mitten im Busch kennen. Schließlich erreichten wir, dass in der Folge die Präsidenten der Nachbarländer und die Rebellen ins Gespräch kamen, wobei die Präsidenten Tansanias und Burundis wertvolle Hilfe leisteten.* (Juli 1990)

Endlich kamen offizielle Verhandlungen in Gang, die zu guten Ergebnissen führten. Dann aber nahm die Tragödie ihren Lauf. Im April 1994 wurde ein Friedensabkommen in Daressalam, der damaligen Hauptstadt Tansanias, unterzeichnet. Bei der Rückkehr in die ruandische Hauptstadt Kigali wurde das Flugzeug des Präsidenten abgeschossen. An Bord befand sich auch der Präsident Burundis. Unter den Toten befanden sich mehrere meiner Freunde. Mit dem Absturz nahm der bekannte schreckliche Völkermord in Ruanda seinen Anfang. Von den eigenen Landsleuten wurden eine Million Menschen niedergemetzelt.

*Flüchtlinge aus Ruanda und Kontakte mit Präsident Mobutu im damaligen Zaire. Der ehemalige Präsident Burundis bedrängte mich, den international sehr umstrittenen Präsidenten Mobutu im Osten der heutigen Demokratischen Republik Kongo zu besuchen. Er vereinbarte ein Treffen in der Residenz des Präsidenten und begleitete mich. Weitere Besuche folgten. Nach dem Genozid in Ruanda 1994 strömten mehr als eine Million ruandische Flüchtlinge in die östliche Demokratische Republik Kongo. Sie kamen in ein Land, in dem es völlig an Ordnung und Sicherheit fehlte. Präsident Mobutu war zu Gesprächen über diese Lage unter der Bedingung bereit, dafür nach Deutschland kommen zu können. Mit der Hilfe von Hans-Jochen Vogel, Hans Stercken, dem jungen Ministerpräsidenten von Rheinland-Pfalz Kurt Beck sowie einigen Bundestagsabgeordneten organisierten wir im Mai 1995 in dem Kurort Bad Kreuznach mit guten Erfolgen eine »Gipfelkonferenz« mit dem Ziel, dem Massenchaos im östlichen Kongo entgegenzuwirken und wirksame humanitäre Hilfe zu ermöglichen.* (Mai 1995)

Rebellen und die sudanesische Darfur-Tragödie. 2003 begann ein Bürgerkrieg in der westsudanesischen Region Darfur. Nach UN-Angaben starben dabei bisher mehr als 200 000 Menschen. Zwei Millionen flohen.[9] Das Gebiet von der eineinhalbfachen Fläche Deutschlands umfasst einen Teil der Sahelzone, kärglich bewachsenes Trockengebiet. Im regenreicheren Osten dagegen gibt es Landwirtschaft. Im Nordwesten leben Nomaden mit riesigen Kamel- und Rinderherden, die dort in den regenreicheren Wintermonaten weiden. Zu Beginn der sommerlichen Hitze werden die Herden bis zu 1000 Kilometer in den Süden getrieben, um in der subtropischen Vegetation Weidemöglichkeiten zu finden. Im Herbst kehren sie zurück. Die Sahara dehnt sich aus und vermindert die Weideflächen auf der Nord-Süd-Route ständig. Hungrige und durstige Herden suchen dann in den landwirtschaftlichen Gebieten Fressbares. Weil es seit langer Zeit immer wieder zu Auseinandersetzungen zwischen Ackerbauern und Nomaden kam, entwickelten sich Schlichtungsrituale zwischen beiden Seiten. Dennoch kam es zum Darfur-Bürgerkrieg. Eine auf den Sturz des Präsidenten des Sudan gerichtete islamistische Opposition versuchte, durch diesen Konflikt ihr Ziel eines Machtwechsels zu erreichen.

*Mein Beispiel zum Verständnis: Auch in diesem Konflikt hatte ich es mit »Freund und Feind« zu tun. Über Exilanten in London erhielt ich Kontakt zum Chef der stärksten Rebellenbewegung im Darfur-Konflikt. Nach Rücksprache mit Khartum reiste ich von der über 1000 km westlich gelegenen Hauptstadt des Tschad aus in einer abenteuerlichen Fahrt durch die Wüste zu den Rebellen im Busch in Darfur. Ich hatte es mit strengen Moslems zu tun. Wir begrüßten uns im Namen Gottes. Ich verwies bei der Begrüßung auf »Jesus von Nazareth«, der bekanntlich eine große Bedeutung im Islam hat und für mich in Situationen wie diesen immer eine sichere Brücke zur Verständigung ist. In dem später sehr freundschaftlich verlaufenden Gespräch versuchte ich unter vier Augen ohne Erfolg, den Rebellenchef zur Annahme eines Gesprächsangebots des sudanesischen Präsidenten zu bewegen. Gleichwohl blieben wir über Satellitentelefon in freundschaftlichem Kontakt, bis er nicht lange danach im Kampf mit Regierungstruppen den Tod fand.* (April 2007)

# Auf der Suche nach Hilfen für Menschen in Not

*Beitrag Ugandas zur inneren Sicherheit in Somalia. Im Anschluss an eine Begegnung mit den Präsidenten Kenias, des Sudan und Ugandas in Kenia im Zusammenhang mit der »Aktion Sudan« bat ich den ugandischen Präsidenten, sozusagen als »Gegenleistung« für meine Mitwirkung, mit mir in das elende, von Anarchie und Bürgerkrieg heimgesuchte Somalia zu fliegen, um mit seiner Autorität die dort widerstreitenden »Warlords« zusammenzubringen. Er willigte ein. Unser überaus abenteuerlicher Besuch hat Folgen bis heute: Ugandische Truppen sichern den Sitz der somalischen Übergangsregierung und großer Teile der somalischen Hauptstadt gegen terroristische Übergriffe der im Lande gefürchteten Milizen.* (Februar 1998)

*Versuch zur Befreiung von entführten Mädchen im sudanesischen Bürgerkrieg. Im Norden Ugandas im Grenzgebiet zum Sudan operierte eine Widerstandsbewegung gegen den Präsidenten Ugandas mit dem Namen »Lord's Resistance Army« (Gottes Widerstandsarmee). Im völligen Widerspruch zum Gottesbezug hat diese ›Armee‹ durch fürchterliche Grausamkeiten Angst und Schrecken verbreitet. Nicht nur einmal geschah dies: Wegen verweigerter Unterstützung wurde in einem Dorf Großvater, Vater und Sohn ein Bein am Oberschenkel abgeschlagen. Die Opfer mussten sich zur Abschreckung der Dorfbewohner jeden Tag mit ihrer Verstümmelung vor ihre Hütte setzen, wenn sie nicht weitere Grausamkeiten riskieren wollten. Die Truppen von Gottes Widerstandsarmee haben im Oktober 1996 eine katholische Mädchenschule überfallen und mehr als 100 Schülerinnen entführt. Da die ugandischen Rebellen im Bürgerkrieg mit den Kommandos der sudanesischen Armee im Südsudan zusammenwirkten, kam der Vorfall in einem unserer Treffen* mit den Präsidenten Ugandas und des Sudan zur Sprache. Begleitet von sudanesischen Militärs machte ich mich mehrmals zusammen mit der Leiterin der katholischen Schule und einem Vater zweier Entführter auf die letztlich vergebliche Suche nach den Mädchen. Einige von ihnen konnten sehr viel später fliehen. Andere blieben bei den ihnen angetrauten Kommandeuren der Rebellen. (1997)

Ärztliche Versorgung von Flüchtlingen im Darfur-Bürgerkrieg. Nochmals zum Darfur-Bürgerkrieg: Im Zuge der sudanesischen Kämpfe zwischen Nord und Süd wurde im kirchlichen Bereich in den USA und darüber hinaus verbreitet, dies sei ein Religionskrieg zwischen dem islamischen Norden und dem christlichen Süden. Dieser Auffassung stand schon entgegen, dass weit mehr als eine Million südsudanesischer Bürgerkriegsflüchtlinge christlichen Glaubens in die Hauptstadt Khartum geflüchtet waren. Der Katholische Nuntius im Sudan sagte mir immer wieder, dass es sich nicht um einen »Religionskrieg« handle, was auch mit meinen eigenen Beobachtungen übereinstimmte. Der Sudan stand jedoch auf der Liste der von den Vereinigten Staaten erfundenen »Schurkenstaaten«. Im Zusammenhang mit dem Darfur-Krieg erließ der Internationale Strafgerichtshof in Den Haag einen Haftbefehl gegen den sudanesischen Präsidenten. Der reagierte unter anderem so, dass mit den USA verbundene Hilfsorganisationen aus Darfur ausgewiesen wurden. Eine mit uns freundschaftlich verbundene humanitäre Initiative sollte ebenfalls das Land verlassen, was ich verhindern konnte. So konnten 250 000 Flüchtlinge weitere Jahre lang medizinisch versorgt werden. (August 2004 bis Januar 2010)

# 1. Tatsachen

*Einer neuen Wahrheit ist nichts schädlicher
als ein alter Irrtum.*

Johann Wolfgang von Goethe[10]

## Die Flucht der Millionen

### SOS von der Insel Lampedusa

Derzeit sind weltweit etwa 65 Millionen Menschen auf der Flucht, schätzt das Flüchtlingshilfswerk der Vereinten Nationen, UNHCR.[11] So viele waren es noch nie zuvor. Etwa die Hälfte dieser Menschen sind »Binnenflüchtlinge«, die aus Krisengebieten in tatsächlich oder scheinbar sichereren Gegenden des eigenen Landes zu überleben hoffen. Die andere Hälfte hat jenseits der Grenzen Rettung gesucht. Etwa die Hälfte der Geflohenen sind Jugendliche und Kinder. Viele hofften bisher, von den Nachbarländern aus nach Beendigung der Kämpfe wieder in die angestammte Heimat zurückkehren zu können. Das Warten wurde meist zum Albtraum. Die Lager wurden übervoll. Die Grundversorgung der Menschen hinsichtlich Ernährung, Bildung, Gesundheit und persönlicher Sicherheit brach vielerorts zusammen. Die Verzweiflung führte massenhaft zur Fortsetzung der Flucht in Richtung Europa, insbesondere in Richtung Deutschland. Die unerwarteten Menschenmassen haben die nationale und internationale Politik in Europa geradezu vor sich her getrieben. Das Flüchtlingshilfswerk UNHCR schlug Alarm. Weltweit gab es in den letzten fünf Jahren allein 15 zusätzliche Flucht verursachende Konflikte oder Bürgerkriege.[12]

Der größte Anteil der Flüchtlinge weltweit betrifft den asiatisch-pazifischen Raum. Dann folgen der Nahe Osten mit Nordafrika, Afrika südlich der Sahara und Europa. Auch von Süd- nach Nordamerika gibt es Fluchtbewegungen in Millionenhöhe. Vielerorts wurden Grenzzäune und Mauern errichtet. Nachdem etwa 15 Millionen Einwohner von Bangladesch nach Indien geflüchtet waren, wurde zwischen beiden Ländern jüngst ein etwa 3000 km langer Sperrzaun errichtet.[13] Den Flüchtlingsstrom von Mexiko in die USA soll teilweise ein 1000 km langer Zaun verhindern.[14]

Europa ist schon seit längerer Zeit Ziel von vielen Zuwanderern aus Afrika, die in abenteuerlichen Bootsfahrten das Mittelmeer überquerten. Traurige Berühmtheit hat hier die italienische Insel Lampedusa erlangt. Sie liegt von Libyen aus »nur« etwa 300 km von Nordafrika entfernt. Vor allem aus Somalia, Eritrea, dem Südsudan, Nigeria und Gambia kommen derzeit »Bootsflüchtlinge«. Sie haben selbst oder mithilfe zurückgebliebener Familienangehöriger eine für sie riesige Geldsumme zur Ermöglichung dieser Flucht aufgebracht. Meist haben sie die gefährliche Durchquerung der Wüste Sahara schon hinter sich, um sich dann oft nicht seetüchtigen und überfüllten Booten für die Seereise anzuvertrauen. Dabei sind bisher Tausende ertrunken. Das schreckt Millionen andere nicht davor ab, selbst auf eine Möglichkeit zur Überfahrt zu warten. Dabei geraten sie in die Hände eines neuen Zweigs weltweiter Schattenwirtschaft, der Schleuser. Ohne Rücksicht auf Verluste betreiben diese mit krimineller Energie fragwürdige Transporte für lebende Menschen. Das Schicksal dieser Flüchtlinge stand am Anfang der Überlegungen zu diesem Buch. Auch wenn die afrikanische Zuwanderung angesichts der aus Asien kommenden Menschenmassen zeitweilig aus den Schlagzeilen geraten ist: In Afrika, dem Nachbarkontinent Europas, besteht das bei weitem größte »Potenzial« für kommende Zuwanderungsströme und es wächst weiter heran.

*Mein Beispiel zum Verständnis: In einer Nachrichtensendung eines der öffentlich-rechtlichen Fernsehprogramme im August 2015 überschreitet die Moderatorin ihre Kompetenzen. Zunächst wird Flüchtlingselend mit Menschen gezeigt, die mit vielen Kindern, Alten und Erkrankten nach tagelangen Fußmärschen durch Griechenland nun Mazedonien erreichen, um von hier nach Deutschland zu kommen. Ohne Wasser und Nahrung sind sie im Freien ihrem Schicksal überlassen. Höchst ungewöhnlich für eine Moderatorin protestiert diese regelrecht gegen das, was sie als Nachricht vorgetragen hat. Sie meint es gehe doch nicht, dass das mitten in Europa stattfinde, was gerade gezeigt wurde. Bei jeder Naturkatastrophe in der Welt seinen unsere Hilfsorganisation sofort zur Stelle, um zu retten, was zu retten sei. Und für diese Menschen scheine niemand zuständig zu sein.* (August 2015)

Die Flüchtlingsprobleme spalten Deutschland und Europa. Wie soll man Millionen Menschen helfen, die Schutz und Lebensperspektive suchen? »Das schaffen wir«, sagen die einen. Die anderen erwidern: »Unbegrenzten Zustrom schaffen wir nicht!« Diese Menschenmassen erweisen sich als gewaltige und unkontrollierbare Großmacht. Zu deren wirkungsvollsten »Einsatztruppen« gehören Millionen von Kindern, die man einfach nicht ihrem Schicksal überlassen kann. Die Flüchtlingsströme zwingen zu neuen Überlegungen und Milliarden verschlingenden Maßnahmen. Bisher unantastbare Grundsätze müssen zur Seite geschoben werden. Derzeit ist ein Teil der öffentlichen Meinung in Deutschland für eine unbegrenzte Offenheit beim Zuzug von Flüchtlingen, wenn diese lebensbedrohlichen Situationen zu entkommen versuchen. Verwiesen wird auf Menschenrechte und das Grundgesetz. Der andere Teil verlangt eine rigorose Begrenzung, etwa auf 200 000 Zuwanderer im Jahr. Gespalten ist auch die Europäische Union. Derzeit fehlt es zwischen Ländern, die Flüchtlinge aufnehmen, und solchen, die sich dazu verweigern, an der unabdingbaren Verständigung. Tatsache ist, dass niemand den weiteren Verlauf der gegenwärtigen »Völkerwanderung« voraussagen kann.

In Europa begann eine klassische politische Auseinandersetzung. Die eine Seite wollte das Eintreffen unerwünschter Ankömmlinge aus Afrika, Asien und Südeuropa unterbinden. Die Rede war von Zäunen, Mauern und Militäreinsätzen. Die anderen waren für die Aufnahme von Flüchtlingen offen und verlangten »geordnete« Wege. Es zeigte sich jedoch schnell, dass großzügige Aufnahmebereitschaft an Grenzen stößt, wenn die Zahl der Zuwanderer alle Vorstellungen übersteigt. Unter den Flüchtenden wurde bekannt, dass sie »willkommen« waren, was viele andere zur Zuwanderung ermutigte. Weder das Schließen noch die Öffnung der Grenzen werden der Lage gerecht. Man müsste vor allem die »Fluchtursachen« erkennen und deren Beseitigung bewirken. Dazu gilt es, in Herkunftsländern auf Veränderungen hinzuwirken, die den Menschen das Verbleiben in ihrer Heimat ermöglichen. Tatsache aber ist: »Hinwirken«, »Druck ausüben« oder »Sanktionen verhängen« sind keine ausreichenden Maßnahmen. Zivilgesellschaftliche Aktivitäten und Wohltaten greifen zu kurz.

## Fluchtursachen

An der ersten Stelle aller Fluchtursachen steht die Bedrohung von Leben und körperlicher Unversehrtheit. Millionen Menschen in aller Welt existieren in ständiger Angst um ihr Leben, in Furcht vor Übergriffen, Überfällen, Raub und Entführung. Vielerorts sind ganz besonders Frauen und Kinder ohne Schutz und Hilfe krimineller Ausbeutung und sexuellem Missbrauch ausgesetzt. Das Grundrecht auf Leben und körperliche Unversehrtheit fehlt meist im Zusammenhang mit kriegerischen Konflikten. In weiten Teilen Afrikas herrschen

Terror, Anarchie und Gewalt. Auch hier wie in anderen Teilen der Welt fehlen Politik und Konzepte für den Umgang mit dem Terror. Afrikanische Verantwortliche scheinen ebenso ratlos wie ihre Kollegen bei der Europäischen Gemeinschaft oder bei den Vereinten Nationen. Seit dem Übergang der afrikanischen Staaten in die Selbstständigkeit wurde der Kontinent von schätzungsweise mehr als 200 kriegerischen Konflikten heimgesucht. Die Zahl der Todesopfer geht in die zig Millionen. Somalia, Südsudan, Demokratische Republik Kongo, Nigeria und Mali sind einige der aktuellen Schauplätze blutiger Kämpfe und Herkunftsländer großer Flüchtlingsströme.

Weitere Fluchtursachen sind Hunger, Armut und Hoffnungslosigkeit. Fast 800 Millionen Menschen hungern. 15 % der Bewohner von Entwicklungsländern gelten als unterernährt. Laut den Vereinten Nationen verhungern jährlich etwa 3 Millionen Kinder, mehr als 8000 pro Tag.[15] Mehr als eine Milliarde Menschen leben ohne Kanalisation und mehr als zwei Milliarden haben keinen Zugang zu sauberem Trinkwasser.[16] Verhängnisvolle Folgen für die Gesundheit bleiben nicht aus. Die meisten der ärmsten Staaten der Welt liegen auf dem afrikanischen Kontinent. Häufigster Fluchtgrund ist neben Armut vielerorts jedes Fehlen einer wirtschaftlichen Perspektive. Das Durchschnittseinkommen pro Tag in Afrika südlich der Sahara liegt bei unter 4 Euro[17] gegenüber etwa 60 Euro in der EU.[18] Die »Armutsgrenze« weist auf das größte Potenzial für Fluchtursachen. »Unter der Armutsgrenze« bedeutet gemäß der Weltbank, dass ein Mensch von weniger als umgerechnet 1,70 Euro pro Tag leben muss.[19] Der Weltbank zufolge trifft dies für mindestens 40 % der Bevölkerung Afrikas südlich der Sahara zu. Ein Großteil dieser »Einnahmen« muss für Nahrungsmittel aufgewendet wenden. Vom Durchschnittseinkommen eines einzigen Deutschen müssen mehr als 30 dieser ärmsten Afrikaner leben.[20] Da sich in den ärmeren Ländern Besserungen nicht abzeichnen, machen sich viele auf den Weg in eine ungewisse Zukunft, getrieben von der Einsicht, ohnehin nichts zu verlieren.

Beispiele nach verschiedenen Quellen: Äthiopien (29 Millionen oder 34 % der Bevölkerung leben unter der Armutsgrenze), Ägypten (21 Millionen oder 25 %), Burundi (6 Millionen oder 77 %), Demokratische Republik Kongo (54 Millionen oder 77 %), Mauretanien (0,2 Millionen oder 6 %), Nigeria (85 Millionen oder 54 %), Südafrika (9 Millionen oder 17 %).[21] Zu beachten ist in diesem Zusammenhang allerdings: Auf die Flucht vom Süden in den Norden machen sich nicht etwa vor allem die Ärmsten der Armen. Ihnen fehlt das Geld für die »Schleuser«. Es sind die eher besser Gestellten, die sich auf den Weg machen. Die Überwindung größter Armut könnte so zur vermehrten Ermöglichung der Flucht dienen.

Eine wachsende Fluchtursache sind »menschengemachte« Klimaveränderungen. Die Klimakonferenz der Vereinten Nationen in Paris im Herbst 2015 hat die weltweite Dramatik menschengemachter Klimaveränderungen unwiderruflich offenbart. Papst Franziskus fordert für die Welt grundlegende Umkehr. An die reichen Industrienationen gerichtet, bezeichnete er es als »unvertretbar«, dass einige mehr und mehr konsumieren und zerstören, während andere noch nicht einmal entsprechend ihrer Menschenwürde leben könnten. In seiner *Umweltenzyklika* stellt er fest: »Die soziale Ungerechtigkeit geht nicht nur Einzelne an, sondern ganze Länder, und zwingt dazu, an eine Ethik der internationalen Beziehungen zu denken. Denn es gibt eine wirkliche ›ökologische Schuld‹ – besonders zwischen dem Norden und dem Süden ...«[22]

Franz Josef Radermacher zeigt die ökologische Dramatik auf. Im Murmann-Verlag ist sein Buch *Welt mit Zukunft* erschienen. Er schreibt, die ökologischen Systeme des Globus gerieten immer mehr unter Stress. Im schlimmsten Fall drohe der Kollaps. Jährlich würden über 30 Milliarden Tonnen Kohlendioxid durch fossile Verbrennung in die Atmosphäre abgegeben. Hinzu kämen etwa 20 Milliarden Tonnen durch Landwirtschaft und das Verbrennen von Wäldern. Von der Biosphäre würden dagegen nur 20 Milliarden Tonnen absorbiert. Die Menschheit müsse deshalb sehr schnell die Emission von Kohlendioxid deutlich reduzieren, folgert Radermacher. Das gelte vor allem den Industrieländern, die innerhalb weniger Jahre ihre Kohlenstoffemissionen halbieren müssten. Ohne Wohlstandseinbußen ließe sich die Klimakatastrophe nicht vermeiden. Neben der entscheidenden Verringerung der Emissionen sei die Aufforstung eine der wenigen Gegenmaßnahmen mit nachhaltiger Wirkung.

Die Auswirkungen globaler Klimaveränderungen könnten sich auf längere Sicht zu den verhängnisvollsten aller Fluchtursachen entwickeln. Bereits heute wurden durch die Anreicherung des Kohlendioxids in der Atmosphäre und der damit verbundenen Erderwärmung unumkehrbare Fakten geschaffen. Die »Treibhausgase« führen zum sogenannten Treibhauseffekt. Heute wird angenommen, dass schätzungsweise 50 % dieser Erderwärmung »menschengemacht« ist. Die Nutzung fossiler Brennstoffe wie Erdöl oder Erdgas und die anderen erwähnten Eingriffe führen zur Abschmelzung gigantischer Eismassen in den Polarregionen, Gletscherschmelze in den Gebirgen und damit zum Anstieg des Meeresspiegels. Hinzu kommen sich ausdehnende Dürrezonen an den Rändern der Wüstengebiete und die Zunahme extremer Wetterereignisse wie Stürme, Dürrekatastrophen oder Überschwemmungen. Ein drastisches Beispiel ist das ostasiatische Land Bangladesch. Das Land hat eine Fläche von nicht einmal der halben Größe Deutschlands, hat aber mit über 160 Millionen doppelt so viele Einwohner. Ein Sechstel der Landesfläche liegt weniger als einen Meter über dem Meeresspiegel.

Riesige Flüchtlingsströme sind weltweit zu erwarten, wenn bis 2100 der zu erwartende Anstieg der Meereshöhe um einen

Meter eintritt. Für Flüchtlingsströme aus Afrika werden unter anderem die Ausdehnungen der Wüstenzonen wie zum Beispiel der Sahelzone ursächlich werden. Zunehmende Hitze und Austrocknung vernichten in weiten Regionen die Lebensgrundlagen. Den dort lebenden Menschen bleibt nichts anderes übrig, als die Flucht zu suchen. Zu den hier zu beachtenden Tatsachen gehört auch, dass nach einer groben Abschätzung die von den etwa 20 % »Reichen« dieser Welt ausgehenden Umweltbelastungen etwa zwei Drittel der weltweiten Umweltprobleme verursachen, während die 80 % der ärmeren Bevölkerung davon nur etwa ein Drittel produzieren.[23] In einem ähnlichen Zahlenverhältnis und in engem Zusammenhang damit steht der Verbrauch von energieliefernden und anderen Rohstoffen. Diese Botschaft der Zuwanderer wird zur weltpolitischen Herausforderung. Im Raume steht: »Wir haben ein Recht, von euch aufgenommen zu werden, weil ihr unsere Lebensgrundlage zerstört habt.«

Zahlreiche Fluchtursachen betreffen Afrika besonders. Ob nun die Zuwanderung aus Afrika vorübergehend im Vordergrund der öffentlichen Wahrnehmung steht oder nicht: Sie wird für Europa zum Hauptthema kommender Jahrzehnte werden. Tatsache ist: Afrika ist seit langer Zeit und erst recht in der Zukunft selbst nicht in der Lage, für eine dramatisch zunehmende Einwohnerzahl Arbeitsplätze und Lebensgrundlagen zu schaffen. Da bisher in vielen der Länder eine Zukunftssicherung durch einen intakten Sozialstaat nicht absehbar ist, bleibt nur der traditionelle Weg, durch viele Kinder die eigene Zukunft zu sichern. Mehr als 500 Millionen afrikanische Kinder erhalten heute, auch gefördert durch Entwicklungshilfe, Grundschulbildung.[24] Hier wird sich kollektive Intelligenz entwickeln, die Wege in das »Paradies der Reichen« finden wird. Auch hinsichtlich der Zuwanderung aus Afrika beherrschen zwei gegensätzliche »Strategien« die Diskussion: Zum einen, die Flüchtlinge am Erreichen Europas zu hindern, zum anderen, den Flüchtlingen humanere Fluchtwege zu ermöglichen. Die erstere Strategie ist bei mehr als 4000 km Länge der afrikanischen Mittelmeerküste und bei der entsprechenden Länge der Küsten der europäischen Mittelmeerländer und ihrer Inseln kaum durchführbar. Die »humaneren Fluchtwege« könnten bewirken, was schon für die Zuwanderung aus Kleinasien zutraf, dass sich noch weit größere Menschenmassen auf den Weg nach Europa begeben würden. Massenauswanderungen könnten ihren Anfang nehmen in den stark überbevölkerten Ländern im Innersten Afrikas, in Nigeria, Äthiopien oder Ägypten.

*Mein Beispiel zum Verständnis: Mit Bildung allein ist es in Afrika nicht getan. In Nairobi, der Hauptstadt Kenias, leben Hunderttausende Menschen unter unwürdigen Bedingungen in Slums. Ein langjähriger Freund, heute dort selbsternannter Bischof, hatte in einem der Elendsgebiete als junger Geistlicher eine Sozialstation und eine Kirche aufgebaut. Später ermöglichte ein Sonderprogramm der Vereinten Nationen für Kinder in diesen Slums Schulausbildung. Viele schafften es bis zum Abitur. Als ich vor einiger Zeit wieder einen Besuch im Slumgebiet vorschlug, wehrte der Bischof ab: »Nach der Schulausbildung finden viele keine Arbeitsplätze. Als böse Alternative entstand mit Hilfe von Mobiltelefon und Internet »intelligente Kriminalität« mit bösen Auswirkungen. Ein Gang durch diese Stadtviertel ist deshalb viel zu gefährlich geworden.«* (Mai 2012)

Besondere Fluchtursachen, Asien betreffend, liegen in den bürgerkriegsartigen Zuständen in Syrien und in benachbarten Nationen mit oft grausamem Terror. Hinzu kommt Vertreibung aus religiösen Gründen. Zerstörungen im syrischen Bürgerkrieg haben vielen auch die Existenz und das Dach über dem Kopf genommen. Hier kann nicht unerwähnt bleiben: Auch für westliche Industrienationen sehr aufwendige und opferreiche Kriege im Irak und in Afghanistan haben den vorderasiatischen Regionen bisher nicht wirklich Frieden gebracht. Eine weitere Präsenz der westlichen Verbündeten in diesen Ländern scheint unverzichtbar. Besonders bitter ist die Feststellung, dass es den Menschen in einigen der betroffenen Länder, vor allem dort lebenden Christen, unter den bekämpften Diktatoren wesentlich besser ergangen ist als unter den heutigen »Nachkriegsbedingungen«. Wie können Verhältnisse geschaffen werden, in denen die heutigen Flüchtlingsströme nicht mehr hervorgerufen werden? Tatsache ist, dass es schlüssige Antworten auf diese Frage im Augenblick nicht gibt. Allenfalls lässt die derzeitige politische Entwicklung hoffen, dass einerseits mit den USA, Russland und anderen engagierten Ländern zusammen und andererseits mit Verantwortlichen vor Ort Lösungen gefunden werden, die auch den Zuwanderungsdruck verringern.

Die innereuropäische Zuwanderung kann im Gegensatz zur Mehrheit der Flüchtlinge aus anderen Weltteilen mit »klassischen« Asylgründen für Zuwanderer aus den Balkanländern nicht in Verbindung gebracht werden. Um diesen vorwiegend Arbeits- und Perspektivlosigkeit betreffenden Zuwanderungsgründen in den Ländern ihrer Entstehung zu begegnen, sind innereuropäische Maßnahmen unerlässlich. Man wird zu der Erkenntnis kommen müssen, dass die Alternative zu Stacheldraht und Mauern innerhalb Europas nur in der helfenden Mitwirkung bei der Entwicklung dieser Staaten bestehen kann, auch wenn diese nicht oder noch nicht Mitglieder der Europäischen Gemeinschaft sind. Die »Moral« aus dieser Erkenntnis ist: Reichere und entwickelte Länder können sich heutzutage nur in ihrem »Wohlstand« behaupten, wenn sie ihre Nachbarländer so weit wie möglich in die eigene Entwicklung einbeziehen.

## Information als Fluchthelfer

Die Information, eine neue Weltmacht, erobert Afrika. Fernsehen, Internet und Mobiltelefon haben die Welt in wenigen Jahren erobert und damit begonnen, sie nachhaltig zu verändern. Die Hersteller und Verbreiter der Informationen bestimmen, wer was wissen kann. Daraus kann absehbares oder unerwartetes Handeln der Informierten folgen. Von großer Bedeutung war zunächst die Verbreitung der Elektrizität bis in abgelegene und ärmste Gegenden der Welt. Elektrizität machte das Fernsehen möglich und damit die Information über die Lebensverhältnisse überall auf dieser Erde. Später folgte das Mobiltelefon, das heute bereits zwei Drittel der Erwachsenen in Afrika miteinander verbindet. Es ist zum lebensrettenden Kompass für die meisten Menschen geworden, die sich gegenwärtig auf den Weg machen.

*Mein Beispiel zum Verständnis: Ein befreundeter Präsident wurde der Verletzung der Menschenrechte in seinem Land beschuldigt. In einem weit abgelegenen Dorf waren Tausende Bewohner in heftigsten Streit geraten. Schließlich herbeigeeilte Soldaten verschafften sich Respekt, indem sie Schüsse auf die versammelten Menschenmassen abgaben und dabei mehrere Einwohner töteten. Dies haben Menschenrechtsaktivisten dem Präsidenten vorgehalten. Er antwortete mir dazu: »Mit deutscher Hilfe bringen wir elektrischen Strom Schritt für Schritt auch in die fast unerreichbaren Gegenden unseres Landes. Sobald das erste Licht im nächtlichen Dunkel aufleuchtet, ereignet sich meist, was in unserem Fall passierte: Voll Freude über den Fortschritt stellt der Bürgermeister auf dem Gemeindeplatz einen Fernseher auf. Zunächst Hunderte aus dem Dorf und dann Tausende aus der Umgebung strömen herbei, um dieses Wunder zu erleben. Aus einem harmlosen Gerangel um die besten Zuschauerplätze wird ein heftiger Streit. Für den einzigen Polizisten, den wir uns dort*

*leisten können, ist es unmöglich, dem Einhalt zu gebieten.*
*Der kleinen Soldatengruppe, die ihm schließlich zu Hilfe*
*kommt, gelingt es nicht, sich auch nur Respekt zu verschaffen.*
*Dann schießen die jungen Männer in die Menge.*«

Durch die Elektrifizierung und die damit verbundene Ausbreitung des Fernsehens hat Afrika erfahren, wie es in der
weiten Welt aussieht. Fast jeder junge Afrikaner kennt Bayern
München und Borussia Dortmund und die Stars der deutschen Bundesliga. Von größter Bedeutung aber ist, dass in der
Vorstellungswelt von hunderten Millionen Afrikanern die
Bilder aus Europa einen herbeigesehnten Himmel geschaffen
haben. Das gilt für jene, die aus sprachlichen Gründen nur
die Bilder »verstehen«, aber erst recht für alle, die dank um
sich greifender Bildung europäische Verhältnisse zu verstehen
beginnen. Wenn man »Werbung für Zuwanderung« bezah-
len müsste, würde auf das Fernsehen der Löwenanteil ent-
fallen.

Ein erstes Bedürfnis von Zugewanderten in einer neuen
»Heimat« sind internationale Fernsehprogramme und An-
schlussmöglichkeiten für das Mobiltelefon, um mit diesem
Verbindung in die zurückgelassene Heimat halten zu können.
In den Herkunftsländern sind seit wenigen Jahren selbst unter
ärmsten Bedingungen die »neuen Medien« weit verbreitet.
Die neuen Statussymbole gehören demzufolge immer zu den
wenigen Habseligkeiten, die auf die Flucht mitgenommen
werden. Im Herkunftsland selbst mag die »öffentliche Ordnung« noch so chaotisch sein: Ein Außenkontakt per Mobiltelefon scheint immer möglich. Ein nicht geringer Teil der
Ankommenden steht schon bei der »Ausreise« in Kontakt mit
anderen, die am Ziel angekommen sind und ihn dirigieren.
Als zum Beispiel vor einiger Zeit viele Flüchtlinge aus Buda-
pest in München ankamen, reisten zur Überraschung der sie
empfangenden Helfer viele auf eigene Faust oder von Freun-

den abgeholt weiter zu solchen, die sich irgendwo in Deutschland bereits irgendwie eingerichtet hatten.

Die »neuen Medien« übernehmen das Kommando in der Weltpolitik. Gesetzgeber in aller Welt konnten nicht Schritt halten mit der Regelung der Datenverarbeitung und aller damit verbundenen Fragen. Das Fernsehen und drahtloses Telefonieren sind von größter Bedeutung geworden nicht nur für Wirtschaft und Gesellschaft, sondern auch für alles, was mit Flucht und Zuwanderung zusammenhängt. Selbst in den ärmsten Regionen der Erde und in den elendsten Slums wird bekannt, wie es in anderen Teilen der Welt aussieht und wie man dort lebt. Ist es unverständlich, dass dies den Wunsch nach Veränderungen weckt, der massenhaft zur Flucht führt? Auf dieser werden dann die Mobiltelefone die wichtigsten »Schleuser«. Fluchtbewegungen sind in hohem Maße Folgen des bisher in den Armutsregionen der Welt wenig bewusst gewordenen Nebeneinanders der Minderheit der Reichen und der Mehrheit der Mittellosen. Die Konsequenz könnte zur weltweiten Solidarisierung der Armen führen. Die Informationsfreiheit hat sich zum weltweiten Menschenrecht entwickelt.

# Europa und Afrika in der Vergangenheit

## Seit den Anfängen der Menschheit

Tatsachen aus der Vergangenheit bestimmen Gegenwart und Zukunft Europas und Afrikas. Die Nachbarkontinente waren im Kolonialzeitalter eng verbunden. Für einen großen Teil der Länder des afrikanischen Kontinents sind außerhalb des arabisch geprägten Bereichs Englisch, Französisch, Portugiesisch oder im Fall von Äquatorialguinea Spanisch Amtssprachen und zugleich Verkehrs-, Handels-, Geschäfts- und Bildungssprachen. Nur so konnte ein sonst bestehendes Sprachengewirr von mehr als 1500 afrikanischen Sprachen überwunden werden.[25] Die Staaten sind weitgehend nach europäischen Vorbildern organisiert. Die meisten Verfassungen wurden entsprechend nachgebildet. Unabhängig vom Stand der Demokratieentwicklung gleichen sich afrikanische Parlamente bis heute besonders in anglofonen Ländern weitgehend den Parlamenten ihrer einstigen Kolonisatoren an bis hin zu Ritualen und Perücken. Neben den politischen Ordnungen der Länder sind auch die Rechts-, Sozial- und Wirtschaftsordnungen denen der Industrienationen vergleichbar. Nicht zuletzt ist Afrika seit den Anfängen der Kolonialzeit bis heute zu mehr als 40 % »christlich« geworden.[26]

Aus der umfangreichen Geschichte Europas sei die klassische Antike hervorgehoben, in deren Vordergrund Griechenland steht. Dann folgte das Römische Reich, das sich in den Jahrhunderten vor und nach Christi Geburt über den gesamten Mittelmeerraum ausbreitete und auch im nördlichen Afrika verankert wurde. Der römische Kaiser Konstantin der Große förderte den Aufstieg des Christentums zur Staatsreligion im Imperium. Die christliche Religion trug einerseits zur Bildung eines europäischen Bewusstseins bei. Andererseits gingen schreckliche Kriege vom heftigen Streit der christlichen

Konfessionen untereinander aus. Auch die Kreuzzüge waren zum Teil verhängnisvolle Folgen problematischer Vermischungen von Religion und Staatsmacht. Das europäische Mittelalter war trotz allem anderen geprägt von einem wachsenden Bewusstsein für eine Zusammengehörigkeit, das große Teile des Kontinents umfasste. Nach der Entdeckung Amerikas wurde Europa für Millionen Auswanderer zum »Herkunftsland«. Viele der damaligen »Fluchtgründe« sind denen der heutigen Zuwanderer nicht unähnlich. In neuerer Zeit hatten die beiden Weltkriege in Europa ihren verhängnisvollen Ursprung. Der Kontinent und insbesondere auch Deutschland standen für die unrühmlichsten Kapitel der neueren Weltgeschichte. Auf der anderen Seite nahm die industrielle Revolution in Großbritannien ihren Ausgang. Die Aufklärung führte zur Gewaltenteilung. Ihr folgten die Französische Revolution und das Entstehen der Demokratie.

Die Geschichte Afrikas beginnt mit den Anfängen der Menschheit. Viele Erkenntnisse heutiger Forschung legen nahe, dass die Wiege unserer Vorfahren auf dem afrikanischen Kontinent stand. Im 15. Jahrhundert begannen Europäer, Afrika südlich der Sahara zu entdecken. Der Portugiese Heinrich der Seefahrer plante, afrikanische Gebiete für sein Land zu erwerben. Unter seiner Führung fand eine Reihe von Entdeckungsreisen statt. In der Frühphase des Kolonialismus standen die Küstenländer Westafrikas im Zentrum europäischer Interessen. Die Handelsgüter waren zumeist Sklaven, Gold, Elfenbein und Gewürze. Schon bald nach der Entdeckung und Kolonisierung Amerikas erlebte der Sklavenhandel einen Aufschwung. Er war zuvor hauptsächlich von arabischen Staaten betrieben worden. Ab Mitte des 16. Jahrhunderts stiegen englische Händler in das Geschäft ein, gefolgt von Spaniern, Holländern, Franzosen und Dänen. Im Laufe der Jahrhunderte erlangten zunächst die Holländer, später auch die Franzosen und Briten in Afrika eine Vormachtstellung. Nicht selten beschränkten sich die Kolonialmächte auf die Besetzung von Handelsposten entlang der Küste. Das Hinterland blieb unerforscht. Bereits am Ende des 15. Jahrhunderts hatte die Missionierung begonnen. Ihr erster großer Erfolg war der Übertritt des mächtigen Königreichs Kongo zum Christentum. Im 19. Jahrhundert brachen protestantische Missionare zu Entdeckungs- und Missionsreisen auf. Zu den bekanntesten Entdeckern gehört David Livingstone, der 1855 den Victoriasee erreichte.[27] Später durchquerten deutsche Afrikaforscher erstmalig die Sahara.

## Die Kolonialmächte

Das Zeitalter des Kolonialismus hat gute und andere Spuren in Afrika hinterlassen. Ein Wettlauf der europäischen Kolonialmächte um Territorialbesitz in Afrika bestimmte in der zweiten Hälfte des 19. Jahrhunderts die Beziehungen zwischen den Kontinenten. Bis zum Beginn des Ersten Weltkriegs 1914 erweiterten die europäischen Mächte ihren Kolonialbesitz auf mehr als zwei Drittel der Fläche Afrikas. Außer Äthiopien und Liberia existierten dort keine unabhängigen Gebiete mehr. Neben britischen und französischen Kolonien gab es auch deutsche, portugiesische, spanische, italienische und belgische. In jener Zeit breitete sich die Ideologie der rassischen Überlegenheit aus, die den beherrschten Völkern die Fähigkeit absprach, sich selbst zu verwalten.

Bismarck, Deutschland und der Kolonialismus darf hier nicht ohne Erwähnung bleiben. Auf Einladung der Regierung des Deutschen Reiches unter Otto von Bismarck und der Französischen Republik kamen 1884 die Vertreter weiterer europäischer Staaten, der USA und des Osmanischen Reichs in Berlin zu einer Konferenz zusammen, die in Afrika bis heute für den Kontinent als entscheidend betrachtet wird. Es ging hier um nicht weniger als um die koloniale Aufteilung

Afrikas. An diesen Festlegungen hatte auch Deutschland entscheidenden Anteil. Bekannt ist die Aussage Bismarcks: »Ich will auch gar keine Kolonien. Die sind bloß für Versorgungsposten gut.«[28] Gleichwohl hat er für die Geschichte des deutschen und europäischen Kolonialismus und damit für die Geschichte des 19. und 20. Jahrhunderts gerade auf diesem Gebiet Spuren seines Handelns hinterlassen. Er gilt für viele als Geburtshelfer des modernen, nationalstaatlich organisierten Afrika und als der Begründer des deutschen Kolonialreiches, obwohl er keine Kolonien wollte. Schon am Vorabend der Reichsgründung versuchte er sich gegen die wachsende koloniale Begeisterung in deutschen Landen zu stemmen. Das Deutsche Kaiserreich verlor bereits nach dem Ausbruch des Ersten Weltkrieges seine Besitzungen. Im Friedensvertrag von Versailles wurden die deutschen Kolonien den Siegermächten übertragen.

Der Kolonialismus im engeren Sinn ging nach dem Zweiten Weltkrieg zu Ende. Der sich mancherorts länger hinziehende Rückzug der Kolonialmächte geriet nicht selten unter den Druck von nationalen Befreiungsbewegungen. Im sogenannten Afrikanischen Jahr 1960 erlangten 17 afrikanische Kolonien die Unabhängigkeit, darunter 14 französische, eine britische, eine italienische und der unter belgischer Kolonialherrschaft stehende Kongo.[29] Ein wirtschaftlicher Aufbau Afrikas durch die Kolonialmächte wurde weitgehend versäumt. Die Kolonien erzielten um die Jahrhundertwende von 1900 kaum nennenswertes Wirtschaftswachstum. Es zeigte sich, dass wirtschaftliche Entwicklung nach europäischem Vorbild ohne Unterstützung der Mutterländer kaum möglich war. Die Weltwirtschaftskrise, der Zweite Weltkrieg und der unerlässliche Wiederaufbau Europas führten zu einer Zurückstellung von Entwicklungsprojekten. Dann aber fielen die letzten Jahre der Kolonialzeit zusammen mit dem inzwischen begonnenen »Wirtschaftswunder«. Davon profitierten vor allem Entwicklungsländer, die über Rohstoffe verfügten. Zugleich aber wuchs vielerorts die Staatsverschuldung. Dann stellte sich Misswirtschaft und Korruption ein. Immer mehr Bürgerkriege erschütterten den Kontinent. Nachdem auch noch in den Jahren nach 1970 die Rohstoffpreise fielen, schwächelte die Konjunktur weltweit. In den folgenden Jahrzehnten fiel in Afrika die Wirtschaft im Weltvergleich immer weiter zurück.

Die »Entkolonialisierung« Afrikas enttäuschte viele Hoffnungen auf ein besseres Leben. Es kam indessen im Gegenteil insbesondere in den Ländern südlich der Sahara zu wachsenden wirtschaftlichen Krisen. Enttäuschend ist vor allem auch die Entwicklung der Landwirtschaft. Mehr als 60 % der erwerbstätigen Afrikaner sind von diesem Lebensunterhalt abhängig.[30] Allerdings beschränkt sich ein großer »Produktionsanteil« auf den Eigenbedarf. Nur ein geringer Teil der Ernten Einheimischer wird verkauft. Andererseits gibt es in vielen Teilen Afrikas große Farmen mit modernen marktwirtschaftlichen Konzepten. Sie befinden sich jedoch meist in der Hand nicht afrikanischer Investoren und beschäftigen aus Afrika lediglich Tagelöhner. Nicht unerwähnt darf hier bleiben, dass die hohen Subventionen der Landwirtschaft in der Europäischen Union und in den USA die Weltmarktpreise so sehr drücken, dass afrikanische Bauern nicht konkurrenzfähig sind.

### Das dunkelste aller Kapitel

Sklaverei wurde schon vom 16. Jahrhundert an ein wichtiger und sehr lukrativer Wirtschaftszweig. Über den Atlantik hinweg entwickelte sich ein gewaltiger Handelsverkehr im Dreieck von Europa, Westafrika und der Karibik. Die europäischen Großmächte rüsteten Schiffe aus, beladen mit Waffen, Pulver, Textilien, Pferden, Alkohol, Silber, Tabak, Zucker und weiteren Manufakturwaren. Die Schiffe fuhren die westafrikanischen Küsten an, wo sie mit Stammesfürsten die mitgeführten Waren gegen Sklaven eintauschten. Die nun mit Sklaven beladenen Schiffe steuerten Amerika an, wo diese »Fracht« in der Neuen Welt zu höchstmöglichen Preisen verkauft wurde. Erneut beluden die Kaufleute ihre Schiffe, vor allem mit den begehrten Rohstoffen aus den Kolonien des amerikanischen Kontinentes, um die Heimkehr nach Europa anzutreten. Bevor Republiken entstanden, förderten die mächtigen europäischen Monarchien das profitable Geschäft mit den Sklaven systematisch: Portugal, Großbritannien, die Niederlande, Frankreich, Spanien, Dänemark und Schweden, nicht zuletzt aber auch die USA. Der transatlantische Sklavenhandel erstreckte sich über einen Zeitraum von mehreren Jahrhunderten. Trotz des Verbotes der Sklavenhandels durch England 1807 und der Bestätigung dieses Verbotes durch den Wiener Kongress 1815 blühten diese Geschäfte noch bis etwa 1870.[31]

In fast 400 Jahren der atlantischen Sklaverei kamen etwa zehn bis zwölf Millionen verschleppte Schwarzafrikaner lebend in Amerika an. Schätzungen zufolge wurden bis zu 40 Millionen Afrikaner verschleppt und versklavt.[32] Doch nur jeder Vierte überlebte die Gefangennahme in Afrika, die Verschleppung vom Inneren Afrikas an die Küsten und schließlich die grausamen Strapazen der Überfahrt. Die Menschen wurden während der Überfahrt auf engstem Raum wie Fracht gestapelt, angekettet und geschlagen. Viele wurden krank und verstarben. Im Krankheitsfall wurden sie oft einfach über Bord geworfen. Überstanden die Sklaven die Überfahrt, erwartete sie ein ungewisses Schicksal auf den Zuckerrohrfeldern der Karibik, auf den Tabakplantagen Virginias oder den Reisfeldern South Carolinas. Wenn die europäischen Sklavenhändler die afrikanischen Küsten anliefen, wurden ihnen die Sklaven zugeführt, etwa von Stammesfürsten oder adligen Familien, die vom Sklavenhandel profitierten und das afrikanische Hinterland kontrollierten. Keine der europäischen Mächte hätte ohne afrikanische Eliten Zugang zu Sklaven gehabt und erfolgreich Sklavenhandel betreiben können. Bis heute wirkt bei vielen Afrikanern das Trauma der 400 Jahre währenden Deportationen nach.

*Mein Beispiel zum Verständnis: Mit einigen Parlamentskollegen war ich im Mittleren Westen der USA unterwegs. Der Bürgermeister der kleinen Stadt gab einen Empfang für uns. Zu den Ehrengästen gehörte ein Farbiger, der mich ethnisch an einen Tutsi aus Burundi erinnerte. »Könnte es sein, dass sie aus dem Volk der Tutsi stammen?« fragte ich ihn. »Sie verstehen nicht, was Sie da fragen«, antwortete er wütend. »Keiner von uns kann sagen, woher seine Vorfahren kamen. Es war schon verboten, danach zu fragen und erst recht, seine Herkunft zu wissen.«* (Sommer 1990)

## Die Selbstständigkeit der Unselbstständigen

Die Entlassung der Afrikaner in die nationale Selbstständigkeit ist eine Geschichte mit höchst verschiedenen Kapiteln. Die ehemaligen Kolonialherren sind sehr unterschiedlich vorgegangen. Im Rückblick muss in vielen Fällen bezweifelt werden, dass führende Menschen in den zumeist neu zugeschnittenen Ländern von ihren bisherigen Obrigkeiten ausreichend auf die Eigenverantwortung vorbereitet worden waren. Nur in wenigen Ländern gab es Einheimische mit höherer Bildung. Am besten unter den von mir bereisten Ländern scheint dies im frankofonen Bereich gelungen zu sein. Mir wurde berichtet, dass in den betreffenden Kolonien zwar am Tage der Selbstständigkeit an die Spitze des Landes und der Regierungen Einheimische traten. Die Spitzenbeamten der Kolonialmacht allerdings sind zum Teil noch auf lange Zeit im Amt geblieben. Eines von vielen Beispielen ist die Tatsache, dass in den frankofonen Ländern Spitzengastronomie und Hotellerie noch heute vielfach von Franzosen oder Belgiern betrieben werden. Der Übergang in die staatliche Selbstständigkeit war jedoch in vielen Fällen so, als ob in einem großen Haushalt plötzlich die Eltern abreisten und die unerfahrenen Kinder in allem auf sich selbst gestellt waren.

*Mein Beispiel zum Verständnis: Vor Jahren hatten wir hohen Besuch aus Afrika. Die Erkenntnis aus diesem »verjährten« Fall ist nach wie vor aktuell. Ein befreundeter Präsident und seine Frau machten hier einige Tage Urlaub. Ganz ohne »Dienstliches« ging es freilich nicht. Wir besuchten eine damals führende Einrichtung der deutschen Entwicklungshilfe. Stolz wurde uns dort von leitender Stelle berichtet, dass man in großer Zahl afrikanische Experten für wichtige Bereiche des Staatswesens fortbilde. Dieses gute Programm fand höchstes Interesse meines hohen Gastes. »Dann muss ich Ihnen unbedingt mein ganzes Kabinett schicken!«, sagte er dem Leiter dieser Behörde. »Die meisten in meinem Kabinett wurden Minister, ohne sich in ihrem Fach auszukennen. Sie haben ihr Amt, weil sie Volksgruppen oder politische Parteien oder Regionen vertreten.« Unser Gegenüber wies das Ansinnen mit großem Bedauern zurück. Die politischen Richtlinien der Bundesregierung erlaubten diese Art von Programmen nicht. Minister auszubilden sei »Einmischung in die inneren Angelegenheiten eines Landes« und deshalb strikt untersagt. Enttäuscht verließen wir diese höchst nützliche Einrichtung, die mit Steuermillionen finanziert wurde.*

# Europa und Afrika im weltweiten Vergleich

## Stand der Demokratie: Die großen Unterschiede

Wie steht es weltweit, in Europa und in Afrika mit der Demokratie? Die bekannte Zeitschrift *The Economist* entwickelte und veröffentlicht zur Beschreibung der politischen Ordnungen der Länder regelmäßig einen »Demokratieindex«. 167 Staaten der Welt wurden im Jahr 2015 nach ihren unterschiedlichen Staatsordnungen wie aus der Tabelle ersichtlich gelistet.[33]

---

### Der »Demokratieindex 2015«

**... nur 20 sogenannte »Vollständige Demokratien« mit 12,0 % oder 0,8 Milliarden Menschen**
Von 49 Ländern in Europa  gehören dazu 14, von 44 in Subsahara Afrika nur 1 Land

**... 59 sogenannte »Unvollständige Demokratien« mit 35,3 % oder 2,6 Milliarden Menschen**
Von 49 Ländern in Europa  gehören dazu 21, von 44 in Subsahara Afrika 8 Länder

**... 37 sogenannte »Hybridregime« mit 22,2 % oder 1,3 Milliarden Menschen**
Von 49 Ländern in Europa  gehören dazu 7, von 44 in Subsahara Afrika 12 Länder

**... 51 sogenannte »Autoritäre Regime« mit 30,5 % oder 2,2 Milliarden Menschen**
Von 49 Ländern in Europa  gehören dazu 7, von 44 in Subsahara Afrika 23 Länder

---

Beispiele für Staaten mit ›Vollständiger Demokratie‹: Norwegen (Rang 1), Schweiz (6), Deutschland (13), Mauritius (18) und die USA (19).

Beispiele für Staaten mit ›Unvollständiger Demokratie‹: Italien (21), Belgien (26), Frankreich (27), Israel (34), Indien (35), Südafrika (37), Polen (48), Tunesien (57) und Rumänien (59).

Beispiele für Staaten mit ›Hybridregime‹: Albanien (81), Bangladesch (86), Tansania (91), Ukraine (88), Uganda (96), Türkei (97), Marokko (107) und Nigeria (108).

Beispiele für Staaten mit ›Autoritärem Regime‹: Algerien (118), Niger (121), Äthiopien (123), Togo (130), Russische Föderation (132), Ägypten (134), Volksrepublik China (136), Ruanda (139), Sudan (151).

Zu den Merkmalen einer »vollständigen Demokratie« gehört ein frei gewählter Regierungschef und ein frei gewähltes Parlament. Mindestens zwei Parteien treten zu Wahlen an. Mindestens ein Regierungswechsel hat unter dem bestehenden Wahlrecht stattgefunden. Fehlt das eine oder andere dieser Merkmale, spricht man von einer »unvollständigen Demokratie«. Hybridregime sind Mischformen aus Autokratie und Demokratie, wobei Wahlen oft Unregelmäßigkeiten unterliegen, die politische Opposition Repressionen erleidet, Gewaltenteilung, Pressefreiheit und die Rechtsstaatlichkeit kaum gegeben sind und Korruption an der Tagesordnung ist. Schließlich gibt es in großer Zahl die »autoritären Regime«. Laut dem Demokratieindex aus dem Jahr 2015 nimmt Norwegen die erste Stelle als das demokratischste Land der Welt ein. Nordkorea steht am letzten Platz und wird als autoritäres Regime bezeichnet. Deutschland rangiert nach der Republik Irland und vor Österreich auf dem 13. Platz.

Einer der gravierenden Unterschiede zwischen Europa und Afrika ist die Existenz oder Nichtexistenz der Staatsform der Demokratie. Die »vollständige Demokratie« repräsentiert demzufolge die Minderheit von 12 % der Weltbevölkerung. Nur jeder achte Mensch weltweit hat das »Recht zur demokratischen Mitbestimmung«. In Europa gibt es 14 der weltweit 20 Länder mit der Einordnung ›vollständige Demokratie‹. 21 europäische Länder werden als »unvollständige Demokratien« und 7 als »Hybridregime« eingestuft. 7 Länder gelten als »autoritäre Regime«. In Subsahara-Afrika gehören zur Gruppe

»unvollständige Demokratie« 8 der 44 hier bewerteten Staaten. 12 Staaten haben ein »Hybridregime«. Die große Mehrheit von 23 der 44 Subsahara-Staaten sind als »autoritäre Systeme« am weitesten von einer demokratischen Ordnung entfernt. Unter Einbezug von Amerika und Asien ist Europa eine Vorhut der Demokratie. Es liegt nahe, Entwicklung und Wohlstand in einem Land mit dessen Verankerung in der Ordnung der Demokratie in Zusammenhang zu bringen. Demokratie ist in Afrika mangelhaft bis ungenügend verankert. Der einzige Staat mit einer »vollständigen Demokratie«, die im Indischen Ozean gelegene und zu Afrika gehörende Inselrepublik Mauritius, hat nur 1,3 Millionen Einwohner.[34] Weniger als 20 % aller Länder in (Subsahara-)Afrika sind wenigstens noch eine »unvollständige Demokratie«. Die Mehrheit von über 80 % leben in einem »autoritären oder Hybridregime«. Zusammengefasst ist der weitaus größte Teil der Menschen in diesem »jungen« Kontinent einem undemokratischen und autoritären Regime unterworfen. Hier eingeschlossen sind auch viele Millionen Menschen, die gezwungen sind, unter den noch viel schwierigeren Bedingungen einer Anarchie zu überleben, wenn sie nicht fliehen können. Wesentliche Besserungen in den letzten Jahren sind kaum festzustellen. Im Hinblick auf die Fortentwicklung der Demokratie in Afrika stehen sich immer weniger Optimisten immer mehr Pessimisten gegenüber.

## Rechtsstaatlichkeit und Menschenrechte

Der Rechtsstaat ist unerreichbare Illusion für etwa die Hälfte der Menschheit. Das geht aus Schätzungen einschlägiger Nicht-Regierungsorganisationen hervor. Der Mangel an Demokratie und Rechtsstaatlichkeit ist immer auch ein Hindernis für wirtschaftliche Entwicklung. Bei fehlender Rechtssicherheit wird nicht investiert, entstehen weder Arbeitsplätze noch Wohlstand. Staatsstreiche, Bürgerkriege und Unruhen tragen immer zur Verschlechterung der Situation bei. Vor allem in den nur vermindert oder gar nicht demokratisch geführten Ländern werden Gewinne aus staatlich gelenkten Unternehmungen oft in falsche Hände und Kanäle umgeleitet und im Ausland deponiert, statt sie im Land zu investieren.

Das weltweit verbreitete Übel der Korruption gedeiht bei fehlender oder unzureichender Rechtsstaatlichkeit. Vielfach hält die Korruption auf fast allen Ebenen Politik, Wirtschaft und Gesellschaft im Würgegriff. In einem »Korruptionswahrnehmungsindex« nehmen fast alle afrikanischen Länder, aber auch einige europäische Staaten, hintere Plätze ein.[35] Korruption verschärft soziale Ungleichheiten und erschwert Investitionen durch den Missbrauch einer Vertrauensstellung in Politik, Verwaltung, Justiz oder Wirtschaft. Selbst gemeinnützige nichtwirtschaftliche Vereinigungen oder Organisationen wie Stiftungen stehen in Gefahr, für sich oder Dritte einen materiellen oder immateriellen Vorteil zu erlangen, auf den kein rechtmäßiger Anspruch besteht.

Der fehlende oder mangelhaft ausgestattete Rechtsstaat verschärft das ohnehin schwere Los der Armen überall in der Welt beträchtlich. In entsprechenden Staaten fehlt es an Polizei, Staatsanwälten und Gerichten. Wenn zudem diese drei Pfeiler des Rechtsstaates noch korrupt sind, oft auch mangelhaft bezahlt, ist die Sache der Armen meist verloren. Sexuelle Gewalt vor allem gegen Frauen, Zwangsprostitution und sexueller Missbrauch von Kindern sind weit verbreitet und werden kaum verfolgt. Zwangsarbeit und oft unmenschlicher Arbeitseinsatz von Kindern, Zwangsverheiratungen, Genitalverstümmelungen und Ehrenmorde kommen hinzu. Viele Schicksale sind herzzerreißend. Wo das Rechtssystem nicht intakt ist, gibt es willkürliche Verhaftungen und schuldlose Insassen von Gefängnissen. Vor allem fehlt es an wirksamer Verbrechensbekämpfung.

Gewalt gegen Frauen weltweit und in Afrika ist nach dem *Regionalen Informationszentrum der Vereinten Nationen* weit verbreitet. Frauen leiden weltweit und in Afrika ganz besonders unter dem Versagen von Gesetz und Ordnung. Diese Gewalt hat verschiedene Formen – physische, sexuelle, psychologische und emotionale. Sie betreffen Frauen aller Altersklassen von ungeborenen Babys bis zu älteren Menschen. Betroffene Frauen leiden meist an gesundheitlichen Problemen. Gewalt gegen Frauen beschränkt sich nicht auf spezielle Kulturen, Regionen, Länder oder einige Gruppen von Frauen. Schätzungen gehen davon aus, dass bis zu 70 % aller Frauen im Laufe ihres Lebens Opfer von Gewalttaten werden.[36] Weit verbreitet scheint physische Gewalt durch einen vertrauten Partner. Frauen werden geschlagen, zum Geschlechtsverkehr gezwungen oder in anderer Weise missbraucht. Laut einer Studie der Weltgesundheitsorganisation in elf Ländern reicht der Anteil der von einem vertrauten Partner sexuell missbrauchten Frauen von 15 % in einem größeren asiatischen Land bis zu 70 % in einem der größten afrikanischen Länder.[37] Die Verheiratung minderjähriger Frauen ist eine in Afrika und Südasien verbreitete Form der sexualisierten Gewalt. Junge Mädchen werden häufig zur Ehe und sexuellen Beziehungen gezwungen. Vor allem in Afrika ist noch immer Genitalverstümmlung und Beschneidung weiblicher Geschlechtsteile verbreitet. Schätzungen zufolge mussten sich mehr als 200 Millionen der heute lebenden Frauen Beschneidungen unterziehen. Jedes Jahr sind drei Millionen Mädchen in Gefahr, dazuzukommen.[38] Bis zu 2,5 Millionen Menschen werden jährlich in die Prostitution, Zwangsarbeit oder Sklaverei verschleppt. Zwei Drittel dieser Opfer sollen Frauen und Mädchen sein.[39] Frauen und Mädchen werden nicht selten auch von denjenigen sexuell ausgebeutet, die sie in den Konflikten beschützen sollen. Vergewaltigungen sind seit langer Zeit eine Kriegstaktik.

## Menschenrechte – ein Drama

In fast allen Verfassungen der Welt werden Menschenrechte verkündet. Umfassend gewährleistet werden sie nur für eine Minderheit der Weltbevölkerung. Die *Afrikanische Charta der Menschenrechte*, 1981 in Nairobi beschlossen, gilt seit 1986. Sie enthält unter anderem Bestimmungen über das Prinzip der Gleichheit vor dem Gesetz und das Recht auf körperliche Unversehrtheit. Dazu kommt der Anspruch auf Achtung der Menschenwürde und das Recht auf persönliche Freiheit und Sicherheit. Garantiert ist die Gewissens- und Religionsfreiheit ebenso wie die Meinungs- und Informationsfreiheit. Hinzu kommt unter anderem das Recht auf Eigentum, auf Arbeit und gleichen Lohn und das Recht auf Gesundheit. Bemerkenswert ist auch der Schutz der Familie, der Frauen, der Kinder, der Alten und Behinderten. Ein zweiter Teil der *Afrikanischen Charta der Menschenrechte und der Rechte der Völker* enthält Bestimmungen, durch die die in der Charta verkörperten Rechte geschützt werden können.[40] Bevollmächtigt mit dieser Aufgabe wurde eine *Afrikanische Kommission der Menschenrechte und der Rechte der Völker*. Die Kommission ist organisatorisch ein Organ der *Afrikanischen Union*. 1998 wurde beschlossen, einen *Afrikanischen Gerichtshof für Menschenrechte und die Rechte der Völker* zu errichten. Er soll mit dem geplanten Afrikanischen Gerichtshof zusammengelegt werden. Die bestehenden und in Gründung befindlichen Organisationen sind Signale der Hoffnung. Die tatsächliche Gewährleistung der Menschenrechte steht auf einem anderen Blatt.[41]

Hunger und Armut weltweit und in einem großen Teil Afrikas schreien zum Himmel. Weltweit gehen jeden Tag ungefähr 800 Millionen Menschen hungrig zu Bett. 90 Millionen davon sind Kinder unter fünf Jahren.[42] Mehr als 9 % der Weltbevölkerung hat keinen Zugang zu ausreichend sauberer Trinkwasserversorgung. Bei einem Drittel der Menschheit fehlt es an grundlegenden sanitären Einrichtungen.[43] Sie haben nicht einmal Zugang zu einer einfachen Latrine. Das bereits erwähnte Durchschnittseinkommen aller Afrikaner südlich der Sahara liegt auch nach Angaben der Weltbank knapp über 4 Euro pro Tag.[44] Das entspricht 0,50 Euro pro Stunde im Vergleich zum derzeitigen Mindestlohn in Deutschland von 8,84 Euro pro Stunde.[45] Besonders stark von Armut betroffen ist die ländliche Bevölkerung.

Verheerend sind die Auswirkungen der Armut in Afrika auf viele Frauen. Sie stellen bis zu 70 % der Arbeitskräfte in der Landwirtschaft.[46] Die überwiegende Bestellung von Ackerflächen mit der Hacke stellt für das »schwache« Geschlecht eine letztlich unerträgliche Last dar. Das vielfach anzutreffende Bild ist die in der tropischen Hitze arbeitende Frau mit einen Baby im Tragetuch auf dem Rücken. Sie ist oft mit einem weiteren schwanger. Am Ackerrand warten die beiden älteren Kinder spielend auf die Mama. Ob in eigener Verantwortung oder als Landarbeiterin: Ihr Tagelohn beträgt schätzungsweise ein bis zwei Euro. Noch immer haben mehr als 40 % der Mädchen in Afrika keinen Zugang zu einer Schulbildung.[47] Mädchen mit einer solchen haben im Erwachsenenalter bei Schwangerschaften eine wesentlich höhere Überlebenschance für sich und das Kind. Aids verbreitet sich bei Mädchen ohne Schulbildung doppelt so rasch wie unter solchen, die wenigstens über eine geringe Grundschulbildung verfügen.[48]

»Straßenkinder« gehören zu den traurigsten Gruppen der menschlichen Gesellschaft. Ihre Zahl wird weltweit auf etwa 150 Millionen Jungen und Mädchen geschätzt.[49] Viele kommen aus zerrütteten Familien. Andere werden ausgesetzt, wenn Erziehungsberechtigte sie nicht mehr ernähren oder unterbringen können. Die Kinder fliehen vor Armut und Gewalt. Das Leben auf der Straße ist hart. Jeden Tag kämpfen sie ums Überleben und um einen Schlafplatz.

*Mein Beispiel zum Verständnis: In einer afrikanischen Groß-*
*stadt sitzt mir ein einheimischer Kinderarzt gegenüber. Ne-*
*ben seiner Tätigkeit im Krankenhaus setzt er sich in einer*
*Hilfsorganisation für Straßenkinder ein. In diese Stadt sind*
*Millionen Menschen gezogen, weil sich in den abgelegenen*
*Gebieten des Landes keine Existenzmöglichkeit mehr bot.*
*Unter unvorstellbar erbärmlichen Verhältnissen leben sie*
*jetzt in Slums, die zu Millionenstädten in der Millionenstadt*
*geworden sind. Die meisten der Zugezogenen finden keine*
*Arbeit, können weder sich selbst noch ihre Kinder ernähren.*
*Familien fallen auseinander. Verzweifelte Mütter schicken*
*die älteren Kinder auf die Straße. Wenn diese bettelnd in die*
*»guten« Bezirke der Stadt eindringen, werden sie zum Ärger-*
*nis. Die Polizei kommt mit offenen Lastwagen und sammelt*
*sie ein, um sie weit vom Stadtzentrum entfernt wieder ›abzu-*
*laden‹. Der Arzt und seine Helfer versuchen vor allem, für die*
*oft schwer Erkrankten unter den Kindern Unterkunft und*
*ausreichende Ernährung zu beschaffen. Was sie tun, ist der*
*»Tropfen auf den heißen Stein«.* (November 2015)

Kindersoldaten werden meist zwangsrekrutiert. Manche sind
noch nicht einmal zehn Jahre alt. Sie kommen in der Regel aus
armen Bevölkerungsschichten, sind durch Kriegsereignisse
von den Eltern getrennt worden und suchen Schutz. Viele
kommen aus Flüchtlings- und Vertriebenenlagern oder waren
bisher Straßenkinder. Sie sehen als Kindersoldaten eine
Chance, ihre Existenz zu sichern oder irgendeine Anerkennung zu finden. Diese Kinder und Jugendlichen sind ähnlichen Belastungen ausgesetzt wie erwachsene Soldaten. Sie
werden auch häufig zum Verlegen oder Entschärfen von
Landminen eingesetzt. Mädchen werden häufig zwangspros-
tituiert, zu Sexbeziehungen mit Soldaten gezwungen. Nach
Angaben der Vereinten Nationen wird die Anzahl der Kindersoldaten auf ungefähr 250 000 geschätzt.[50] Von mehr als 50

bewaffneten Gruppen, größtenteils aus Afrika, ist bekannt, dass sie Kindersoldaten einsetzen.[51]

Zwangsarbeit, Sklaverei und Menschenhandel sind unerträgliche Begleiterscheinungen der heutigen Zivilisation. Die Internationale Arbeitsorganisation (ILO) berichtet über dieses dunkle Kapitel der Gegenwart. Auch die Europäische Union und die USA veröffentlichen Zahlen. Bekannt geworden ist der »Globale Sklaverei Index« der australischen Nichtregierungsorganisation *Walk Free Foundation* (WFF). Demnach zählt man mehr als 40 Millionen »moderne Sklaven« weltweit. Fast 900 000 davon sollen gemäß einer Untersuchung des Europäischen Parlaments in Europa leben.[52] Diese Menschen werden gefunden in Kohleminen, auf Baustellen oder Äckern, pflegen Alte und Kranke, putzen Häuser oder bieten sich auf dem Straßenstrich an. »Moderne Sklaverei« umfasst auch Schuldknechtschaft, Zwangsheirat, Menschenhandel und Ausbeutung von Kindern. Etwa 40 % der Sklaven lebt in Indien. Nach Berichten der ILO gibt es südlich der Sahara mehr als 6 Millionen Zwangsarbeiter.[53] In Sub-Sahara Afrika müssen diesen Berichten zufolge 65 Millionen Kinder arbeiten. Sie trifft gegenüber Straßenkindern und Kindersoldaten noch das »bessere« Schicksal. In Teilen Afrikas und in Südasien werden Menschen in Erbknechtschaft hineingeboren. Andere werden entführt und verkauft oder mit falschen Versprechungen auf einen neuen Job oder eine bessere Ausbildung in eine Falle gelockt. Schätzungen zufolge gibt es weltweit rund 5 Millionen Zwangsprostituierte. Die ILO schätzt, dass entsprechende »Unternehmen« mit Zwangsarbeit, Sklaverei und Menschenhandel weltweit Milliarden umsetzen und verdienen, vor allem durch sexuelle »Zwangsarbeit«.[54]

Sklaverei ist zwar in fast allen Ländern der Welt verboten. Die entsprechenden Gesetze werden jedoch und vor allem in den ärmeren Ländern kaum durchgesetzt. So berichtet der Menschenhandelsreport der USA, dass im Jahr 2014 etwa

44 000 Fälle von Menschenhandel weltweit registriert wurden. Nur in schätzungsweise 10 000 davon kam es zu einer Anklage und in lediglich 4400 Fällen zu einer Verurteilung. Die meisten dieser Fälle versickern dann durch Korruption, Armut, Diskriminierung und Wirtschaftskrisen. Zwangsarbeit, Sklaverei und Menschenhandel gedeihen in den ärmsten Regionen der Welt, wenn Rechtsordnungen und Menschenrechte nicht greifen.[55]

## Sozialstaatlichkeit

Der Vergleich der Sozialstaatlichkeit Europas und Afrikas ist offensichtlich schwierig. Alle Abschätzungen offenbaren jedoch die schwerwiegendsten Unterschiede zwischen beiden Kontinenten. Der »Sozialstaat« strebt in seinem Handeln »Soziale Sicherheit« und »Soziale Gerechtigkeit« an. Der demokratische und soziale Bundesstaat Bundesrepublik Deutschland hat gesetzliche Versicherungen geschaffen, die den Krankheitsfall, Unfall, Arbeitslosigkeit, Arbeitsunfähigkeit, Pflegebedürftigkeit und Rentenleistungen betreffen. Entsprechendes staatliches und politisches Handeln soll dem Bürger Gerechtigkeit und Sicherheit gewährleisten. Schon in Europa selbst ist die Sozialstaatlichkeit in den verschiedenen Ländern zum Teil sehr unterschiedlich ausgeprägt und nur schwer vergleichbar. Das gilt erst recht für Europa und Afrika. Einen Anhalt bieten allenfalls Zahlen zur Armut. In Deutschland leben etwa 12 Millionen Menschen (15,5 % der Bevölkerung) unter der »landesspezifischen« Armutsgrenze des Statistischen Bundesamtes, weil sie weniger als 33 Euro pro Tag zur Verfügung haben.[56] In Afrika südlich der Sahara leben mehr als 390 Millionen Menschen (rund 40 % der Bevölkerung) unter der »Armutsgrenze der Weltbank«, weil sie nach dieser Definition weniger als 1,70 Euro pro Tag zur Verfügung haben.

Die »besten« sozialstaatlichen Strukturen sind in Südafrika zu finden. Alle anderen afrikanischen Staaten bleiben hinter diesen »Errungenschaften« zurück oder sind noch ohne jede Sozialstaatlichkeit. Die Verfassung der Republik Südafrika schreibt das Recht der Bürger auf soziale Sicherheit fest.[57] Das Land weist das umfangreichste soziale Netz aller Entwicklungsländer und darin eingeschlossen aller mittleren und größeren afrikanischen Länder auf. Wesentliche Bestandteile dieses Netzes sind:

- Staatsfinanzierte Altersrente für Männer ab dem 65. und Frauen ab dem 60. Lebensjahr in einer Größenordnung bis zu etwa 100 Euro pro Monat.[58]
- Kindergeld für Kinder unter 18 Jahren in einer Größenordnung bis zu etwa 20 Euro pro Monat.[59]
- Keine Sozialhilfe irgendeiner Art von Staats wegen gibt es grundsätzlich für arbeitsfähige Menschen zwischen 15 und 59 Jahren.[60]

Fast nirgends in Afrika sichern Sozialsysteme nennenswerte Anteile der Bevölkerung gegenüber den sozialen Risiken ab. Dementsprechend werden von Betroffenen auch keine Beiträge abgeführt. Die Armutsgrenze, der zufolge gemäß der Weltbank ein Mensch von unter 1,70 Euro pro Tag lebt, lässt keinen Spielraum für irgendwelche Sozialabgaben.

## Europa, Afrika und die Staatengemeinschaften

Staatengemeinschaften prägen die Welt der Nationen. An der Spitze steht die Völkerfamilie der Vereinten Nationen. Ihre »Mitglieder« gehören zur allumfassenden Familie der Menschheit. Sie gehören dazu ohne Rücksicht auf Demokratie, Rechtsstaatlichkeit, Wohlstand oder Armut. Neben weltweit 193 selbstständigen Staaten gibt es weitere, deren Staatlichkeit unterschiedlich beurteilt wird. In einer zusammenfassenden Betrachtung kann man die Staaten dieser Welt drei geografischen Regionen der Erdoberfläche zuordnen: Asien, Europa mit

Afrika und Amerika. Der Europäischen Union gehören 28 der 49 europäischen Staaten an. Schon vor ihrer Gründung bestand der Europarat, dem heute nahezu alle europäischen Staaten angehören. In enger Verbindung zum Europarat steht der Europäische Gerichtshof für Menschenrechte mit Sitz in Straßburg. Die Gemeinschaft der afrikanischen Völker ist geprägt von der Afrikanischen Union. Für die Vision zu »Europa und Afrika« sind die Europäische Union und die Afrikanische Union von ausschlaggebender Bedeutung.

Die ganze Welt ist vom Prozess einer »Globalisierung« erfasst. Die weltweite elektronische Vernetzung hat zusammen mit der Entwicklung des Luftverkehrs zum Entstehen eines »Weltbewusstseins« beigetragen, das Staats- und Gesellschaftsgrenzen in nie gekanntem Maß in den Hintergrund treten lässt. Angesichts unvorhersehbarer Zuwanderungen gewinnt die internationale Zusammenarbeit eine immer größere Bedeutung. Überall sind Interessenskonflikte zwischen souveränen Mitgliedsstaaten und den betreffenden Staatengemeinschaften entstanden. Unbestreitbar ist, dass alle gelungene Gemeinsamkeit zwischen Völkern dem Frieden dient. Die Vereinten Nationen, die Europäische und die Afrikanische Union sind trotz aller Unvollkommenheiten Mut machende Beispiele.

Die Vereinten Nationen: Ihre Charta gilt für alle Staaten der Erde. In ihrer Präambel heißt es in gekürzter Wiedergabe: »Wir, die Völker der Vereinten Nationen, sind fest entschlossen:

- künftige Geschlechter vor der Geißel des Krieges zu bewahren …
- unseren Glauben an die Grundrechte des Menschen, an Würde und Wert der menschlichen Persönlichkeit, an die Gleichberechtigung von Mann und Frau sowie von allen Nationen, ob groß oder klein, erneut zu bekräftigen,

- Bedingungen zu schaffen, unter denen Gerechtigkeit und die Achtung vor den Verpflichtungen aus Verträgen und anderen Quellen des Völkerrechts gewahrt werden können,
- den sozialen Fortschritt, einen besseren Lebensstandard in größerer Freiheit zu fördern,

und für diese Zwecke

- Duldsamkeit zu üben und als gute Nachbarn in Frieden miteinander zu leben,
- unsere Kräfte zu vereinen, den Weltfrieden und die internationale Sicherheit zu wahren,
- Grundsätze anzunehmen und Verfahren einzuführen, die gewährleisten, dass Waffengewalt nur noch im gemeinsamen Interesse angewendet wird, und
- internationale Einrichtungen in Anspruch zu nehmen, um den wirtschaftlichen und sozialen Fortschritt aller Völker zu fördern.«[61]

Zur Umsetzung dieser Prinzipien der Charta der Vereinten Nationen setzen sich diese unter anderem und teils gekürzt zitiert die folgenden Ziele:

- »den Weltfrieden und die internationale Sicherheit zu wahren; ...
- freundschaftliche, auf Achtung vor dem Grundsatz der Gleichberechtigung und Selbstbestimmung der Völker beruhende Beziehungen zwischen den Nationen zu entwickeln ...
- eine internationale Zusammenarbeit herbeizuführen, um internationale Probleme wirtschaftlicher, sozialer, kultureller und humanitärer Art zu lösen und die Achtung vor den Menschenrechten und Grundfreiheiten für alle ohne Unterschied der Rasse, des Geschlechts, der Sprache oder der Religion zu fördern und zu festigen. ...

Die Organisation und ihre Mitglieder handeln im Verfolg der dargelegten Ziele unter anderem nach diesen Grundsätzen:

- Die Organisation der internationalen Staatengemeinschaft beruht auf dem Grundsatz der souveränen Gleichheit aller ihrer Mitglieder.
- Alle Mitglieder erfüllen, um ihnen die aus der Mitgliedschaft erwachsenden Rechte und Vorteile zu sichern, nach Treu und Glauben die Verpflichtungen, die sie mit dieser Charta übernehmen. ...
- Mitglied der Vereinten Nationen können alle friedliebenden Staaten werden, welche die Verpflichtungen aus dieser Charta übernehmen und nach dem Urteil der Organisation fähig und willens sind, diese Verpflichtungen zu erfüllen.«[62]

Die Europäische Union: Auswahl hier relevanter Prinzipien. Diese werden von der deutschen Bundeszentrale für politische Bildung so vorgestellt:

- »Die Unterschiedlichkeit der Mitgliedstaaten in Größe, Tradition, Wirtschaftsstruktur, politischer Ausrichtung und Kultur macht es nicht immer einfach, zu einem Beschluss zu kommen. Deshalb müssen alle Beteiligten die Bereitschaft zum Kompromiss mitbringen, da kein Land davon ausgehen kann, seine Position vollständig durchzusetzen. Die Einstellung, dass die Kompromissbildung eine europäische Tugend darstellt und nicht etwa ein Zeichen von Schwäche, ist eine wichtige Voraussetzung für das Funktionieren der EU.
- Die wirtschaftliche Stärke der Mitgliedstaaten ist sehr unterschiedlich. Die Union ist dem Grundsatz der Solidarität verpflichtet, die dem Schwächeren hilft, stärker zu werden. Materiell drückt dies sich vor allem in der Strukturpolitik aus, die wirtschaftliche Problemregionen zielgerichtet för-

dert. Aber die Solidarität ist auch politisch, bei Sicherheits-
bedrohungen oder in Katastrophenfällen die Basis der Zusammenarbeit der EU-Staaten.

- Die kleineren Länder müssen angemessen vertreten sein,
wenn große Staaten wie Deutschland, Frankreich oder
Großbritannien sich mit kleineren Staaten wie Malta, Zy-
pern oder Estland verbinden. Dies ist Ziel der degressiven
Proportionalität. Damit ist gemeint, dass die kleineren
Staaten relativ mehr Gewicht erhalten.«[63]

Der Europarat: Auswahl hier relevanter Prinzipien. Die erste
der europäischen Nachkriegsorganisationen wurde 1949 gegründet. Heute gehören ihm 47 Staaten als Mitglieder an. Alle
europäischen Flächenstaaten mit Ausnahme von Weißruss-
land und Kosovo gehören dazu. Weitere haben Beobachter-
status. Zu den Grundsätzen des Europarates gehören gemäß
geltender Satzung unter anderen:

- »Der Europarat hat die Aufgabe, einen engeren Zusammen-
schluss unter seinen Mitgliedern zu verwirklichen, um die
Ideale und Grundsätze, die ihr gemeinsames Erbe sind, zu
schützen und zu fördern und um ihren wirtschaftlichen und
sozialen Fortschritt zu begünstigen.«[64] »Seine Kernmission
sind der Schutz und die Förderung der Menschenrechte sowie von Rechtsstaatlichkeit und Demokratie in ganz Europa.
- Zum Schutz der Menschenrechte, Rechtstaatlichkeit und
Demokratie ist der Europarat wegweisend bei der Schaffung eines gesamteuropäisch verbindlichen Rechtsrah-
mens. Rechtsinstrumente wie die Europäische Konvention
zum Schutz der Menschenrechte und Grundfreiheiten zäh-
len zu den entsprechenden Übereinkommen. Der Europäische Gerichtshof für Menschenrechte wacht über die
Einhaltung der Konvention. Das kontinentale Menschen-
rechtsregime hat sich in vielen Fällen damit als effektiv und
handlungsfähig bewiesen. So kann jedermann die Mit-

gliedsstaaten des Europarates verklagen, wenn der nationale Rechtsweg ausgeschöpft ist. Das Ministerkomitee, das aus den Außenministern der Mitgliedsstaaten besteht, wacht über die Durchsetzung der Urteile des Gerichtshofs und verleiht den Urteilen das nötige politische Gewicht.

• Die Europäische Union und der Europarat verbindet eine intensive Zusammenarbeit. Die EU stellt in erheblichem Umfang finanzielle Mittel für den Europarat zur Durchführung gemeinsamer Projekte für den Schutz und die Förderung von Menschenrechten, Rechtsstaatlichkeit und Demokratie zur Verfügung.«[65]

Zu den für Europa bedeutsamen Staatengemeinschaften gehört auch die Organisation für Sicherheit und Zusammenarbeit in Europa (OSZE), die einst blockübergreifend gegründet wurde. Ihr gehören neben europäischen Ländern auch die USA, Kanada, Chile, Israel, Japan, Korea und Australien an. 1950 schlossen sich Belgien, die Niederlande, Luxemburg, Deutschland, Italien und Frankreich zur Montanunion zusammen. Daraus entwickelte sich die 1993 gegründete Europäische Union. Nach der Ost-Erweiterung in den Jahren 2004, 2007 und 2013 zählt die EU gegenwärtig 28 Mitgliedsstaaten.[66] In militärischer Hinsicht ist die Nordatlantikvertrag-Organisation, die NATO, für Europa von großer Bedeutung. Sie wurde 1949 aufgrund der sich abzeichnenden Spannungen nach dem Zweiten Weltkrieg gegründet. Neben den 25 europäischen Mitgliedern sind auch die USA, Kanada und die Türkei Mitglieder der NATO.[67]

Auf dem afrikanischen Kontinent gibt es zahlreiche internationale Kooperationen. An erster Stelle ist hier die AU, die Afrikanische Union, zu nennen. Die AU hat 2002 die Nachfolge der OAU, der Organisation für Afrikanische Einheit, angetreten. Dieser Staatengemeinschaft gehören mit Ausnahme von Marokko (wegen Streit um Mauretanien) alle afrikanischen Staaten an. 45 der 54 Staaten Afrikas haben die Verträge zu ihrer Mitgliedschaft ratifiziert. Amtssprachen der Union sind in alphabetischer Reihenfolge Arabisch, Englisch, Französisch und Portugiesisch. Im Aufbau begriffen ist eine afrikanische Friedens- und Sicherheitsarchitektur, die auch in Konfliktfällen eingreifen kann.[68] Unter den weiteren regionalen Zusammenschlüssen seien genannt: die Union des Arabischen Maghreb UMA, der regionale Wirtschaftszusammenschluss COMESA, die Gemeinschaft der Sahel-Sahara-Staaten (CEN-SAD), die Ostafrikanische Gemeinschaft (EAC), die Westafrikanische Wirtschaftsgemeinschaft (ECOWAS), die Wirtschaftsgemeinschaft zentralafrikanischer Staaten (ECCAS), die Regionalorganisation IGAD und die Entwicklungsgemeinschaft Südliches Afrika (SADC).[69]

Auszüge aus den Prinzipien der Afrikanischen Union (AU) werden hier gemäß einer Information der deutschen Bundeszentrale für politische Bildung vorgestellt:

- Zu den Zielen und Prinzipien der Afrikanischen Union gehört »die Förderung der afrikanischen Einheit auf allen Gebieten, die Verwirklichung von demokratischen Grundsätzen, Menschenrechten und guter Regierungsführung sowie Frieden, Sicherheit und Stabilität.
- Die AU-Gründungsakte ist der erste völkerrechtliche Vertrag, in dem ein Recht einer militärischen Intervention aus humanitären Gründen festgeschrieben ist: Gemäß Artikel 4 kann die Versammlung der Staats- und Regierungschefs bei schwerwiegenden Umständen, insbesondere im Falle von Kriegsverbrechen, Völkermord oder Verbrechen wider die Menschlichkeit, einen Militäreinsatz anordnen.
- Die Interpretation der Ziele und Prinzipien der AU wird eine Hauptaufgabe des in der Gründungsakte vorgesehenen Afrikanischen Gerichtshofes sein. Das Statut des Gerichtshofes ist Mitte 2004 von einer ausreichenden Zahl von

Staaten ratifiziert worden und kann seine Arbeit aufnehmen.

- Die institutionelle Struktur der Afrikanischen Union orientiert sich stark am Vorbild der Europäischen Union. Das oberste Organ bildet die Versammlung der Staats- und Regierungschefs. Die Konstruktion entspricht dem Europäischen Rat.«[70]

## Beispiele, die hoffen lassen

Kann zusammenkommen, was nicht zusammenpasst? Diese Frage steht im Vordergrund, wenn über Europa und Afrika nachgedacht wird. Wenn über diese Frage in der Vergangenheit mehr oder weniger frei entschieden werden konnte, so wurde diese »Freiheit« in neuer Zeit entscheidend eingeschränkt, weil die Welt inzwischen elektronisch vernetzt ist. Die Lebensverhältnisse in unterschiedlichen Teilen der Welt sind für jedermann erfahrbar geworden. Aus den unüberwindbar erscheinenden Unterschieden zwischen den Kontinenten erwachsen dadurch Wanderungsströme, die mit bisherigen Möglichkeiten internationaler Politik nur unzureichend gelenkt oder gar vermieden werden können. Zum Glück gibt es »Inseln der Hoffnung« auch und gerade in Afrika. Bei der problematischen Gesamtlage des Kontinents beweisen einige der Länder, dass eine positive Entwicklung möglich ist. Vielleicht können sie Wegweiser in die Zukunft sein. Ohne Anspruch auf Vollständigkeit werden Beispiele vorgestellt:

### Beispiel Südafrika
Die erfreuliche Seite. Das Land der überwundenen Apartheid und das Land von Nelson Mandela hat viel zu bieten: Eine Demokratie auf gutem Weg, breit aufgestellte Wirtschaft, hohe Rohstoffvorkommen. Südafrika ist die mit Abstand größte Volkswirtschaft des südlichen Afrika. Das Land erzeugt fast

ein Viertel der gesamten Güterproduktion des Kontinents. Das Bruttoinlandsprodukt liegt bei über 300 Milliarden US-Dollar. Ein durchschnittliches Jahreseinkommen beträgt mehr als 14 000 US-Dollar pro Person.[71] Die vielseitige Wirtschaft weist besondere Schwerpunkte in den Bereichen Bergbau, Automobilproduktion und Tourismus auf.

Die Besorgnisse. Bedingt durch das ehemalige System der Apartheid ist die Wirtschaft des Landes zweigeteilt. Ein Teil ist sehr modern und hat europäisches Niveau. Der andere Teil ist rückständig. Den dort produzierten Wirtschaftsgütern wird mangelhafte Qualität nachgesagt. Das niedrige Bildungsniveau macht Südafrika zu schaffen. Auch eine Arbeitslosenquote von fast 25 % und die damit einhergehende hohe Kriminalität wirken sich auf das Land aus.[72] Aids ist hier sehr problematisch: Beinahe jeder fünfte Einwohner Südafrikas ist entweder mit dem HI-Virus infiziert oder bereits daran erkrankt. Die Lebenserwartung ist deshalb in den letzten 20 Jahren von 65 auf 53 Jahre gesunken, hat sich aber 2014 wieder erholt.[73]

**Beispiel Uganda**

Die erfreuliche Seite. Seit dem Ende der Diktatur im Jahr 1990 entwickelte sich Uganda zu einem ökonomischen Vorzeigestaat. Weitreichende Wirtschaftsreformen und frühzeitige Privatisierungen sorgten für Fortschritt im Land. Das Bruttoinlandsprodukt ist über die letzten zwei Dekaden jährlich im Schnitt um 7 % gewachsen.[74] Insgesamt zeigt sich die Regierung von Präsident Yoweri Kaguta Museveni entschlossen, Uganda auf dem Weg des wirtschaftlichen Erfolgs zu halten. Innerhalb der nächsten 30 Jahre soll es zu einem Land mit wettbewerbsfähiger Wirtschaft und mittleren Einkommen entwickelt werden. Dazu sollen öffentliche Investitionen ausgeweitet, die Inflation bekämpft und für ein besseres Geschäftsklima gesorgt werden. Der Dienstleistungs- und der Industriesektor sollen modernisiert werden, ohne die Landwirtschaft als größten Devisenbringer und Arbeitgeber zu vernachlässigen.[75] Sie ist Lebensgrundlage für rund 70 % der Ugander.[76] Dass die wirtschaftliche Weiterentwicklung gelingen könnte, bescheinigen auch der Internationale Währungsfonds und die Weltbank. Darüber hinaus strebt Uganda mit seinen Nachbarn innerhalb der nächsten zehn Jahre eine Währungsunion nach Vorbild der Euro-Zone an. In Uganda wurden nicht unbeträchtliche Ölreserven entdeckt. Schätzungen zufolge kann Ugandas Regierung mit jährlichen Öleinnahmen in Höhe von zwischen 3 und 9 % des Bruttoinlandsproduktes rechnen.[77] Es wird angenommen, dass das Land damit einen erheblichen Teil des Staatshaushalts finanzieren und schließlich seine Unabhängigkeit von internationalen Finanzhilfen erreichen könnte.[78]

Die Besorgnisse. Die sozialen Probleme im Land sind groß und verlangen nach weitreichenden Reformen. Zwar reduzierte sich die Armutsrate in den letzten 20 Jahren um knapp die Hälfte auf nun 10 % mit weniger als 1,70 Euro am Tag, jedoch stieg im gleichen Zeitraum die ungleiche Verteilung der Vermögen im Land immens. Auch in anderen internationalen Vergleichen belegt das ostafrikanische Land einen der hinteren Plätze, etwa beim Korruptionsindex von *Transparency International*.[79] Die Weltbank schreibt in ihrem Länderbericht zu Uganda, dass sie über die sozialen Entwicklungen im Land besorgt ist.

**Beispiel Ruanda**
Die erfreuliche Seite. Die Weltbank sieht in Ruanda eines der reformstärksten Länder der Welt. Das Land hat fast 13 Millionen Einwohner. In den Jahren nach dem grausamen Völkermord 1994 setzte eine erstaunliche Entwicklung ein. Die politische und wirtschaftliche Stabilität gilt als beispielhaft. Die gute wirtschaftliche Entwicklung Ruandas gleicht für Experten einem Wunder, zumal das Land kaum über namhafte Rohstoffe verfügt. Paul Kagame, der Präsident des Landes,

spielt eine entscheidende Rolle. Das Land hat unter seiner Präsidentschaft wesentliche Reformen durchgeführt. Dazu gehört zum einen die Befriedungspolitik, um die Ethnien der Hutus und Tutsis nach dem grausamen Völkermord untereinander auszusöhnen.[80] Zur guten Entwicklung Ruandas hat auch die Partnerschaft mit dem deutschen Bundesland Rheinland-Pfalz wesentlich beigetragen. In dieser Partnerschaft ist es gelungen, einen erheblichen Teil der Bevölkerung des Bundeslandes mit Leben und Entwicklung der Menschen in einem afrikanischen Land vertraut zu machen. Die Einbeziehung der Schulen mit entsprechenden Partnerschaften ist hier besonders hervorzuheben.[81]

Die Besorgnisse. Der Staatshaushalt wird bisher noch zu etwa einem Drittel aus Entwicklungsgeldern finanziert. Der Präsident hat das ehrgeizige Ziel, diese Abhängigkeit in wenigen Jahren beenden zu können.[82] Etwa zwei Drittel der Bevölkerung lebt unter der Armutsgrenze.[83]

**Beispiel Togo**

Die erfreuliche Seite. Togo hat sich in den vergangenen Jahren zu einer echten Wirtschaftslokomotive in Westafrika entwickelt. Produktion und Handel erleben einen beeindruckenden Aufschwung. Zuletzt konnte das westafrikanische Land mit Wachstumszahlen um 5 % auf sich aufmerksam machen. Das kleine Togo, das nicht einmal so groß ist wie Bayern, hat sich zu einem regionalen Transit- und Dienstleistungszentrum für Westafrika entwickelt. Die Regierung investierte in den letzten Jahren massiv in die Infrastruktur. Unterstützt werden die Anstrengungen von internationalen Geldgebern und Investoren. Der Hafen von Lomé wird aufwendig zum einzigen Hafen Afrikas umgebaut, den Schiffe der neuesten Generation anlaufen können. Hinzu kommen der Ausbau des Flughafens von Lomé und wichtige Investitionen in das Straßennetz, welches das Land auch stärker mit seinen Nachbarn

verbinden soll. Die Klinker- und Zementindustrie ist verantwortlich für gut 25 % der Wirtschaftsleistung des Landes.[84]
Vor einiger Zeit eröffnete der DAX-Konzern *Heidelberg Cement* hier ein neues Werk, um die gestiegene Nachfrage nach
Zement befriedigen zu können.[85]

Die Besorgnisse. Beim Korruptionsindex von *Transparency
International* belegt Togo den 107. Platz von 167 untersuchten
Staaten.[86] Besorgnis erweckt auch die hohe Arbeitslosigkeit.
Sie könnte Sprengstoff für die Zukunft sein. Mehr als 50 % der
Togolesen gelten als arm und verfügen über weniger als 1,70
Euro pro Tag. Vor allem die Landbevölkerung ist davon be-
troffen. Togo hat bisher die meisten der Millenniumsziele zur
Armuts- und Hungerbekämpfung der Vereinten Nationen
nicht erreicht.[87]

**Beispiel: Äthiopien weiht die Bahnstrecke zum Indischen
Ozean ein**

Die erfreuliche Seite: Nach einem Bericht von Spiegel Online
vom Oktober 2016 hat Äthiopien die 1917 von den Franzosen
in Meterspur erbaute Bahnstrecke zwischen der Hauptstadt
Addis Abeba zum 750 km entfernten Dschibuti am Indischen
Ozean neu eröffnet. In nur wenigen Jahren haben Firmen aus
der Volksrepublik China die Bahnstrecke in Normalspur geplant und gebaut. Zunächst sollen Güterzüge die voll elektrifi-
zierte Strecke durch großenteils gebirgiges Land in nur zehn
Stunden zurücklegen. Bisher befördern täglich rund 1500
Lastwagen täglich die Güter von und zu dem Wirtschaftsraum
rund um die Hauptstadt des Landes, dessen Bruttosozialprodukt jährlich um 10 % wächst. Finanziert hat die rund drei
Milliarden Euro teure Bahnlinie zu 70 % eine chinesische
Bank. Geplant und gebaut haben chinesische Firmen. Erst
vor einem Jahr wurde in der 3-Millionenstadt Addis Abeba
eine neue ausgedehnte Stadtbahn eingeweiht, ebenfalls von
den Chinesen finanziert und gebaut. Dabei handelt es sich

um die erste vollelektrische Stadtbahn Afrikas südlich der Sahara.

Die Besorgnisse: Zunächst für fünf Jahre sollen bei der neuen Bahnlinie chinesische Techniker die Strecke betreuen, chinesische Kontrolleure die Tickets der Fahrgäste prüfen. Äthiopische Mitarbeiter ebenfalls einzuarbeiten ist dagegen zunächst nicht vorgesehen.[88]

### Beispiel: Investitionen der deutschen Wirtschaft

Die erfreuliche Seite: Nach einer Mitteilung des Präsidenten des Afrikavereins der deutschen Wirtschaft, Dr. Stefan Liebing, haben sich Investitionen der deutschen Wirtschaft in Afrika ebenso wie das Handelsvolumen und die Zahl der von deutschen Unternehmen in Afrika geschaffenen Arbeitsplätze in den letzten zehn Jahren verdoppelt. Die deutschen Unternehmen stellen mit Befriedigung eine zunehmende Zahl friedlicher Machtübergänge in Afrika fest in Ländern, in denen wie zum Beispiel in Ghana und Nigeria amtierende Regierungen abgewählt wurden. Die Wirtschaft hebt besonders Fortschritte im Telekommunikations- und Gesundheitssektor hervor.

Die Besorgnisse: Zu den zum Teil erheblichen Schwierigkeiten für ein weitergehendes Engagement der deutschen Wirtschaft gehören zunächst vielfach fehlende oder fehlerhafte Informationen über Möglichkeiten und Risiken, vor allem im Mittelstand. Beklagt wird eine fehlende Risikobereitschaft der Institutionen der Bundesregierung. Das betrifft insbesondere die dringend erforderliche Ausweitung der Hermesdeckungen. Bei diesen handelt es sich um Exportkreditgarantien der Bundesrepublik Deutschland. Allgemein wird eine wenig hilfreiche Skepsis gegenüber neuen Finanzierungs- und Garantieinstrumenten beklagt. Dass dies auch zu mangelnder Risikobereitschaft bei der deutschen Wirtschaft beiträgt, liegt auf der Hand.

# Europa und Afrika heute

## Europäische Besonderheiten

Das ist die Lage von heute: Die Weltbevölkerung wächst, die Europas schrumpft. Europa besteht politisch betrachtet aus zwei Welten: 28 Länder mit mehr als 500 Millionen Menschen auf einer Fläche von etwa 4,3 Millionen km² Fläche bilden die Staatengemeinschaft der Europäischen Union.[89] Knapp 240 Millionen leben in weiteren 21 Ländern mit einer Fläche von 5,6 Millionen km². Das renommierte Berlin-Institut für Bevölkerung und Entwicklung hat die tatsächliche Entwicklung schon vor einigen Jahren in einer bekannten Studie (unterstützt von führenden Stiftungen der Deutschen Wirtschaft und erschienen im Deutschen Taschenbuch Verlag) zusammengestellt. Hier werden einige Sachverhalte aus der Zusammenfassung dieser Studie erwähnt:

- Wenig Nachwuchs, alternde Bevölkerung und eine höhere Zahl von Menschen aus anderen Ländern und Weltregionen werden Europa in kommenden Jahrzehnten verändern.
- Zu Entwicklungen und Gegenmaßnahmen: Europas Bevölkerungszahl dürfte kaum weiter zulegen und könnte bald schon zu schrumpfen beginnen... Alle europäischen Länder haben begonnen, sich den Problemen, die der demografische Wandel mit sich bringt, zu stellen, und die EU hat mit der Lissabon-Strategie die Ziele vorgegeben: mehr Bildung, mehr Innovation, mehr Nachhaltigkeit, um international wettbewerbsfähig zu bleiben.
- Wenn es gelingt, diese Ziele umzusetzen, wenn die einzelnen Länder ihre Familienpolitik verbessern, die Einwanderung regeln, Zugewanderte besser integrieren, die Bildung der Bürger aufwerten, die Sozialsysteme demografiefest

machen und die Staatskassen sanieren, dann könnte Europa zum Pionier im Umgang mit den demografischen Veränderungen werden und letztlich gestärkt aus der Krise hervorgehen.[90]

Vielfältig sind die tatsächlichen Folgen der demografischen Entwicklung Europas. Die stagnierende Bevölkerungsentwicklung ist zumindest für absehbare Zeit einmalig für Europa im Vergleich zu Asien, Afrika und Amerika. Die Geburtenzahlen hinken deutlich hinter den Sterbezahlen her. Das bedeutet weniger Nachwuchs und die ständige Zunahme der alternden Bevölkerungen. Deutschland zum Beispiel kann seine Einwohnerzahl schon seit vielen Jahren nur durch Zuwanderung von Hunderttausenden aus anderen Ländern und Weltregionen aufrechterhalten. Die Bevölkerungszahl schrumpft je nach größerer oder kleinerer Zuwanderung. Alle anderen Weltregionen hingegen wachsen aufgrund hoher Kinderzahlen auf absehbare Zeit weiter. Der weltweit wirksam werdende medizinische Fortschritt sorgt selbst in Afrika und in wenig entwickelten Gebieten Asiens und Lateinamerikas für eine älter werdende Bevölkerung. Zusammengefasst sehen Fachleute den demografischen Wandel als ein globales Phänomen, bei dem Europa lediglich eine Vorreiterrolle spielt.[91]

*Mein Beispiel zum Verständnis: Bei einem Krankenhausaufenthalt komme ich mit der sympathischen jungen Medizinerin ins Gespräch. Sie nähert sich dem Alter von 30 Jahren. In wenigen Tagen wird sie Ärztin sein und ihre Promotion abgeschlossen haben. Dann schließe sich eine vierjährige Facharztausbildung an, erklärt sie mir. Auf diese freue sie sich besonders. »Kommt dann irgendwann Heiraten und Kinderkriegen?« frage ich. »Das ist jetzt überhaupt noch nicht im Blick«, antwortet sie, wie sicher viele andere gleichaltrige Akademikerinnen auf allen Feldern.* (August 2015)

Der wachsende Anteil älterer Menschen an der Bevölkerung ist in Europa überall zu beobachten. Unterschiedlich von ihr betroffen sind dicht besiedelte Stadtregionen und ländliche Räume. Aus strukturschwachen Regionen wandern vor allem junge Erwachsene auf der Suche nach Ausbildungs- oder Arbeitsplätzen ab. In wachstumsstarken Gebieten hat deren Zuzug die Alterung gedämpft und die Zahl der Geburten erhöht. Rückgang und Alterung der Bevölkerung haben das Arbeitskräftepotenzial verringert. Insbesondere fehlen zunehmend jüngere Erwachsene. Durch die Alterung ist die Lebensqualität in dünner besiedelten Gebieten für die Menschen zurückgegangen. Es gibt dort weniger Einzelhandel und Fachgeschäfte, Ärzte und Dienstleistungen aller Art, soziale, kulturelle und technische Infrastrukturen. Um zu entsprechenden Angeboten zu kommen, müssen weite Wege zurückgelegt werden, oft verbunden mit einer verminderten Verkehrsverbindung. Durch die wachsende Zahl der älteren Menschen steigt zwangsläufig die Belastung für die Träger der Altersrenten. Höhere Ausgaben für das Gesundheitswesen schlagen sich in höheren Beiträgen für die Versicherten nieder.

## Afrikanische Besonderheiten

Die Weltbevölkerung wächst mit Afrika als Spitzenreiter. Keine andere Region der Erde weist eine vergleichbare Zunahme der Bevölkerung auf. Der Kontinent ist heute Lebensraum für mehr als 1,2 Milliarden Menschen in 54 Ländern mit einer Fläche von rund 30 Millionen km². Das entspricht dreimal der Fläche Europas. Der Kontinent wird im Norden begrenzt vom Mittelmeer, im Westen vom Atlantik und im Osten vom Indischen Ozean. Er umfasst die weltweit größte zu den Tropen zählende Landmasse mit Regenwald, Savannen und Wüsten. Im Jahr 1950 lag die Einwohnerzahl Afrikas noch bei knapp 230 Millionen. 50 Jahre später, im Jahr 2000, betrug sie 814 Millionen.[92] Den auffälligsten Zuwachs hatten die größten Städte, von denen viele ein Wachstum in Millionenhöhe zu verzeichnen haben. Viele ländliche Gegenden wurden stattdessen verlassen, unter anderem auch, weil an Randzonen der Wüsten klimatische Veränderungen die Landwirtschaft gefährdeten oder unmöglich machten. Die »Landflucht« ist in vielen Teilen Afrikas allerdings auch mit der offensichtlichen Unfähigkeit verbunden, ländliche Gebiete mit Erfassungsstrukturen für landwirtschaftliche Produkte und der unerlässlichen Infrastruktur zu entwickeln. Die größten Städte mit zum Teil weit über 10 Millionen Einwohnern sind Kairo (Ägypten), Lagos (Nigeria) und Kinshasa (Demokratische Republik Kongo). Addis Abeba, die Hauptstadt Äthiopiens und der Afrikanischen Union, hat innerhalb weniger Jahre in der Einwohnerzahl Berlin überflügelt.[93]

Kinder. Kinder. Kinder. Der Anteil des Kontinents an der Weltbevölkerung beträgt derzeit etwa 15 %. Nigeria ist dabei mit derzeit über 180 Millionen Menschen das bevölkerungsreichste Land. An zweiter Stelle steht Äthiopien mit fast 100 Millionen Menschen, an dritter Stelle Ägypten mit über 90 Millionen. Die größte Landfläche nimmt mit 2 380 000 km$^2$ Algerien ein, das Land mit dem größten Flächenanteil an der Sahara und bewohnt von rund 40 Millionen Einwohnern.[94] Dann folgt die Demokratische Republik Kongo mit 2 300 000 km$^2$.[95] In Afrika werden durchschnittlich 36 Kinder pro 1000 Einwohner geboren. Im gleichen Zeitraum lag die Sterberate bei zehn Personen auf 1000 Einwohner. Entscheidend ist dabei: Über 40 % aller Afrikaner sind Kinder unter 15, gegen nur 16 % der Europäer.[96] Diese Kinder werden mit Sicherheit auch weiter für den hohen Geburtenüberschuss sorgen. Den 1,2 Milliarden Afrikanern stehen heute 740 Millionen Europäer gegenüber. Statistisch gesehen kommen damit auf 100 Europäer 162 Afrikaner.

Für Afrikaner und Europäer sind Gott und Religion von unterschiedlicher Bedeutung. Je etwa 40 % der Afrikaner gelten als Christen und als Moslems. Die große Mehrheit der Moslems sind Sunniten. Andere Religionen oder Stammeskulte verteilen sich auf die restlichen 20 %. Der von der deutschen Bertelsmann Stiftung erstmals 2008 herausgegebene »Religionsmonitor« beschreibt zum Beispiel die Nigerianer als zu 99 % religiös. 92 % davon werden als »hochreligiös« bezeichnet. Darunter werden Menschen verstanden, die ihre Religion etwa durch Gottesdienstbesuche und regelmäßige Gebete praktizieren. Nigeria ist für einen großen Teil Afrikas repräsentativ. Zum Vergleich: In Deutschland sind 70 % der Bevölkerung als »religiös«, davon nur 18 % als »hochreligiös« eingeordnet. Diese Zahlen dürften in Europa insgesamt etwa vergleichbar sein. Für die USA wies der Religionsmonitor 89 % als »religiös« und darunter 62 % als »hochreligiös« aus. Zum Vergleich weltweit wird für »hochreligiös« und insgesamt »religiös« angegeben: Indien 48 % »Hochreligiöse« in 99 % »Religiöse«; Brasilien 72 % in 96 %; Polen 40 % in 87 %; Frankreich 13 % in 54 % und Russland 7 % in 51 %.[97] Am weitesten in Europa verbreitete Religionen sind das Christentum und der Islam. Etwa 75 % der Europäer sind Christen, vor allem katholisch, protestantisch und orthodox. Etwa 6 bis 8 % sind Moslems.[98] Die meisten davon, etwa 20 Millionen, leben überwiegend in den europäischen Teilen Russlands. Rund 16 Millionen Menschen, die in den Ländern der Europäischen Union leben, sind muslimische Einwanderer und deren Nachkommen.[99] Im europäischen Gebiet der Türkei, in Bosnien und Herzegowina sowie in Albanien leben fast 14 Millionen Muslime. Nahezu zwei Millionen Europäer sind Juden.[100]

## Zum Stand der Entwicklung Europas

Seit Jahrzehnten wachsen die Nationen Europas zusammen. Das zeigt nicht zuletzt die Europäische Union trotz aller Schwierigkeiten und des »Brexit«. Die britische Bevölkerung war gespalten, als es um den Verbleib in der EU ging. Der Schnitt ging durch die Generationen. 75 % der unter 25-jährigen Wähler stimmten für den Verbleib in der EU. Hingegen stimmten ungefähr 60 % der 65 Jahre und älteren Wähler für den Austritt.[101] Das Wahlverhalten beim »Brexit«-Votum unterstreicht die Tendenz, dass sich gerade die jungen Europäer zusammengehörig fühlen.

Die etwa 800 Millionen Einwohner Europas leben in den dichter besiedelten Regionen der Erde. Im Westen, in der Mitte und in Südeuropa ist die Bevölkerungsdichte relativ hoch, während diese weiter nach Nord- und Osteuropa stark abnimmt. Mehr als 90 % der Europäer sprechen germanische, romanische und slawische Sprachen. Bezogen auf die Zahl der Bewohner ist in Europa das lateinische Schriftsystem am gebräuchlichsten, gefolgt von dem kyrillischen und dem griechischen Alphabet. Europa ist ein wohlhabender Kontinent mit großen Industriemetropolen, ertragreicher Landwirtschaft und einem wachsenden Dienstleistungssektor. Schon im 19. Jahrhundert war Europa konkurrenzlos die führende Wirtschaftskraft der Welt. Gegenwärtig erlebt Osteuropa Wirtschaftswachstum und kann Schritt für Schritt zu Westeuropa aufschließen. Zunächst bildeten elf Staaten der Europäischen Union ab 1999 eine Währungsunion. Am 1. Januar 2002 wurde die Euro-Währung eingeführt, heute das gesetzliche Zahlungsmittel in 19 EU-Staaten.[102] Zu den weit verbreiteten Problemen in vielen europäischen Staaten gehört die Arbeitslosigkeit, die mancherorts in hohem Maße auch die junge Generation betrifft. In den meisten Staaten Europas gibt es keinen Mangel an Nahrungsmitteln, sondern landwirtschaftliche Überproduktion und das gesundheitliche Problem mit der Fettleibigkeit.

Europa als Marktplatz der Ideen, der Erfolge und Misserfolge, ist in seiner Vielfalt zu betrachten. Anerkannte Studien bewerten einzelne Regionen höchst unterschiedlich. Gut beurteilt wird der Norden Europas, wo obendrein relativ viele Kinder geboren werden, allen voraus das kleine, wohlhabende und hoch entwickelte Island.[103] Diese Gebiete zeichnen sich durch eine relativ stabile demografische Struktur aus, durch hohe Wertschöpfung, guten Bildungsstand und eine beeindruckend niedrige Arbeitslosigkeit. Vergleichsweise gut beurteilt werden auch Irland und Großbritannien, die Beneluxstaaten, Frankreich, der südliche Teil Deutschlands, Österreich und einige nördliche Gebiete in Italien und im Nordosten Spaniens. Am unteren Ende der Wertung finden sich meist entlegene ländliche Regionen, etwa in Süditalien oder Griechenland, sowie Gebiete in Bulgarien, Rumänien und Polen. Diese Gebiete sind von negativer demografischer Entwicklung betroffen: von sehr niedrigen Kinderzahlen, einer massiven Abwanderung junger Menschen und einer entsprechend starken Überalterung der verbleibenden Bevölkerung. Insgesamt ist ein deutliches Nordwest-Südost-Gefälle zu erkennen. Der Übergang von der Staats- in die Marktwirtschaft scheint vielerorts noch nicht abgeschlossen zu sein. Die größten Fortschritte in diesem Prozess haben die baltischen Nationen zu verzeichnen, ebenso Tschechien und Rumänien. Andere Länder wie die neuen EU-Mitglieder Bulgarien und Slowenien müssen zwangsläufig noch aufholen.[104]

## Zum Stand der Entwicklung Afrikas

Beträchtliche Unterschiede kennzeichnen die Länder Afrikas hinsichtlich des Standes ihrer Entwicklung. Die städtischen Regionen sind meist besser entwickelt als die dünn besiedelten ländlichen. Kennzeichnend ist für ganz Afrika das Vorhandensein einer kleinen reichen Oberschicht und die vielfach in Armut lebende Bevölkerungsmehrheit. Manche Wissenschaftler führen diese Struktur zurück auf die Kolonisierung. Ihr folgte der Wandel von traditionellen Gesellschaftsformen zu europäischen Strukturen. Die wohlhabenderen afrikanischen Länder befinden sich nördlich der Sahara und im Süden des Kontinents. Das hohe Wachstum der Bevölkerung hat allerdings ein Sinken des Bruttosozialprodukts pro Kopf der Bevölkerung zur Folge. Alles in allem ist die Entwicklung weit zurückgeblieben. Mit einer erwarteten Verdopplung der Bevölkerungszahl in kaum mehr als 20 Jahren, wie sie einige dieser Staaten in der Vergangenheit erlebt haben, sind selbst die reicheren Länder überfordert. Von den weltweit 48 der am wenigsten entwickelten Länder befinden sich 33 in Afrika. Gleichzeitig zeichnen sich diese Länder durch höchste Geburtenraten aus.[105]

Die Millenniumsentwicklungsziele, zur Jahrtausendwende von den Vereinten Nationen verabschiedet, haben acht Vorgaben bis zum Jahr 2015 gemacht: von der Bekämpfung von Hunger und Armut über die Reduzierung der Kinder- und Müttersterblichkeit und dem Eindämmen der HIV/Aids-Pandemie, bis hin zur Gleichstellung der Geschlechter und dem Zugang zu einer Grundschule für alle Kinder. So konnte von 1990 bis 2015 weltweit die Rate der extremen Armut von 47 % auf 14 % gesenkt, Grundschulbildung für mehr Jungen und Mädchen ermöglicht, die Zahl der Kindersterblichkeit halbiert, Zugang zu Trinkwasser und Internet erhöht und vieles mehr erreicht werden. Erfreulicherweise saßen 2015 fast doppelt so viele Frauen in Parlamenten als noch 1995.[106] Dennoch waren diese beachtlichen Erfolge ungleich verteilt. Viele der afrikanischen Länder hängen hinsichtlich dieser Ziele noch weit zurück. Sie scheitern unter anderem, weil das hohe Bevölkerungswachstum es einfach erschwert, den Millenniumsentwicklungszielen näher zu kommen. Mit dem Nachfolger, den UN-Nachhaltigkeitszielen bis 2030, werden nun die Entwicklungs- und Umweltziele zusammen angegangen und die einzelnen Ziele nicht mehr isoliert betrachtet. Das war ein Hauptkritikpunkt an den Millenniumszielen. Die 17 Nachhaltigkeitsziele reichen von Armutsbekämpfung über Gleichberechtigung und Zugang zu Infrastruktur bis hin zu Umweltschutz und Bekämpfung des Klimawandels.[107]

Die Wirtschaft im mittleren und südlichen Afrika ist weitgehend auf Export ausgerichtet. Im Vordergrund stehen dabei Bananen- und Kakaoplantagen, Tropenhölzer, die Suche nach Gold und Diamanten. In den Städten gibt es größere Industriebetriebe und in kleinerem Maße Handwerk. Afrika produziert etwa 70 % des Weltbedarfs an Kakao, etwa 50 % des Weltmarktanteils an Diamanten und etwa 25 % an Gold. 10 % der geförderten Menge an Erdöl kommen aus Afrika.[108] Diese Förderung ist vor allem in den Staaten Nordafrikas verbreitet. Der Ostafrika von Süd nach Nord durchfließende Nil ist mit 6693 km der längste Fluss der Erde.[109] Die Nil-Staudämme dienen der Stromerzeugung und der Bewässerung. Zu weiteren wasserreichen Lebensadern des Kontinents gehören der Kongo und der Sambesi.

Für die Infrastruktur Afrikas besteht riesiger Nachholbedarf. Nach der Auffassung des Afrika-Vereins der Deutschen Wirtschaft ist ihr Ausbau eine der zentralen Herausforderungen des Kontinents. Nach Feststellungen der Afrikanischen Entwicklungsbank verfügt Subsahara-Afrika derzeit über die mangelhafteste Infrastruktur weltweit.[110] Dadurch wird stärkeres wirtschaftliches Wachstum unterbunden. Jahrzehntelang wurde dieser Bereich vernachlässigt. Inzwischen haben jedoch viele afrikanische Regierungen, die Afrikanische Union, internationale Geberorganisationen und auch bilaterale Geber die Notwendigkeit verstärkter Investitionen in diesen Sektor erkannt. Beachtliches Engagement in diesem Bereich zeigt seit geraumer Zeit China.[111] Die teils stark vernachlässigte Infrastruktur führt in Ländern ohne Zugang zum Meer zu sehr hohen Transportkosten, die wiederum dazu führen, dass die Güterpreise doppelt so hoch wie die europäischen Güterpreise liegen können.[112]

## Der Vergleich des Bruttoinlandsprodukts

Die Unterschiedlichkeit der beiden Kontinente offenbaren die folgenden Schlüsselzahlen. Das Entwicklungsprogramm der Vereinten Nationen (UNDP) orientiert sich seit 1990 an dem jährlichen »Wohlstandsindikator für Staaten«, dem soge-nannten *Human Development Index* (HDI). Der aussagekräf-tige HDI zeigt die europäischen Nationen auf der oberen Hälfte der Tabelle. Die Länder Afrikas rangieren ganz unten, meist auf den letzten Plätzen. Der Index betrachtet das Bruttosozialeinkommen pro Kopf, die durchschnittliche Le-

| Bruttoinlandsprodukt und Human Development Index | | |
|---|---|---|
| Land | Bruttoinlandsprodukt 2014 pro Einwohner (gerundet)* | HDI Index 2014 Rangfolge** |
| Deutschland (EU) | 48 000 $ | 6 |
| Russische Föderation | 14 000 $ | 50 |
| Rumänien (EU) | 10 000 $ | 52 |
| Ukraine | 3 100 $ | 81 |
| Ägypten | 3 400 $ | 108 |
| Südafrika | 6 500 $ | 116 |
| Äthiopien | 570 $ | 174 |
| Zentralafrikanische Republik | 350 $ | 187 |

*   **World Bank Group**
    »GDP per capita (current US$)«. online Zugriff [30.9.2016]:
    http://data.worldbank.org/indicator/NY.GDP.PCAP.CD. Link: Download.
**  **United Nations Development Programme – UNDP**
    »Human Development Index (HDI)«. online Zugriff [30.9.2016]:
    http://hdr.undp.org/en/content/human-development-index-hdi. Link: Download
    all 2015 data by indicator, year and country.

benserwartung und die Bildungsdauer mit der Anzahl der Schuljahre, die ein 25-Jähriger durchlaufen hat. Der Index bietet neben dem Bruttoinlandsprodukt pro Einwohner zumindest annähernd eine Vergleichsmöglichkeit des Lebensstandards eines Landes.

## Die Volksrepublik China entwickelt Afrika

Die Volksrepublik China ist seit mehr als zehn Jahren maßgebend für die Entwicklung Afrikas. Diese Tatsache ist zu einem entscheidenden Faktor für die Entwicklung des Kontinents geworden. »Die Chinesen haben sich als die barmherzigen Samariter für uns erwiesen«, sagen nicht wenige der afrikanischen Präsidenten. Diese Helfer bauen Hafenanlagen, Straßen, Autobahnen, Bahnstrecken für Intercityzüge, Flughäfen und vieles mehr. Vor allem versuchen sie, mit millionenschweren Programmen Gewerbegebiete für Existenzgründungen und viele Arbeitsplätze zu schaffen. Neuerdings kommen Krankenhäuser, Luxushotels, Fußballstadien und andere für die breite Bevölkerung bedeutsame Einrichtungen dazu. In Europa scheint das chinesische Engagement vielfach übersehen oder dessen Bedeutung herabgeredet zu werden. Man weist nicht ohne Berechtigung darauf hin, dass die Chinesen zum Thema Menschenrechte und anderen westlichen Maßstäben für politisches Handeln andere Positionen haben.

China richtet sich überall und in vielen Bereichen auf Dauer in Afrika ein. Dieser Prozess scheint in vollem Gang zu sein. Nahezu alle afrikanischen Präsidenten folgen heute den regelmäßigen Einladungen in die Volksrepublik China, wenn deren Staatspräsident zur Gipfelkonferenz einlädt. China und Afrika sind zusammen auf dem besten Weg, die Mehrheit der Weltbevölkerung zu repräsentieren. Tatsache ist: Für Afrika ist mit der Volksrepublik China eine Zeitenwende verbunden. Seit wenigen Jahren steht China mit an der Spitze aller Entwicklungshilfe für den Kontinent. Wenn kein Politikwechsel Europas gegenüber Afrika zustande kommt, wird die Entwicklung unumkehrbar werden. Europa grenzt dann an seiner Südseite an ein riesiges gemeinsames Interessengebiet von Afrika und China.

Ein »Treppenwitz der Weltgeschichte« könnte das genannt werden, wenn der Hintergrund nicht so tragisch wäre: Die USA und ihre westlichen Verbündeten führten in den letzten 30 Jahren insbesondere in Asien überaus teure Kriege mit schmerzlichen Verlusten, die ihre eigenen finanziellen Möglichkeiten bei weitem überschritten. Die Volksrepublik China sprang an erster Stelle als Kreditgeber ein. Allein die USA schulden China gegenwärtig 1,24 Billionen Dollar.[113] Gewaltige Zinseinkünfte Chinas und Deviseneinkünfte als Billiglohnland ermöglichen es, einen ganzen Kontinent nachhaltig zu entwickeln. Vor allem ist China die treibende Kraft für den Ausbau der Infrastruktur geworden. Als ein Beispiel für das chinesische Engagement: Der Ministerpräsident Chinas hat 2014 vor der Afrikanischen Union angekündigt, dass sein Land alle Hauptstädte der 50 afrikanischen Staaten mit einem schnellen Eisenbahnnetz nach ICE-Vorbild verbinden werde. In diesem Zusammenhang ist auch die bislang größte Auslandsinvestition Chinas zu nennen. Es geht um eine neue Eisenbahnlinie über mehr als 1400 Kilometer an der nigerianischen Atlantikküste von Lagos bis in die Hafenstadt Calabar.[114] Mit der chinesischen Investition von 13 Milliarden Dollar soll das erdölreiche Nigeria als Tor zum westafrikanischen Wirtschaftsraum erschlossen werden. In Angola hat Peking alle drei im Bürgerkrieg zerstörten Eisenbahnlinien des südwestafrikanischen Landes saniert. In Ostafrika soll eine neu verlegte Eisenbahnlinie Kenia, Uganda, Ruanda und den Südsudan verbinden.

Johannes Dieterich, Korrespondent deutscher Zeitungen in Afrika, stellt (auszugsweise) fest:

»15 Jahre chinesisches Engagement in Afrika hinterließen bereits wesentlich deutlichere Spuren als ein halbes Jahrhundert westlicher Entwicklungshilfe. Längst hat China die USA und die ehemaligen europäischen Kolonialnationen als Afrikas wichtigste Handelspartner überholt: Das Volumen des Güteraustausches hat sich seit Beginn des Jahrtausends von 10 auf über 200 Milliarden mehr als verzwanzigfacht. Auf dem afrikanischen Kontinent sind inzwischen rund 2500 chinesische Firmen aktiv, weit über eine Million Chinesen bauen Eisenbahnlinien, betreiben Restaurants und stehen selbst in entlegensten Winkeln des Hinterlandes hinter ihren Ladentresen. Auf den regelmäßig stattfindenden chinesisch-afrikanischen Gipfeltreffen oder während der immer häufiger stattfindenden Staatsbesuche chinesischer Parteichefs auf afrikanischem Boden wird Pekings Engagement als Beweis der Bruderschaft gefeiert, die die Opfer des westlichen Kolonialismus zusammenschweiße. Chinas Interesse gilt vor allem den Erdölstaaten des Kontinents – wie Nigeria, Angola oder Nordsudan sowie Südsudan – und jenen Nationen, die reich an anderen wichtigen Bodenschätzen sind – wie Südafrika (Platin und Kohle), der Kongo (Uran, Coltan und Zinn) sowie Sambia (Kupfer). Selbstverständlich sind Afrikas Staatschefs beglückt von Chinas gesteigertem Interesse. Außerdem gefällt den Präsidenten, dass das Reich der Mitte seine guten Beziehungen nicht wie der Westen von der Einhaltung eines gewissen Standards an Menschenrechten abhängig macht: Nach dem alten Stil hält Peking als Motto die ›Nichteinmischung in die inneren Angelegenheiten‹ der umworbenen Staaten hoch.«[115]

## Und jetzt?

Tatsachen sind nicht wegzudiskutieren. Sie sind jederzeit nachprüfbar oder korrigierbar, wenn sie falsch oder unvollständig erfasst worden waren. Zahlreiche und relevante Fakten liegen auf dem Tisch und gelten, ob sie dem Einzelnen oder der Gesellschaft bewusst sind oder nicht. Fakten entfalten bekanntlich normative Kräfte und führen von diesen gesteuert zu neuen Wirklichkeiten. Wir, Schreiber und Leser, stehen vor zwei Alternativen:

- Entweder: Den Dingen ihren Lauf lassen. Hinnehmen, was kommt. Im höheren Alter heißte es vielleicht: »Uns kann es kaum noch betreffen. Nach uns die Sintflut.«
- Oder: Weiterdenken. Fragen: »Was folgt aus den Fakten? Was ist absehbar?«

Und jetzt folgen genau deshalb »Trends und Prognosen«.

# 2. Trends und Prognosen

*Die Ehrfurcht vor der Vergangenheit*
*und die Verantwortung gegenüber der Zukunft*
*geben fürs Leben die richtige Haltung.*

Dietrich Bonhoeffer[116]

## Zur Demografie der Kontinente

### Fakten und Prognosen

Die Vereinten Nationen und viele andere Forschungsinstitute der Hochschulen, der internationalen Wirtschafts- und Finanzwelt veröffentlichen immer wieder Zahlenwerke zur Zusammensetzung der Weltbevölkerung in der Gegenwart und Prognosen in die Zukunft. Prognosen passen sich nicht zuletzt auch an durchschnittliche Lebenserwartungen der heute lebenden Menschen an. Zahlen zu heute lebenden Menschen sind in den einzelnen Ländern der Erde unterschiedlich erfasst, von der verlässlichen Genauigkeit bis hin zu groben Schätzungen und Hochrechnungen. Diese insgesamt nur relativ genauen Zahlen werden auch oft korrigiert, wenn Zählungen erneuert oder Studien fortgeschrieben werden. Das gilt erst recht für Zahlen zu Prognosen. Im Zusammenhang mit Bevölkerungsentwicklungen allerdings haben sich Prognosen als meist zutreffend erwiesen.

Zahlenangaben zur Bevölkerung und zu damit verwandten Bereichen sind in diesem Buch mit den entsprechenden Vorbehalten zu versehen. Sie sollen Fakten und Trends aufzeigen. Aus Veröffentlichungen der Vereinten Nationen und verschiedenen anderen Quellen wurden für die demografische Entwicklung die folgenden Zahlen zusammengestellt, die einen guten Überblick verschaffen:

| Demografische Entwicklung der Welt und der Kontinente* | | | |
|---|---|---|---|
| Erdteil | Jahr 2015 / % der Weltbevölkerung | Jahr 2050 / % der Weltbevölkerung | Jahr 2100 / % der Weltbevölkerung |
| Welt | 7,3 Milliarden / 100 % | 9,7 Milliarden / 100 % | 11,2 Milliarden/ 100 % |
| Asien | 4,4 Milliarden / 60 % | 5,3 Milliarden / 55 % | 4,9 Milliarden / 44 % |
| Afrika | 1,2 Milliarden / 16 % | 2,5 Milliarden / 26 % | 4,4 Milliarden / 40 % |
| Amerika | 1,0 Milliarden / 14 % | 1,2 Milliarden / 12 % | 1,2 Milliarden / 11 % |
| Europa | 0,7 Milliarden / 10 % | 0,7 Milliarden / 7 % | 0,6 Milliarden / 5 % |

*   United Nations – Department of Economic and Social Affairs, Population Division (2015)
    »World Population Prospects«. online Zugriff [22.9.2016]:
    http://esa.un.org/unpd/wpp/DVD/. Tabelle: Total Population – Both Sexes.

Geografie und demografische Trends sind unveränderbare Begleiter von Politik und Gesellschaft. Das gilt auch für die Entwicklung der Kontinente und Länder. Die im Gang befindlichen Entwicklungen Europas, Afrikas, Indiens und Chinas werden zu gewaltigen Machtverschiebungen zwischen Kontinenten und Ländern führen. Zur hohen Wahrscheinlichkeit trägt bei, dass die Bevölkerung im Falle Afrika heute zu etwa 40 % weniger als 15 Jahre alt ist. Die europäische Bevölkerung dagegen ist nur zu etwa 16 % weniger als 15 Jahre alt. Die Machtverschiebungen haben einen untrüglichen biologischen Hintergrund, der über alle Zweifel erhaben ist. China repräsentiert heute mit nahezu 1,4 Milliarden Menschen 19 % der Weltbevölkerung, Indien fast mit 1,3 Milliarden 17 %. Bis 2050 soll Indien mit 1,7 Milliarden 17 % der Weltbevölkerung einnehmen, während China dann mit 14 % den zweiten Platz einnimmt. Diese Zahlen belegen die heraufziehenden Verschiebungen: Heute sind 60 von 100 Menschen die Welt Asiaten, 16 der 100 Afrikaner, 13 Amerikaner, 10 Europäer und einer aus Ozeanien. [117] Um 2050 werden unter 100 Menschen 55 Asiaten, 25 Afrikaner, 13 Amerikaner und nur 7 Europäer sein. »China und Afrika« mit heute zusammen 35 % der Weltbevölkerung soll im Jahr 2050 einen Anteil von 47 % aller Menschen repräsentieren. Die Atommächte Indien und China stellen zusammen dann ein Drittel der Weltbevölkerung dar: Ein »Zukunftsthema« der besonderen Art.

Die Prognosen auf das Jahr 2100 sagen für Afrika dann eine Bevölkerung von 4,3 Milliarden Menschen voraus, eine Vervierfachung gegenüber heute. »China und Afrika« bedeutet dann zusammen nahezu die Hälfte der Weltbevölkerung. Ein zahlenmäßig betrachtetes »Dreierbündnis« zusammen mit Indien käme gar der Zweidrittelmehrheit nahe. Für 2100 wird eine Weltbevölkerung von 11,2 Milliarden Menschen vorausgesagt. Zu diesen gehören dann 4,3 Milliarden Afrikaner, 1,7 Milliarden Inder und 1,0 Milliarden Chinesen, aber nur noch 600 Millionen Europäer.

## Auswirkungen der demografischen Veränderungen

Die Prognosen der Vereinten Nationen gehen, ausgehend vom Jahr 2015, für das Jahr 2030 von etwa 8 Milliarden Menschen und 2050 von über 9 Milliarden Menschen aus. In diesen Jahren muss dementsprechend zusätzlich für Lebensbedingungen wie Wasser, Nahrungsmittel, Energie und Rohstoffe gesorgt werden. Das starke Wachstum im letzten Jahrhundert lässt sich darauf zurückführen, dass die Zahl der Geborenen die Zahl der Gestorbenen weit übertraf. Das ist in Afrika, Asien und Lateinamerika auch durch verbesserte medizinische, hygienische und wirtschaftliche Lebensbedingungen bedingt. Wachstum folgt in der Regel später ein Rückgang der Geburtenzahlen. Die hohen Geburtenziffern der jüngeren

Vergangenheit hängen nicht zuletzt mit einem großen Anteil von jungen Frauen im gebärfähigen Alter zusammen. Weiter sind diese Entwicklungen zu erwarten: Trotz hoher Zuwanderung von Migranten nach Deutschland etwa in 2015 kann die Einwohnerzahl von derzeit 81 Millionen auf nur noch 75 Millionen Menschen in 2050 zurückgehen. Für das scheinbar in ferner Zukunft liegende Jahr 2100 prognostizieren anerkannte Institute eine Weltbevölkerung von mehr als 11 Milliarden Menschen. Dazu gehören nicht wenige Kinder, die heute schon leben.

Bei einem demografischen Vergleich von Europa und Afrika sprechen die Zahlen aus dem Berlin-Institut für Bevölkerung und Entwicklung für sich. Gegenüber gestellt sind tatsächliche Zahlen aus letzten Jahren und Prognosen bis 2050:

| Vergleich von Bevölkerungszahlen Europas und Afrikas* | | | |
|---|---|---|---|
| Bevölkerungs-veränderung | Europa | minus 33 Millionen von heute bis 2050 | |
| | Afrika | plus 1,4 Milliarden von heute bis 2050 | |
| Geburtenrate | Europa | heute: etwa 1,5 Kinder | |
| | Afrika | heute: etwa 4,5 Kinder | |
| Bevölkerung unter 15 Jahre | Europa | heute: 16 % | 2050: 15 % |
| | Afrika | heute: 41 % | 2050: 29 % |
| Bevölkerung über 65 Jahre | Europa | heute: 16 % | 2050: 28 % |
| | Afrika | heute:  3 % | 2050:  7 % |
| Lebens-erwartung | Europa | heute: 76 Jahre | 2050: 82 Jahre |
| | Afrika | heute: 53 Jahre | 2050: 65 Jahre |

* **United Nations – Department of Economic and Social Affairs/Population Division (2015)**
»World Population Prospects: The 2015 Revision«. S.1 und S. 2. online Zugriff [21.9.2016]:
http://esa.un.org/unpd/wpp/Publications/Files/Key_Findings_WPP_2015.pdf
**United Nations – Department of Economic and Social Affairs, Population Division (2015)**
»World Population Prospects«. online Zugriff [22.9.2016]:
http://esa.un.org/unpd/wpp/DVD/. Tabelle: Total Population - Both Sexes.

Das 20. Jahrhundert wies weltweit die stärkste Bevölkerungszunahme aller bisherigen Jahrhunderte auf. In der Welt lebten um 1900 etwa 1,7 Milliarden Menschen, 1950 schon 2,5 Milliarden. Im Jahr 2000 wurde die Zahl von 6 Milliarden erreicht. Heute geht man von 7,4 Milliarden Menschen aus.[118] Was sich in vorigen Zeiten in mehreren tausend Jahren ergab, geschah im 20. Jahrhundert in einigen Jahrzehnten: Eine Vervielfachung der Menschheit. Alles in allem wird davon ausgegangen, dass seit dem Erscheinen des Menschen auf dieser Erde etwa 100 Milliarden geboren wurden – und weit über 90 Milliarden gestorben sind.[119]

## Erkennbare Entwicklungen in Europa

Die Prognose zur demografischen Entwicklung Europas geht davon aus, dass sich Europa in den nächsten Jahrzehnten nachhaltig verändern wird. Dafür verantwortlich sind wenig Nachwuchs, eine älter werdende Bevölkerung und Zuwanderer aus anderen Ländern und Weltregionen. Die Ursachen für diese Entwicklung liegen bereits Jahrzehnte zurück. Den Höhepunkt der Alterung werden die Länder Europas jedoch erst in 30 bis 40 Jahren erleben, prognostiziert das Berlin-Institut für Bevölkerung und Entwicklung.[120] Danach wird Europas Bevölkerungszahl von heute kaum noch zulegen. Sie könnte bald schon zu schrumpfen beginnen. Alle anderen Weltregionen hingegen wachsen aufgrund hoher Kinderzahlen vorerst weiter. Die nach oben gerichtete demografische Entwicklung ist eine globale Erscheinung. Später könnte der europäische Trend auch in anderen Regionen der Erde Platz greifen.

Wohin entwickelt sich Europa? Bleibt angesichts des eigenen demografischen Schicksals und umfassender Veränderungen in der Staatengemeinschaft der Welt sowie der gegenwärtig zahlreichen innereuropäischen Krisen der Blick frei in die längerfristige Zukunft des Kontinents? Im Inneren bestimmen Themen wie die Unterbringung und Integration von Flüchtlingen, die Eurokrise, der unerwartete Austritt des Vereinigten Königreichs aus der EU, das Verhältnis zu Russland, die Ukraine oder Griechenland das politische Tagesgeschehen. Dennoch ist die Europäische Union die größte Erfolgsgeschichte der vergangenen Jahrzehnte. Ihre Gründungsziele sind weitgehend erfüllt: Europa ist wieder aufgebaut, der Kalte Krieg überwunden. Das Zusammenwachsen des Ostens mit dem Westen ist im Gange. Obwohl Europa mit eigenen Krisen enorm beansprucht und beschäftigt ist, darf das auf keinen Fall ein Grund sein, die jeweilige Entwicklung Europas und Afrikas außer Acht zu lassen.

Der Bevölkerungsrückgang in Europa soll trotz erheblicher Zuwanderung eintreten. Nirgendwo wird noch mit einer wesentlichen Geburtenzunahme gerechnet. Überall da, wo die wenigen Kinder der Vergangenheit bereits zu Eltern herangewachsen sind, müssten diese im Schnitt weit mehr als 2,1 Kinder bekommen, um die längst eingeleitete Schrumpfung auszugleichen, was nicht erwartet wird. Demzufolge ist in den meisten Ländern Europas Wachstum oder auch nur Stabilität lediglich auf der Basis von Zuwanderung möglich. Viele westeuropäische Nationen, insbesondere Irland, Großbritannien und Spanien, haben ihren Arbeitsmärkten insbesondere Zuwanderer aus Osteuropa zugeführt. Deshalb wächst dort die Bevölkerung. Inzwischen aber benötigen die Länder Mittel- und Osteuropas selbst Einwanderung. Der Blick geht dabei im Allgemeinen weiter nach Osten. Aber auch Länder wie die Ukraine oder die Republik Moldau haben kaum noch junge Menschen zu bieten. In Zukunft müssen die Migranten somit vermehrt aus außereuropäischen Staaten kommen. Das europäische Statistikamt Eurostat geht in seinen Prognosen bis 2030 davon aus, dass für drei Viertel aller Regionen die Zuwanderung die einzige Möglichkeit ist, dem Schrumpfen etwas entgegenzusetzen. Bei der den Prognosen für Zuwanderung zugrunde liegenden Migration in mehrfacher Millionenhöhe dürfte die Europäische Union bis 2050 um etwa vier Prozent wachsen. Ohne den Zustrom von außen würde sie von heute etwa 500 auf rund 450 Millionen Menschen schrumpfen. Die grundsätzlichen Veränderungen in Europa werden sich regional unterschiedlich auswirken. Deutschlands Osten soll weiterhin zu den Verlierern gehören. Ebenso sollen osteuropäische Länder, die nicht der EU angehören, an Bevölkerung verlieren. Westdeutschland wird in den wirtschaftsstarken Zonen wachsen und in den schwachen schrumpfen.[121]

Der Geburtenrückgang bei steigender Lebenserwartung in Europa scheint für die Mehrzahl der Industrienationen zu gelten. Im Jahr 1965 brachten in Deutschland 100 Frauen durchschnittlich etwa 250 Kinder zur Welt. Innerhalb der folgenden Jahre sank die Geburtenrate. Im Jahr 2000 brachten 100 Frauen in Deutschland durchschnittlich nur noch 133 Kinder zur Welt.[122] Die Prognosen besagen, dass in der nächsten Generation die deutsche Bevölkerung um rund ein Drittel schrumpfen wird. Die Gründe für den Geburtenrückgang führen die einschlägigen Forschungen auf den Funktionswandel der Familie, das neue emanzipierte Rollenverständnis der Frau und die Individualisierung der Gesellschaft zurück. Die Tendenz geht zur Klein- und Kleinstfamilie. Große Auswirkung auf die Alterung der Bevölkerung hat auf der anderen Seite ein erheblicher Anstieg der Lebenserwartung in Europa. 1871 lag die Lebenserwartung in Deutschland für Jungen bei 36 Jahren und für Mädchen bei 39 Jahren. 1910 erreichte sie 45 Jahre für Jungen und 48 Jahre für Mädchen.[123] Wer 2015 geboren wurde, darf als Mann damit rechnen, 78 Jahre alt, als Frau 83 Jahre alt zu werden.[124]

Sind die demografischen Veränderungen so etwas wie den Untergang des Abendlandes? Wohin führt es, wenn die europäische Bevölkerung immer älter wird und je nach Zuwanderung mehr oder weniger schrumpft? Konflikte sind vorprogrammiert. Grundlegende Reformen in vielen Bereichen sind zu erwarten. Vor allem muss die finanzielle Benachteiligung der Menschen, die Kinder aufziehen, gegenüber jenen, die »nur« arbeiten und verbrauchen, beseitigt werden. In vielen europäischen Nationen ist die Familienpolitik wiederentdeckt worden. So viel steht fest: Gesellschaften ohne Kinder oder mit wenig Nachwuchs sind arm im wahrsten Sinn des Wortes, weil die Perspektive für die Zukunft fehlt. Die veränderte Altersstruktur der Bevölkerung hat innerhalb der Schrumpfung schwierige Folgen. Ist heute noch knapp die Hälfte der Europäer weniger als 40 Jahre alt, wird die Hälfte der Einwohner im Jahr 2050 älter als 50 Jahre sein.[125] Heute kommen noch vier Erwerbstätige auf einen nicht mehr Erwerbstätigen. 2050 werden es nur noch zwei Erwerbstätige zu einem Rentner sein. Ohne Zweifel wird die Alterung zu einem dramatischen Problem der Rentenversicherung führen, weil die Erwerbstätigen durch laufende Einzahlungen in das Rentensystem die auszubezahlenden Renten der nicht mehr Erwerbstätigen finanzieren müssen. Da stellt sich die Frage, wie die sozialen Sicherungssysteme der Staaten Europas unter den veränderten Bedingungen erhalten werden können. Zusätzlich wachsen die Ausgaben für das Gesundheitswesen für die Versicherten. Wachsende Sozialausgaben stellen die staatlichen Haushalte vor große Probleme. Einschneidende Reformen der Sozialsysteme werden nicht mehr zu vermeiden sein.

Die Europäische Union war immer auf das ganze Europa angelegt. Das geht aus den Gründungsverträgen hervor und ist in Artikel 49 des EU-Vertrages verankert. Danach können alle europäischen Staaten Mitglied der Union werden.[126] Derzeit wird mit der Türkei, Montenegro, Serbien, Mazedonien und Albanien als Beitrittskandidaten verhandelt. Im Raum steht die Frage: ob nicht angesichts möglicherweise schwindender Bedeutung Europas die Einbeziehung Russlands als dem größten europäischen Land je länger desto dringender geboten ist. Offen bleibt, ob entsprechende Prozesse den Europäern plausibel gemacht werden können.

## Erkennbare Entwickungen in Afrika

Die Prognosen zur demografischen Entwicklung Afrikas gehen davon aus, dass im Jahr 2050 bereits 2,5 Milliarden Afrikaner gegenüber nur etwas über 700 Millionen Europäern leben. Dann kommen statistisch 3,5 Afrikaner auf einen Europäer. Die Einwohnerzahl Afrikas soll am Ende des Jahrhunderts die 4 Milliarden deutlich überschritten haben. Das sehr hohe Bevölkerungswachstum insbesondere in den ärmeren afrikanischen Ländern ist ein entscheidendes Hindernis für deren Entwicklung. Auch die klassische Entwicklungszusammenarbeit hat kaum eine Chance, hier mitzuhalten. Mit einer Verdopplung der Bevölkerungszahl in 20 bis 30 Jahren wären selbst reiche Länder überfordert. Es ist unbestreitbar: Der Zuwachs der Bevölkerung findet fast nur in den armen und ärmsten Ländern der Erde statt. In solchen bekommen Frauen deutlich mehr Kinder als in den übrigen Teilen der Welt. Die Bevölkerungen sind hier durch die hohen Geburtenraten im Durchschnitt sehr jung mit einer hohen Zahl von Frauen im gebärfähigen Alter. Nicht zu übersehen ist, dass die meisten Menschen in armen Regionen dank verbesserter gesundheitlicher Versorgung und einer besseren Ernährung älter werden. Wissenschaftliche Untersuchungen des Berlin-Instituts für Bevölkerung und Entwicklung haben ergeben, dass sich kein Land sozio-ökonomisch entwickelt hat, ohne dass parallel dazu die Geburtenrate zurückgegangen ist.[127]

Es gibt auch zuversichtlich stimmende Tatsachen und Prognosen für Afrika. Unvergessen wird die Entstehung des neuen Südafrika und die Beendigung der Apartheid bleiben. Viele der anderen Staaten blühen wirtschaftlich auf. Der Weltbank zufolge befinden sich 10 von 25 der am schnellsten wachsenden Länder der Welt in Afrika. Unter ihnen sind Äthiopien, Ruanda, Tansania, Mosambik, die Elfenbeinküste und die Demokratische Republik Kongo.[128] Erfreulich ist in diesem Zusammenhang: Eine Mittelschicht wächst heran. Für weiter in die Zukunft blickende US-Unternehmen gehören die afrikanischen Staaten zu den interessantesten Wachstumsmärkten in der Welt. Die US-Regierung hat deshalb vor einiger Zeit beschlossen, 33 Milliarden US-Dollar im Kontinent zu investieren. An dem Programm sind US-Unternehmen zu 40 % beteiligt.[129] Auch viele deutsche Unternehmen sind in Afrika präsent. Dabei ist Südafrika für sie der wichtigste Wirtschafts- und Handelspartner. Etwa die Hälfte aller deutschen Afrika-Exporte geht in die entsprechende Region.[130] Noch haben etwa 60 % aller Einwohner in Afrika kein elektrisches Licht. Gerade deshalb ist das sonnenreiche Afrika für den Ausbau der erneuerbaren Energien wie Solarenergie oder Wasserkraft prädestiniert. Am Kongofluss entsteht der Grand-Inga-Staudamm, der mit einer Leistung von 40 000 Megawatt das größte Wasserkraftwerk der Welt sein wird.[131] Entsprechende Projekte gibt es in Äthiopien und in Südafrika, wo das *Jasper Solar Energy Project* Elektrizität für 80 000 Haushalte liefert.[132]

Eine überraschende Kuriosität sei hier erwähnt, weil sie für die zu erwartende wachsende politische Bewusstseinsbildung des Kontinents von großer Bedeutung ist: Die rückständigsten Regionen profitieren paradoxerweise am stärksten vom technologischen Wandel. Bei digitalen Technologien überspringen afrikanische Staaten ganze Entwicklungsschritte. Elektronische Bezahlsysteme per Smartphone wachsen rasant. Selbst die ärmsten Menschen bis zu den Straßenkindern sind bereits in ganz hohem Maße »vernetzt«. Nach Prognosen sollen in kurzer Zeit bereits 100 Millionen Afrikaner ihre Geldtransaktionen mobil erledigen.

# Fragen zur weiteren Entwicklung

## Europa im Jahr 2050

Was wird im Jahre 2050 aus Europa geworden sein? Mindestens die jüngere Hälfte der heute hier lebenden Menschen wird dieses Jahr erleben. Die mutmaßliche Antwort muss sich zusammensetzen aus den Antworten auf Einzelfragen wie diesen:

- Welche Bedeutung hat der Anteil von 7 % Europäern noch im globalen Zusammenhang?
- Welche Auswirkungen haben Reformen der Vereinten Nationen auf den Kontinent?
- Wie hat sich das Verhältnis zwischen dem »schrumpfenden« Europa und dem »wachsenden« Afrika entwickelt?
- Wie haben sich die europäischen Staatengemeinschaften, der allumfassende Europarat und die gegenwärtige Europäische Union der 28 von 49 Ländern entwickelt? Welche Auswirkungen hatte das Brexit-Votum von 2016? Welche Perspektiven haben die europäischen Nicht-Mitglieder? Ist Russland immer noch von der europäischen Entwicklung ausgegrenzt oder deren Teil geworden?
- Was ist aus der Nordatlantischen Verteidigungsgemeinschaft, der NATO, geworden?
- Wie ging es in Deutschland und in den anderen europäischen Staaten weiter im Zeichen von Alterung und Migration?
- Und bestimmt nicht zuletzt: Wie beeinflussen außereuropäische weltpolitisch bestimmende Entwicklungen in den Nachbarkontinenten Afrika und Asien das Europa von 2050?

Zwei denkbare Szenarien könnten die Zukunft so beschreiben:

- Szenario 1: Aktuelle »interne« Konflikte und nationale Interessen dominieren Europa. Sie beanspruchen die Verantwortlichen auch im kommenden Jahrzehnt so sehr, dass Fragen längerfristiger Entwicklungen immer wieder vertagt oder verdrängt werden. Beim Entstehen dieses Buches sind es Krisenthemen wie »EU nach dem Brexit«, Griechenland, Ukraine, Verhältnis zu Russland oder die Verteilung von Flüchtlingen auf europäische Länder.
- Szenario 2: Die Notwendigkeit einer Neuordnung der Welt wird erkannt und beachtet. Die Gemeinschaft aller europäischen Staaten hat begriffen, dass sie sich in einer sich radikal verändernden Welt bewähren und behaupten muss. Die Gemeinschaft nimmt auf die Entwicklung der Welt Einfluss, um ihre Zukunft mitzugestalten und an ihrer Verwirklichung verantwortlich mitzuwirken.

Ist es in Europa gelungen, Migration als wesentliche Aufgabe erfolgreich zu meistern? Zuwanderung muss sich zum segensreichen Ausweg aus dem Dilemma der Schrumpfung entwickelt haben. Die deutsche Bundeszentrale für politische Bildung geht weltweit von 210 Millionen Migranten aus.[133] Internationale Daten dazu gibt es kaum. Die Staaten Europas weisen bisher sehr unterschiedliche Bevölkerungsanteile mit Migrationshintergrund auf und sind zum Teil auch Herkunftsländer. Wird es im Jahr 2050 gelungen sein, hier in Europa zu einer einheitlichen Migrationspolitik zu kommen? Im Jahr 2015 waren der gravierenden Unterschiede wegen die Staaten nicht in der Lage, zu einer so dringend benötigten Einigkeit beim Thema Flüchtlinge zu kommen. Heute schon gefestigte Erkenntnisse und Aspekte zum Thema Migration werden deshalb im Folgenden auf Deutschland bezogen. Sicher ist, dass die entsprechenden Verhältnisse auch auf andere vergleichbare Industrienationen Europas zutreffen.

Jeder fünfte der gegenwärtig 81 Millionen Einwohner Deutschlands hat einen Migrationshintergrund. Von diesen etwa 20 Millionen Bürgern stammt jeder dritte aus einem europäischen Nachbarstaat.[134] Nach Angaben des Statistischen Bundesamtes in Deutschland sind große Teile der Zugewanderten deutsche Staatsbürger geworden. Etwa die Hälfte dieser Menschen wurde in Deutschland geboren.[135] Ohne sie wären Wirtschaft und Gesellschaft in der heutigen Ausprägung nicht mehr denkbar. Es würde an Einwohnern vielerorts, an Arbeitnehmern, Studenten und Schülern allenthalben fehlen. So viel aber steht fest: Die Integration von Menschen mit ganz anderem, kulturellem, ethnischen und religiösem Hintergrund stellt eine außerordentliche Herausforderung für die Bürger, die Gesellschaft und die Staaten dar. Politik und Wirtschaft werden von dieser Herausforderung in erheblichem Umfang in Anspruch genommen. Integration ist eine lebensnotwendige und hoch komplizierte Aufgabe.

Migranten ersetzen den seit Jahren fehlenden Nachwuchs in deutschen Familien. Sie wachsen schnell hinein in alle Teile der Gesellschaft. Die »Fraktionen der Abgeordneten mit Migrationshintergrund« im Deutschen Bundestag und in den deutschen Landtagen wachsen von Wahl zu Wahl. Neben dem beachtlichen Anteil von Migranten bei den Erwerbspersonen steigt vor allem auch deren Zahl bei den Existenzgründungen. Immer mehr von ihnen steigen in führende Positionen von Wirtschaft und Gesellschaft auf. Einige zig tausend Männer und Frauen wurden Teil der Beamtenschaft. Mehr als ein Viertel der Beschäftigten im Hotel- und Gaststättengewerbe sind Ausländer.[136] Auch die Land- und Forstwirtschaft sowie die verarbeitende Wirtschaft und weite Teile des Dienstleistungssektors sind heute ohne Migranten nicht mehr denkbar. Für viele der Ankommenden galt: Jeder Anfang ist schwer. Schon in der nächsten Generation aber ist ein weitgehendes Gleichziehen mit der deutschen Bevölkerung festzustellen.

Tatsache ist: Migration ist zum Überleben der Gesellschaft und aller ihrer Teile unverzichtbar. Sie ist unter den gegebenen Umständen ein Glück für Deutschland und für Europa, eine Herausforderung gegen Überalterung und sozialen Abstieg.

Wird die Zuwanderung die Sozialsysteme in Europa überfordern? Diese Befürchtung steht im Bewusstsein der Bürger vor allem im Raum. Nach anerkannten Analysen von einschlägigen Institutionen zahlten die meisten Ausländer in Deutschland im Vergleich zu deutschen Beschäftigten zunächst weniger Steuern und Abgaben, als sie an Leistungen erhielten. Nach ersten Jahren des Übergangs sprechen die Experten jedoch von einer »Normalisierung«: Die Erwerbsquote bei Deutschen wie bei Ausländern gleicht sich an. Anzumerken ist hierzu, dass die ausländische Bevölkerung im Wesentlichen aus jungen, zumeist männlichen erwerbstätigen Personen besteht. Nach Berechnungen des Zentrums für Europäische Wirtschaftsordnung aus dem Jahr 2014 zahlt jeder Ausländer in Deutschland pro Jahr mehr Steuern und Sozialabgaben, als er an staatlichen Leistungen erhält. Dieses Plus pro Kopf ist in den vergangenen Jahren ständig gestiegen. Durchschnittlich hat nach diesen Berechnungen jeder in Deutschland lebende Mensch ohne deutschen Pass in einem Jahr 3300 Euro mehr an den Staat überweisen, als er an Leistungen erhält. Zusammengefasst profitiert demnach der Sozialstaat in einer beachtlichen Größenordnung von den bereits heute in Deutschland lebenden Ausländern.[137] Inwieweit die gegenwärtigen Flüchtlingsströme mit den »Gastarbeitern« früherer Jahre verglichen werden können, muss hier zunächst dahingestellt bleiben.

Die Frage aller Fragen: Sind Europa und Afrika 2050 eine Schicksalsgemeinschaft geworden? Die dramatischen Prognosen für Afrika zeigen: Entweder sind die Nachbarkontinente in diesen Jahren zu einem engen Zusammenwirken gekommen, um so größten Zukunftsgefahren gemeinsam und geplant entgegenzuwirken, oder beide Seiten des Mittelmeers stehen mitten in Riesenproblemen, die sich je länger je mehr auftürmen werden.

## Die alarmierenden Prognosen für Afrika

Es kann nicht verschwiegen und verharmlost werden: Afrika kann zur Katastrophe werden. Wenn man sich die hier vorgetragenen Tatsachen, Trends und Prognosen vor Augen hält, müssen Prioritäten gesetzt, Aktionen und Visionen überlegt werden. Die Auswahl und Gewichtung von Fakten und Trends kann kritisiert und korrigiert werden. Die generelle Tendenz der laufenden und zu erwartenden Entwicklung kann wohl kaum bestritten werden. Hier seien wesentliche Faktoren für die Entwicklung Afrikas nochmals zusammengefasst:

- Prognose Flüchtlinge: Zu Hunderttausenden haben Afrikaner in jüngerer Zeit unter größten Opfern und Lebensgefahr den Weg nach Europa gesucht. Die düstere Prognose: Es wird angenommen, dass viele weitere Millionen, wahrscheinlich zig Millionen Menschen bereitstehen oder durch die Umstände gezwungen werden können, ihnen zu folgen.
- Prognose »Fluchtursachen«: Fehlende Lebensgrundlagen und Lebensgefahren stehen obenan auf der Liste der Fluchtursachen. Sie stellen den Kern der Problematik »Europa und Afrika« dar. Bisher ist nicht erkennbar, wie mit der bisherigen »Entwicklungszusammenarbeit« Fluchtursachen beseitigt werden können. Die düstere Prognose: Aus heutiger Sicht werden in absehbarer Zeit Fluchtursachen nicht beseitigt werden können, sondern zunehmen, wenn nicht neue Wege zwischenstaatlichen Zusammenwirkens gefunden werden.

- Prognose »Politische Entwicklung Afrikas«: Mehr als die Hälfte der Länder Afrikas sind »autoritäre Regime«. Nur die kleine Inselrepublik Mauritius gehört zu den »vollständigen Demokratien« der Welt: Die düstere Prognose: Wenn man die Staatsformen der westlichen Industrienationen zur demokratischen Norm setzt, wird die große Mehrheit der afrikanischen Staaten in den nächsten Jahrzehnten keinen Anschluss an die »vollständigen Demokratien« finden und vor verschlossenen Türen stehen.

- Prognose: »Armut«. Gegenwärtig leben etwa 40 % der Afrikaner südlich der Sahara von weniger als 1,70 Euro pro Tag.[138] Das Durchschnittseinkommen liegt bei 0,50 Euro pro Stunde. Die düstere Prognose: Nicht zuletzt wegen der anhaltend starken Zunahme der Bevölkerung in den ärmsten der Länder stagniert dort vielfach die Armutsbekämpfung. Besserung scheint nicht in Sicht zu sein.

- Prognose: »Menschenrechte und Rechtsstaatlichkeit« sind für große Teile Afrikas auch künftig Illusion. Vor allem die Armut ist hier ursächlich. Die düstere Prognose: Daran wird sich in absehbarer Zeit wenig ändern, weil Armut und Arbeitslosigkeit nach bisherigen »Hilfsmethoden« nicht beseitigt werden können.

- Prognose: »Bevölkerungswachstum«. Die starke Zunahme der Bevölkerung in nahezu allen Ländern Afrikas kann von vielen Staaten nicht verkraftet werden. Die Armutsrate bleibt oder steigt. Die düstere Prognose: Weil der größte Teil der Afrikaner ohne soziale Absicherung lebt, wird es bei zunehmender Verarmung und Arbeitslosigkeit bleiben. Der jetzt schon riesengroße »Nachwuchs« für Flüchtlinge wird sich deutlich weiter vermehren.

- Prognose: »Wirtschaftsentwicklung«. Im Vordergrund steht hier die weithin unterentwickelte Landwirtschaft. Vergleichbar ist der kaum in Gang kommende Aufbau einer mittelständischen Wirtschaft mit Handwerksbetrieben und Dienstleistungsbereichen. Diese Tatsachen bedürfen eines fundamentalen Eingriffs in die herrschende Politik des Kontinentes. Entgegen bisheriger Philosophie einer »Nichteinmischung in innere Angelegenheiten von Ländern« scheinen für Landwirtschaft und Handwerk nur massive europäische »Vorgaben« zu nationalen Strukturen unvermeidlich. Die düstere Prognose: Eine realistische Möglichkeit, erfolgreiche Strukturen für Landwirtschaft und Handwerk zu schaffen, bestünde nicht, wenn die Philosophie der »Nichteinmischung« nicht aufgegeben würde. Afrika kann die Schaffung entsprechender Strukturen selbst im notwendigen Ausmaß nicht leisten.

*Mein Beispiel zum Verständnis: Der Bau und Betrieb von Berufsschulzentren gehört zu den besten Produkten der wirtschaftlichen Zusammenarbeit Deutschlands. An ein entsprechendes Projekt habe ich einen befreundeten Präsidenten erinnert, als er über die Arbeitslosigkeit in seinem Land klagte. Zu meiner Überraschung kannte er die mit deutscher Hilfe gebaute Schule nicht. Auch der Schulminister des Landes und der Hochschulminister kannten eine Schule dieser Art nicht. Erst der dritte Angefragte, der Minister für Arbeit und Soziales, war zuständig und begleitete den Präsidenten und mich, um das dort vermittelte handwerkliche Wissen vor laufender Fernsehkamera zu würdigen. Der deutsche Schulleiter nannte das Dilemma beim Namen: Für die erfolgreichen Schulabgänger gab es keine weitere Förderung, weil es in diesem Land keine Struktur entsprechender »Handwerksbetriebe« gab. »Unsere Absolventen versuchen, irgendwo und irgendwie unterzukommen. Schon bald verlieren wir sie aus den Augen. Sie versickern im unübersichtlichen Tohuwabohu des Berufslebens, wenn sie überhaupt einen Arbeitsplatz finden«, sagte der Schulleiter.* (April 2003)

## Industrie 4.0: Ausweg aus dem Entwicklungsdilemma?

Die Weltwirtschaft der kommenden Jahrzehnte wird geprägt von »Industrie 4.0«. Gemeint ist damit eine sogenannte »4. industrielle Revolution«. Mit der ersten hatte das Maschinenzeitalter begonnen. Mit der zweiten kamen Dampfkraft, Elektrizität und Motorisierung. Die dritte brachte die Automatisierung. Schicksalhaft für die gesamte Weltwirtschaft in den kommenden Jahrzehnten wird die 4. industrielle Revolution sein. Ihr Inhalt ist die Digitalisierung, die der Informations- und Kommunikationstechnik zugrunde liegt. Diese »Revolution« ist auch für »Europa und Afrika« von außerordentlicher Bedeutung. Durch Automatisierung und intelligente Roboter geht immer mehr Produktion vom Facharbeiter weg zu der sich selbst steuernden Fabrik, der Lokomotive ohne Lokführer und Heizer, dem Kraftfahrzeug ohne Lenker. Die Industrie klassischer Art ist in den entwickelten Ländern zu erheblichen Teilen im Abbau begriffen. Eine solche »veraltete« in Afrika aufzubauen, wäre schon aus marktwirtschaftlichen Gründen ein Fehler. Was aber dann? Für die ganze Welt gilt: Produzierende Berufstätigkeit geht zurück, dienstleistende Berufsmöglichkeiten wachsen. Industrie 4.0 erschüttert die Wirtschaft in der ganzen Welt. Heute schon ist in den entwickelten Industriegesellschaften das Dilemma mit Händen zu greifen: Überall werden hochqualifizierte oder qualifizierbare Arbeitskräfte gesucht, während Millionen nichtqualifizierte Menschen arbeitslos werden. Schule und Berufsausbildungsmöglichkeiten sind noch weit davon entfernt, den Anforderungen von Industrie 4.0 gerecht zu werden. Der Hintergrund: Produkte, die routinemäßig hergestellt werden können, sind künftig in hohem Maß oder total der Produktion durch den Roboter überlassen. Gleichzeitig wachsen die Arbeitsplätze für Nicht-Routineaufgaben in allen Bereichen der Erwerbswelt. Die Zukunft gehört den Dienstleistungen im weitesten Sinn.

Immer mehr klassische Arbeitsbereiche schrumpfen, während Tätigkeiten im Zusammenwirken mit Digitalisierung und Automatisierung an Bedeutung und Bedarf zunehmen. Schon heute werden Ingenieure und Techniker mit Fähigkeiten in diesem Bereich dringend gesucht, während Arbeitskräfte für einfachere Arbeiten in Millionenhöhe in Europa auf Stellensuche sind. Die Arbeit des Mannes am Fließband hat schon jetzt weitgehend der Roboter übernommen. Die Fabrik ohne Fabrikarbeiter scheint nicht mehr aufgehalten werden zu können.

Arbeitslosigkeit in Verbindung mit Armut und fehlender Sozialstaatlichkeit ist die größte aller Herausforderungen für die heutige und zukünftige »afrikanische Innenpolitik« und eine der wesentlichen Fluchtursachen. In Europa entwickelt sich die Beschäftigung immer stärker von der Herstellung zur Dienstleistung. Dieser Wandel wird auch die Entwicklung der Wirtschaft Afrikas nachhaltig beeinflussen. Auf die Möglichkeit, viele Millionen Afrikaner als Arbeitnehmer in aufstrebende Industrien zu vermitteln, kann nicht gehofft werden. Die weltweite Entwicklung in den Industrienationen steht dem entgegen. Die Zukunft für eine zahlreiche Beschäftigungsmöglichkeit in Afrika muss deshalb im Bereich der Dienstleistungen und der Landwirtschaft gesucht werden.

## Landwirtschaft und Handwerk sichern die Zukunft

Dienstleistungen im weitesten Sinn verstanden ermöglichen eine Zukunft für Europa und Afrika. Landwirtschaft und Handwerk an vorderster Stelle bieten eine erfolgversprechende wirtschaftliche Entwicklung. Dieses »Konzept« wird schon deshalb unschlagbar sein, weil es angesichts der globalen Entwicklung der Industrie gegenwärtig irgendetwas anderes nicht gibt. Industrie 4.0 wird bis 2050 allen anderen Überlegungen den Abschied gegeben haben. Europa ist bestens beraten, mit

Afrika zusammen »als Kunden und Zulieferer« in die neue Epoche der Wirtschaftsgeschichte einzutreten. Weil sich bis zu 80 % der afrikanischen Bevölkerung durch Landwirtschaft und Subsistenzlandwirtschaft am Leben halten,[139] liegt es auf der Hand, mit diesen Menschen eine fortschrittliche Landwirtschaft zu entwickeln, deren Produkte einen wachsenden Rang im Bruttosozialprodukt des Kontinents einnehmen.

Die Entwicklung von Strukturen für die Landwirtschaft kann ein erster vorrangiger Schwerpunkt einer neuen europäischen »Entwicklungshilfe« werden. Nachgeordnet können dann wirtschaftlich sich selbst tragende Projekte wie Vermarktungs- und Versorgungszentren in den Vordergrund treten. Hiermit wird der größte Teil der hunderte Millionen umfassenden Bevölkerung unter der Armutsgrenze erreicht und dem Sektor »Dienstleistungen« im weitesten Sinn zugeführt. Mit »Landwirtschaft« ist das erste von mindestens zwei entscheidenden Fundamenten für die Brücke in die Zukunft geschaffen. Wie erwähnt sind bis zu 80 % der Afrikaner von Überlebens- und Beschäftigungsmöglichkeiten in der Landwirtschaft abhängig. Der Großteil der Nahrungsmittelproduktion dient als Subsistenzlandwirtschaft dem Eigenbedarf. Dort, wo heute zeitgemäße »professionelle Landwirtschaft« betrieben wird, findet man vielfach ausländische Kapitalgesellschaften im Hintergrund. Diese kaufen oder pachten große Flächen Land, um mit hohem Einsatz von Bewässerung, Landmaschinen, Mineraldünger und Pestiziden Lebensmittel für den Bedarf im Land der Unternehmer anzubauen. Verbreitet werden auch Pflanzen wie Zuckerrohr oder Ölpalmen angebaut, um damit Biosprit für Europa zu produzieren. Große fruchtbare Landflächen stehen für die Eigenversorgung der Bevölkerung damit nicht mehr zur Verfügung.

Mit »Landwirtschaft« im Zusammenhang steht das Schicksal vieler »Megastädte« in Afrika. Unter menschenunwürdigen Bedingungen und in der Hoffnung auf Überlebenschancen haben viele Millionen Afrikaner als »Binnenflüchtlinge« ihre Heimat in ländlichen Regionen verlassen, wo sie keine Perspektive mehr für ein Überleben sahen. Das große Dilemma ist das Fehlen oder das Versagen von Strukturen der landwirtschaftlichen Vermarktung und fachlichen Unterstützung. Als weiteres Dilemma gilt in vielen Ländern das fehlende oder eingeschränkte Recht des Eigentums an Grund und Boden. Dieses zugunsten tragbarer bäuerlicher Strukturen zu ändern, muss ein Eigenbeitrag der afrikanischen Staaten sein. Staaten im Besitz von großen Anteilen an der Landesfläche können so auch »Eigenkapital« bilden, um die ländliche Entwicklung voranzubringen. Das gegenwärtig absurde Ergebnis fehlender Landwirtschaftspolitik in vielen afrikanischen Ländern besteht darin, dass in vielen Staaten Nahrungsmittel zu einem hohen Anteil importiert werden müssen, obwohl die natürlichen Voraussetzungen für beste Landwirtschaft vorliegen. Dergleichen schlägt jeder Entwicklung Afrikas ins Gesicht.

Ein weiteres Fundament für Afrikas Zukunft ist »Handwerk und Mittelstand«. Dessen Entwicklung erreicht vor allem die ebenfalls hunderte Millionen Afrikaner umfassende Zielgruppe der heute arbeitslosen jungen Menschen. Auch hier kann Entwicklungshilfe nur mit Strukturen und erst nachgeordnet mit Projekten greifen. Zur Unterstützung der Strukturen können weitere »klassische« Projekte der Entwicklungshilfe den Riesenbedarf an beruflicher Bildung ins Auge fassen. Als Ausweg aus dem offensichtlichen Dilemma muss sich Afrika zum »Kontinent der Dienstleister« entwickeln. Dienstleistung kann auch zum »Exportschlager« für einen Kontinent werden, der über einen riesigen »Vorrat« von Menschen verfügt. Das ist von großer Bedeutung, wenn die Zukunft Europas auch weiterhin von der richtigen Migration und ihrer Bewältigung abhängt. Erfolgreiche Wirtschaftsentwicklung in vielen europäischen Ländern hatte ihren Ursprung im klassischen Handwerk. Dieses genießt insbesondere im deutschsprachigen Teil Europas hohes Ansehen. Ein Geheimnis von dessen Erfolg liegt im bekannten »dualen System«, in dem die Ausbildung der jungen Generation sowohl beim Handwerksmeister im Betrieb wie auch in der Berufsschule erfolgt. Die Handwerkskammern und ihre Innungen sind ideale Förderer der »Hilfe zur Selbsthilfe«. Berufsbildende Schulen sind richtigerweise auch in großer Zahl weltweit im Zuge der Entwicklungshilfe entstanden. Versäumt wurde es fast überall, in Verbindung damit Strukturen in der Form von Innungen und Handwerkskammern einzurichten.

## Chinas Bedeutung für Afrikas Zukunft

Die Volksrepublik China ist heute fest in Afrika verankert. Erfolgreiche Strukturen für die Land- und Forstwirtschaft, für Mittelstand und Handwerk, sind entscheidend von einer brauchbaren Infrastruktur abhängig. Gerade in diesem Zusammenhang und nicht nur damit ist China zum großen Nothelfer und Hoffnungsträger des ganzen Kontinents geworden. Ihr ausführlich erwähntes Engagement für die Infrastruktur, die Förderung der Wirtschaft und alle anderen »Entwicklungshilfen« haben dazu geführt, dass viele andere Bemühungen aus aller Welt zur Nebensache geworden sind.

*Mein Beispiel zum Verständnis: In Kinshasa, der Hauptstadt der Demokratischen Republik Kongo, saß ich dem Außenminister gegenüber. Zu gleicher Zeit weilte ein deutsches Regierungsmitglied mit Verantwortungen im Gesundheitswesen im Land. Für eines der desolaten Krankenhäuser in einer der Provinzen des Landes wurde von deutscher Seite ein voll ausgestatteter Operationssaal »überbracht«, eine wertvolle und dringend benötigte Hilfe. Stolz erwähnte ich dies dem Minister gegenüber. Seiner Dankbarkeit für diese »Nothilfe« fügte er die Mitteilung an, dass gegenwärtig auch der chinesische Ge-*

*sundheitsminister im Land sei. Mit dessen Hilfe sei ein Mas-*
*terplan für das gesamte Krankenhauswesen seines Landes*
*entstanden, dessen Umsetzung jetzt durch chinesische Mitfi-*
*nanzierung möglich gemacht werde.*     (Oktober 2011)

Man kann Vorbehalte zu dem chinesischen Engagement gel-
tend machen. Nochmals zitiere ich auszugsweise Johannes
Dieterich, den deutschen Korrespondenten, der konstatiert,

»dass die Verträge zwischen Peking und den afrikanischen
Regierungen unter Ausschluss der Öffentlichkeit zustande
kommen und ihre Details niemals veröffentlicht werden.
Auf diese Weise ist unklar, wie und in welchem Umfang
sich afrikanische Staaten im Rahmen des chinesischen En-
gagements verschulden – oft werden langfristig vereinbarte
Rohstofflieferungen als Gegenleistungen für Investitionen
oder Tilgung von Krediten bestimmt ... Nirgendwo sonst
investiert China Summen wie in Afrika: Zweifellos haben
die 150 Milliarden Dollar, die China in den vergangenen
achteinhalb Jahren nach Afrika pumpte, zu einer Verbesserung des Lebens der Bevölkerung beigetragen. Experten
fürchten indes, dass Afrikas Staaten in eine neue Schulden-
falle geraten könnten – das ostafrikanische Eisenbahnpro-
jekt wird Kenias Auslandsschuldenlast um ein Drittel ver-
größern. ›China hat den Kontinent mit Stadien, Flughäfen,
Krankenhäusern, Autobahnen und Staudämmen gepfef-
fert‹, schreibt Buchautor Howard French (›Chinas zweiter
Kontinent‹): ›Doch die Afrikaner wissen sehr wohl, dass
diese Projekte viele Staaten hochverschuldet und mit anderen Problemen zurücklassen – von Umweltkonflikten bis
zu Arbeitskämpfen ...‹ ›China nimmt unsere Bodenschätze
und verkauft uns fertige Produkte‹, klagt der ehemalige ni-
gerianische Zentralbankchef Lamido Sanusi: ›Genau dasselbe haben einst die Kolonialisten getan.‹«[140]

Ohne Zweifel aber trägt Peking tatsächlich maßgeblich zum wirtschaftlichen Aufstieg Afrikas bei. Bei der chinesischen Entwicklungshilfe werden afrikanische wie auch eigene Interessen bedient. Hier ist vor allem das weltpolitische Gewicht zu erwähnen, welches China selbst zusammen mit einer Vielzahl afrikanischer Staaten repräsentiert.

Tatsache sind Zusagen Chinas, an denen erfahrungsgemäß bisher nicht zu zweifeln war. Es kann vorausgesagt werden, dass diese Zusammenarbeit mit Afrika in den kommenden Jahren und Jahrzehnten Schritt für Schritt weitergeführt wird. Dieser Aspekt ist entscheidender Teil der Zukunftshoffnung des Kontinents. Xi Jinping, der Staatspräsident der Volksrepublik China, kündigte dies bei einem Staatsbesuch in Südafrika Ende 2015 an. Er versprach in einem Forum zur Entwicklung Afrikas vor zahlreichen afrikanischen Staatspräsidenten umgerechnet 56 Milliarden Euro. Sie sollen dem Präsidenten zufolge die drei größten Kapazitätsengpässe des Kontinents beheben, als die der Chinese unzureichende Infrastruktur sowie Mangel an ausgebildeten Arbeitskräften und Finanzmitteln in verschiedenen Ländern des Kontinents benannte. Der Plan schließe Industrialisierungsprojekte, landwirtschaftliche Modernisierung und die Ausbildung von rund 200 000 Fachkräften ein. China werde in den Bahnsektor, das Straßenwesen, Luftfahrt, Häfen, die Strombranche und Telekommunikation investieren, um Afrikas Entwicklung voranzutreiben. Der Staatspräsident werde chinesische Unternehmen ermutigen, in Afrika zu investieren.[141] Schon zwei Tage vor dem Forum hatte der Präsident beim Staatsbesuch in Südafrika mit dessen Präsidenten Jacob Zuma Kooperationsabkommen im Umfang von umgerechnet mehr als 6 Milliarden Euro abgeschlossen.[142]

Wie reagieren Europa, die USA und andere auf Dauer auf diese Offensive? Sie werden, willentlich oder ungewollt, die erworbene Stellung Chinas in Afrika anerkennen müssen. China hat seinen wirtschaftlichen und damit auch seinen po-

litischen Einfluss auf dem afrikanischen Kontinent in verhält-
nismäßig wenigen Jahren erreicht. Im Zusammenhang mit
den demografischen Entwicklungen oder unabhängig davon
wird China weltpolitisch an Bedeutung erheblich gewinnen.
Ganz anders als derzeit noch Europa scheint die Volksrepublik in Afrika für sich selbst eine entscheidende Zukunftschance zu sehen.

## Und jetzt?

Wir erinnern: Tatsachen sind nicht wegzudiskutieren. Sie liefern die Grundlagen für Trends und Prognosen.

Trends und Prognosen basieren auf plausiblen »Hochrechnungen« im Zusammenhang mit zu erwarteten Abläufen. Dabei können Fehleinschätzungen und unerwartete Entwicklungen, vor allem aber unvorhergesehene Ereignisse mit
globalen Auswirkungen, die Vorausschau mehr oder weniger
verändern. Durch die Fortschreibung langfristiger Trends
und die daraus abgeleiteten Gesetzmäßigkeiten kann oder
muss jedoch dem Ablauf des Geschehens eine hohe Wahrscheinlichkeit gegeben werden.

Erneut stehen wir vor den zwei bisherigen Alternativen:

- Entweder: Trotz Tatsachen, Trends und Prognosen den
  Dingen ihren Lauf lassen.
- Oder: Weiterdenken. Fragen. In alle Richtungen Überlegungen anstellen, ohne diese als »unmöglich« zu ver-
  schweigen.

Jetzt folgen genau deshalb auf dem Hintergrund des bisher
Dargestellten »Überlegungen«.

# 3. Überlegungen

*Wir sind, was wir denken.*
*Alles, was wir sind,*
*entsteht aus unseren Gedanken.*
*Mit unseren Gedanken formen wir die Welt.*

Buddha

## Kann Weltgeschehen gesteuert werden?

### Überlegungen jenseits von Tatsachen und Prognosen

Mit Europa und Afrika stehen sich zwei Kontinente gegenüber, die unterschiedlicher in nahezu jeder Hinsicht nicht sein könnten. Ist es möglich oder gar notwendig, hier von einer »Schicksalsgemeinschaft« der Nachbarkontinente zu sprechen? Es wäre sicher einfacher, »Europa den Europäern« und »Afrika den Afrikanern« zu überlassen. Dass diese Überlegung Wunschdenken sein kann und möglicherweise noch viel mehr werden könnte, haben bisherige Flüchtlingsbewegungen über das Mittelmeer dramatisch belegt. Die Erkenntnis ist gereift: Es gilt, nördlich und südlich des Mittelmeers die Fluchtursachen aufzuspüren und ihnen durch entsprechendes internationales Handeln wirkungsvoll entgegenzutreten. Wie aber Fluchtursachen entgegenwirken?

Für die Beseitigung von Fluchtursachen gibt es bisher kaum Mittel und Wege. Entweder muss deshalb diese »Problemkategorie« zum Verschwinden gebracht werden, was von vornherein unrealistisch ist. Oder die erforderlichen Mittel und Wege müssen alsbald gefunden werden, so teuer und schwierig sie auch sein mögen. Es geht nicht zuletzt um Eingriffe in das Weltgeschehen. Im weltgeschichtlichen und weltpolitischen Zusammenhang gibt es nur wenige Beispiele dafür, dass gestaltend und lenkend Einfluss auf das Weltgeschehen genommen werden konnte. Einer der besten Eingriffe war bisher die Gründung der Vereinten Nationen nach dem Zweiten Weltkrieg. Diese überaus segensreiche Einrichtung nimmt jedoch nur bedingt oder kaum Einfluss auf den allgemeinen Gang weltweiter Entwicklungen. Das Exekutivorgan der Weltgemeinschaft ist der Sicherheitsrat, dessen »Vetomächte« die Weltbevölkerung nicht demokratisch vertretbar repräsentieren. Der Rat ist überdies ständig von Krisen in Anspruch genommen und vor allem auch dem oft schwer erzielbaren Konsens seiner Vetomächte unterworfen. Oft besteht die Gefahr, dass der Rat und die Mitgliedsstaaten der Vereinten Nationen nationale Interessen im Rang weit vor Überlegungen stellen, die eigentlich für das Miteinander der Menschheit von ausschlaggebender Bedeutung wären.

Gelingt es Europa und Afrika, für ihre Zukunft zu internationalem Handeln zu kommen? Nur gemeinsam können die Kontinente, gegebenenfalls unter Einbezug der Volksrepublik China, Szenarien für die Zukunft Afrikas und seines Verhältnisses zu Europa entwickeln. In Anbetracht der historischen Hintergründe könnte überlegt werden, der Europäischen Union hier die Federführung anzubieten. Die Europäische und die Afrikanische Union sind jedenfalls prädestiniert, »das Heft in die Hand zu nehmen«. Nur in dieser Gemeinschaft wird es möglich sein, demokratische, rechtsstaatliche und soziale Strukturen in beiden Kontinenten fest zu verankern, vielleicht sogar mit interessanten Rückwirkungen auf die Volksrepublik China. Nur in einer möglichst umfassenden Gemeinschaft »Europa und Afrika« kann ernsthaft Einfluss auf das diesbezügliche Weltgeschehen genommen werden. Über die folgenden Überlegungen kann man trefflich streiten. Anders als nachprüfbare Fakten und berechenbare Trends können Überlegungen und Vermutungen ganz oder teilweise richtig oder falsch sein.

## Überlegungen zu gemeinsamen Wegen in die Zukunft

Die Europäische Union (EU) kann Lotse und Anführer in die Zukunft der Kontinente sein. In den Entstehungsjahren der Union glich sie für viele einem Geisterschiff, bei dem man nicht wusste, wer es steuert und wohin die Reise geht. Nur allmählich entwickelte sich ein »Europabewusstsein«. Es könnte nach dem »Brexit«, dem zu erwartenden Ausscheiden von Großbritannien, wachsen. Vielleicht ist die Bedeutung dieser Union dadurch vielen bewusster geworden als je zuvor. Mehr als die Hälfte der Europäer gehören ihr heute an. Könnte die EU zur Heimat aller Europäer werden? Könnte Russland seinem Gewicht und internationalen Rang entsprechend Teil der Union werden? Wie werden die heutigen Nicht-Mitglieder integriert, nachdem die Gründer der Europäischen Gemeinschaft diese eigentlich für alle geschaffen haben? Was wird aus der Türkei? Könnte das Land mit seinem beträchtlichen europäischen Teil ein unverzichtbarer Pufferstaat für die Abgrenzung der Union gegenüber den Krisenherden im Nahen und Mittleren Osten werden? Derzeit ist die schon im Falle Griechenland zutage getretene Gefahr des Auseinanderfallens der Union noch nicht gebannt. Unter Federführung der Europäischen Union und gemeinsam mit Russland sollte zumindest eine projektbezogene »Koalition für das Zusammenwirken mit Afrika« gebildet werden, die als Verhandlungspartner mit Afrika und China auftreten könnte.

Die Afrikanische Union (AU) ist als Staatengemeinschaft ein idealer Partner für Überlegungen zu einer gemeinsamen Zukunft mit Europa. Die unmittelbare Steuerungsmöglichkeit der AU auf das Verhalten und Entscheiden der Mitgliedsstaaten des gesamten Kontinents ist jedoch begrenzt. Im Vergleich zu Europa kennzeichnen dramatische Rückstände in Sachen Demokratie, Rechtsstaatlichkeit und sozialer Fürsorge in vielen Staaten Afrikas die Wirklichkeit. Vielerorts wird zur Frage, ob überhaupt Regierungen vorhanden sind, die Staatsmacht auszuüben vermögen. Ob aus einer Gemeinschaft von Wohlhabenden einerseits und Armen andererseits je eine Schicksalsgemeinschaft werden kann, wird die Kardinalfrage für »Europa und Afrika« sein. Hier muss erwähnt werden, dass die stark in das staatliche Geschehen eingreifende umfassende Hilfe der Volksrepublik China an afrikanische Länder praktisch überall und oft mangels Alternativen angenommen wird, unabhängig von der politischen Beschaffenheit des Gebers. Von der Afrikanischen Union koordiniert kann eine überlegte europäische Hilfe zum Aufbau oder zur Förderung einer modernen Sozialen Marktwirtschaft willkommen sein.

Wenn Afrika von Europa außer Acht gelassen wird, muss mit Konsequenzen auf verschiedenen Gebieten gerechnet werden:

- Flüchtlingsströme in vielfacher Millionenhöhe werden Europa vor grausame Alternativen stellen: Was machen mit den ankommenden oder in Not geratenen Booten? Mit wem in Afrika will man »Flüchtlingstausch« wie im Falle Syrien und Türkei vereinbaren?
- Der Terror hat nicht wenige Regionen Afrikas im Griff. Er kann sich in großen Gebieten dauerhaft einrichten und weitere »Eroberungen« planen. Kann Europa Afrika einfach im Stich lassen? Wird es von einer dortigen Entwicklung des Terrors unberührt bleiben?
- Ohne das Engagement Europas wird Afrika zunehmend von China geprägt werden. Viele maßgebliche Afrikaner fordern, dass aus der heute bilateralen Entwicklungskoali-

tion zwischen Afrika und der Volksrepublik China eine »trilaterale« Zusammenarbeit unter Einschluss Europas wird. Afrika steuert zusammen mit China in wenigen Jahrzehnten auf die absolute Mehrheit der Weltbevölkerung zu. Daraus kann oder muss es vielleicht sogar zur Dominanz des Weltgeschehens durch China kommen. Und was würde aus Afrika werden, wenn China eines Tages selbst von inneren Veränderungen erschüttert würde? Welche Rückwirkungen hätte dies auf Europa?

## Hoffnungen und Fragezeichen

Wenn Europa und Afrika zusammenwirken, können mit Erfolg für Europa und Afrika negative Trends abgemildert und in positive Entwicklungen umgelenkt werde. Zu absehbaren Erfolgen dieses Zusammenwirkens können gehören:

- Die Gemeinschaftsaufgabe »Europa und Afrika« kann als »Riesenaufgabe« den Zusammenhalt in Europa festigen. Russland und möglicherweise auch die Türkei können das Gewicht Europas erheblich erhöhen, wenn Religionen und Ideologien untergeordnet bleiben.
- Das europäische Erbe für Lebensordnungen, Entwicklung und Kultur und damit Europa insgesamt kann seine Bedeutung prägend für ein Drittel der Weltbevölkerung und damit für die ganze Welt behalten und festigen. Zum heutigen Erfolg eines Zusammenwirkens kann die einstige Kolonialisierung Afrikas beitragen. Sie war von Europa ausgegangen und hat nicht nur segensreiche Spuren hinterlassen. Günstig ist jedoch, dass die politischen Strukturen afrikanischer Nationen meist denen in Europa nachgebildet sind. Trotz der Missachtung demokratischer Prinzipien und der Rechtsstaatlichkeit in etlichen Ländern Afrikas, trotz Führungsversagen, Korruption und anderen Miss-

ständen gilt, dass die politische Entwicklung in vielen Ländern des Kontinentes in Richtung Demokratie hoffen lässt.

- Zum wirtschaftlichen Erfolg und zu gemeinsamem Wachstum des Wohlstandes kann beitragen, dass Afrika ein »schlafender Riese« ist. Der Kontinent bietet einen für Europa kaum vorstellbar großen Markt für Produkte und Dienstleistungen. Er verfügt über Rohstoffe und Naturschätze großen Umfangs. Diese Chancen sind nicht unbekannt.

- Unabhängig von längerfristigen Überlegungen sind Sofortmaßnahmen unerlässlich. Das tragische Geschehen im Mittelmeer erzwingt umgehendes Handeln. Sofortmaßnahmen erfordern in mehrfacher Hinsicht den Abschied von heutigen politischen und diplomatischen Regeln. Volkswirtschaftliche und fiskalische Entscheidungen sind im Sinne des »Griechenland-Prinzips« zu überprüfen. Dort wurden zugunsten unabweisbarer politischer Ziele klassische Verhaltensweisen trotz berechtigter Bedenken über Bord geworfen. Vergleichbares muss für afrikanische Entwicklungen in Betracht gezogen werden.

Die zunächst hilflose Reaktion Europas auf die unerwartete »Zuwanderung« aus Afrika über das Mittelmeer beweist, dass die realen Entwicklungen dieses Kontinents in Europa bisher verdrängt oder kaum beachtet wurden. Schon gar nicht haben sie rechtzeitig zu politischem Handeln geführt. Die Schaffung eines Bewusstseins für die unausweichlichen Trends und ihre Folgen in Europa und in Afrika ist dringend geboten. Im Vordergrund steht hier die demografische Entwicklung mit ihren Folgen. Aber auch der Gesamtzusammenhang mit dem Wachstum der Weltbevölkerung und dessen Rückwirkung auf die Staatengemeinschaft der Vereinten Nationen darf nicht außer Betracht bleiben.

Wie sich der Weltkonflikt zwischen Reich und Arm im Zeitalter offener Medien entwickelt, muss in die Überlegungen ebenso einbezogen werden wie die Entwicklung der Religiosität in den Kontinenten. Die hohe Religiosität Afrikas, die insgesamt betrachtet bisher nicht mit religiöser Radikalisierung einhergeht, steht einer schwindenden Religiosität in Europa gegenüber. Was sind die langfristigen Folgen? Die »normative Kraft des Faktischen« wird unerbittlich den Gang der Dinge bestimmen, wenn nicht Nachdenken mit Konsequenzen Platz greift.

Können demokratisch und islamisch geprägte Staaten in der Zukunft zusammenwirken? In Afrika und Europa weisen die meisten Länder eine Bevölkerung mit Zugehörigkeiten zu verschiedenen Religionen auf. Typisch für viele ähnliche Fälle ist zum Beispiel Tansania, das zu je einem Drittel christliche, islamische und traditionelle Religionszugehörigkeiten hat. In den allermeisten Fällen gilt in Afrika das Miteinander der Religionen bisher als problemlos. Kann damit auch in Zukunft gerechnet werden? Terror mit islamistischem Hintergrund bedroht und befällt den Norden Nigerias mit schlimmen Folgen. Auch an anderen Stellen wird das Vordringen entsprechender Bewegungen mit Sorge beobachtet.

# Das Dilemma der Ungleichheiten

## Europa und Afrika: Nichts könnte weniger zusammenpassen

Das Zusammenwirken von Staaten, die unterschiedlicher nicht sein können, ist eine Herausforderung erster Ordnung. Wenn überhaupt, muss jede Gemeinsamkeit dazu führen, dass sich die Lebensverhältnisse für alle Menschen in beiden Kontinenten annähern. Das aber ist mit Sicherheit ein langer Prozess, bei dem unrealistische Erwartungen und nicht verhandelbare Besitzstandsforderungen aufeinander treffen können. Der höchst unterschiedliche Lebensstandard und die persönliche Entfaltungsmöglichkeit markieren die ausschlaggebenden Unterschiede. Im Vordergrund stehen muss das Ringen um die Gewährleistung des Grundrechts auf Leben und körperliche Unversehrtheit in Europa und Afrika, direkt gefolgt von der Bekämpfung von Hunger, Armut und Arbeitslosigkeit. Diesen Prioritäten müssten wahrscheinlich klassische Teile bisheriger Entwicklungshilfe zum Opfer fallen. Sachverhalte wie Demokratie, Menschenrechte oder Korruption werden sich zunächst in einer »Warteschlange« befinden. Wenn überhaupt: Nachdenken über »Europa und Afrika« verlangt von vornherein politische Hilfsbereitschaft, wie sie Europa für Griechenland und für andere Problemfälle in der Europäischen Union aufgebracht hat. Unerlässlich ist es deshalb, bei allen Überlegungen die gemeinsamen Chancen der Ungleichen in den Vordergrund zu stellen.

Die folgende Gegenüberstellung ist aufschlussreich und problematisch zugleich. Sie ist so unklar wie eine Durchschnittsnote, mit der die Lernerfolge einer Klasse nicht beschrieben werden können. Die Klasse Europa und die Klasse Afrika weisen in wesentlichen Sachverhalten so unterschiedliche »Leistungen« aus, dass Vergleiche hinken. Der »Leistungsvergleich« wird hier dennoch nicht umgangen, weil er vielleicht zu neuen »Lernzielen« führen kann:

## Zum mutmaßlichen Stand entscheidender Sachverhalte

| Zum Sachverhalt... | ... in Europa | ... in Afrika |
| --- | --- | --- |
| Demokratie | stark | schwach |
| Menschenrechte | gut | mangelhaft |
| Rechtssicherheit | hoch | gering |
| Soziale Sicherheit | hoch | gering |
| Korruption | niedrig | hoch |
| Wirtschaftsbereich | entwickelt | in Entwicklung |
| Arbeitsmarkt | befriedigend | mangelhaft |
| Mindestlohn | befriedigend | ungenügend |
| Infrastruktur | ausgebaut | wenig entwickelt |
| Ernährung und Gesundheit | gut | mangelhaft |
| Religiosität | gering | sehr hoch |
| Geburtenrate | sehr niedrig | sehr hoch |

Reformen bei den Vereinten Nationen und die drohende Marginalisierung Europas können die Weltkarte erheblich verändern. Die Weltpolitik muss sich, wenn die Demokratie als Grundprinzip erhalten bleibt und sich weiter durchsetzt, zwangsläufig nicht nur nach Ländern, sondern auch nach Bevölkerungszahlen richten. Das führt zur schwindenden Bedeutung des alternden Europas, vor allem seiner reicheren Länder. Ein geordnetes Zusammenwirken Europas mit Afrika kann deshalb neue Zukunftsperspektiven eröffnen als Alternative zu kaum kontrollierbarer Zuwanderung. Mit oder neben der Volksrepublik China kann eine Partnerschaft auf Augenhöhe mit zwei oder drei zusammenpassenden Seiten entstehen.

## Die Gesellschaften Europas und Afrikas

Die gegenwärtigen gesellschaftlichen Verhältnisse in Europa und in Afrika könnten unterschiedlicher nicht sein. Die europäischen Wohlstandsgesellschaften mit einem rückläufigen Anteil junger Menschen und der zunehmenden Zahl einer aus dem Arbeitsleben ausgeschiedenen Bevölkerung zeichnen sich nicht durch Fortschrittswillen und Pioniergeist aus. Die jungen Menschen wachsen eher ohne besondere Herausforderungen in eine Gesellschaft hinein, in der die meisten schon alles haben, was man braucht, die Absicherung von Lebensrisiken in Krankheit und Alter eingeschlossen. Im Vergleich zu den Aufbaujahren nach dem Zweiten Weltkrieg etwa fehlt es an Zielen, die erreicht, und an Hindernissen, die überwunden werden sollten. Für viele sind im Verhältnis zu Ausbildung und Karriere früher im Vordergrund stehende Ziele wie Familiengründung und Kindererziehung in den Hintergrund geraten. Für eine Bevölkerung Europas im Wohlstand und ohne nennenswerte Herausforderungen ist ein Projekt wie »Europa und Afrika« geradezu auf den Leib geschrieben. Hier warten Einsatzmöglichkeiten auf allen denkbaren Gebieten. Das hohe Lebensalter, das die moderne Medizin in Europa beschert, schafft zum Beispiel Möglichkeiten, aus dem Arbeitsprozess Ausgeschiedene als Ratgeber und Experten auch in fernen Ländern einzusetzen. Reisefreudigkeit kann dann mit nützlichen Aufgaben verbunden werden.

Die afrikanischen Gesellschaften sind von einer lebensoffenen jungen Generation geprägt. Durch zunehmende Schulbildung in den meisten Ländern mit zahlreich erreichter Hochschulreife sind die Bildungsdefizite der afrikanischen Jugend in den letzten Jahrzehnten deutlich zurückgegangen. Viele der Jugendlichen befinden sich mit ihren Altersgenossen in Europa auf Augenhöhe, was den Umgang und die Nutzung der modernen elektronischen Medien betrifft. In ganz Afrika werden mit großem Interesse und Sachverstand die deutsche und andere europäische Fußballligen im Fernsehen verfolgt. Im Übrigen schildert ein großer Teil der Programminhalte darüber hinaus europäische Lebensverhältnisse.

Die mittlere Generation der heute lebenden Afrikaner und mit ihr die Mehrzahl der Entscheidungsträger ist geprägt von den Jahrzehnten seit der Kolonialzeit. Der Übergang von diesem Geschichtsabschnitt in die Selbstständigkeit ist in vielen Fällen nur mäßig gelungen. Einige der Kolonialmächte hatten es einfach versäumt, ihre Rechtsnachfolger auf geeignete Weise auf Kommendes vorzubereiten. Hinzu kamen Entscheidungen der Kolonialmächte über Grenzziehungen in Afrika, bei denen in zahlreichen Fällen Stammes- und Sprachgebiete unglücklich zerteilt wurden. Auch Macht- und Handelsinteressen verhinderten manche bevölkerungsmäßig gebotenen Ländergrenzen. Stammeskämpfe und Bürgerkriege waren die Folge. Vor allem aber fehlte es vielerorts an *nation building*, der Schaffung und Praktifizierung eines Nationalbewusstseins. Die ethnische Zugehörigkeit überragt bis heute vielfach andere Aspekte. Durch Regierungsversäumnisse wuchs die Armut vielerorts und vor allem die Korruption. Ein nicht geringer Teil der mittleren Generation blickt frustriert auf die erreichte Entwicklung.

Die ältere Generation der Afrikaner, zahlenmäßig durch geringere Lebenserwartung im Verhältnis wesentlich kleiner als in Europa, ist vielerorts in einer schwierigen Situation. Eine staatliche Fürsorge für Alter, Krankheit und Armut ist oft nicht gegeben. Die traditionelle Altersversorgung durch die Familie oder Stammeszugehörigkeit ist entweder nicht mehr vorhanden oder unfähig zu helfen, weil jüngere Angehörige das Familienumfeld verlassen haben, um anderenorts nach Arbeit und Lebensmöglichkeiten zu suchen. Besonders schwer wiegt dieses Verlassen in abgelegenen ländlichen Räumen. Von dort sind vielfach die jüngeren Menschen in die Großstädte abgewandert. Ältere wurden oft hilflos zurückgelassen.

Eine gelingende Entwicklung Afrikas mit Unterstützung Europas eröffnet der Wirtschaft beider Kontinente ganz außerordentliche Perspektiven. Schon ernsthafte Anstrengungen in Richtung Sozialstaatlichkeit für große Teile der afrikanischen Bevölkerung können beachtliche Impulse für alle Wirtschaftsbereiche setzen, die mit der Grundversorgung der Menschen zu tun haben. Für die Wirtschaft kann »Europa und Afrika« ein ganz besonderer »Weckruf« werden. Das Nachdenken über die aktuellen Trends in beiden Kontinenten ist unerlässlich, über alle »unmöglich«-Argumente hinweg. Europa und Afrika stehen wie viele andere Teile der Welt vor großen Veränderungen, die sich aus oft wenig beachteten aktuellen Entwicklungen ergeben. Überraschende Tatsachen können vorher nicht überdachte Reaktionen erzwingen. Es wäre besser, für derartige Entwicklungen auf vorbedachte Lösungen zurückgreifen zu können. In Wissenschaft und Wirtschaft nimmt die »Zukunftsforschung« vor allem seit dem verfügbaren Werkzeug der »Zukunftssimulation« seit Langem einen bedeutenden Platz ein. Entsprechende Erkenntnisse gilt es nutzbar zu machen. Der jungen Menschen von heute wegen wäre es unverantwortlich, den Dingen einfach ihren Lauf zu lassen. Die Schiffbrüchigen im Mittelmeer sind ein Menetekel: Versäumte Vorüberlegung kann sich grausam rächen.

Maßgebliche Trends sind langfristig auf Jahrzehnte hinaus unumkehrbar. Die zahlenmäßig reduzierte junge Generation in Deutschland und im »reicheren« Europa könnte die seit Langem deformierte Bevölkerungspyramide in absehbarer Zeit selbst dann nicht ausgleichen, wenn sich ein aktueller Trend zu einem neuen Bewusstsein für »Nachwuchs« bestätigen würde. Immerhin sind ungefähr 480 Millionen Afrikaner bis zum Alter von unter 14 Jahren quicklebendig. Sie sorgen dafür, dass in unserem Nachbarkontinent das prognostizierte Bevölkerungswachstum mit Sicherheit kommt. Wenn diesen Kindern keine bessere Zukunft gezeigt wird, könnten viele von ihnen zu verzweifelten Selbstmordattentätern werden. Eine »Schicksalsgemeinschaft Europa mit Afrika« kann für junge Menschen in beiden Kontinenten zur faszinierenden Herausforderung werden. Die junge Generation Europas von heute hat keine Lebenserfahrung mit echten Schwierigkeiten, Problemen und Herausforderungen. »Europa und Afrika« ist eine gewaltige Herausforderung für Einsatzkräfte beider Kontinente. Hier warten viele Aufgaben. Es gilt, in großer Zahl Verantwortung zu übernehmen. Dass aus diesen Entwicklungen in großer Zahl Arbeitsplätze entstehen können, liegt auf der Hand.

## Auf der Suche nach der Gerechtigkeit

Der Gedanke an eine Schicksalsgemeinschaft legt nahe, gemeinsame Grundwerte zu überlegen. Grundwerte sind die Grundlage aller Menschenrechte. Für »Europa und Afrika« kann als »gemeinsamer Nenner« für eine Grundvereinbarung auf das Grundgesetz für die Bundesrepublik Deutschland und auf einen Zusatz zur Verfassung der Französischen Republik Bezug genommen werden.

Überlegt werden könnte für eine Präambel der Grundvereinbarung diese Formulierung:

»Im Sinne der Worte ›Im Bewusstsein ihrer Verantwortung vor Gott und den Menschen‹ oder mit den Worten ›In Verantwortung vor einem höheren Wesen‹ haben sich die Völker Europas und Afrikas diese Vereinbarung gegeben, um damit im Sinne einer sozialen Demokratie nach Gerechtigkeit für jedermann zu streben.«

Auf der Suche nach Gerechtigkeit stellen sich viele Fragen. Wie gerecht ist die Welt? Sind Reichtum und Armut gerecht verteilt? Die Welt ist nicht gerecht. Könnte sie es sein? Unvermeidlich ist auch die Frage: Bin ich gerecht?

- Im ersten Satz der Präambel des Grundgesetzes für die Bundesrepublik Deutschland ist die Rede von der »Verantwortung vor Gott und den Menschen«.
- In einem verfassungsgleichen Zusatz zur Verfassung der Republik Frankreich wird Bezug genommen auf die »Verantwortung vor einem höheren Wesen«.

Beides ruft jedermann dazu auf, wo immer möglich nach Gerechtigkeit zu streben. Vor allem sollte jeder Mann und jede Frau in seiner mit ihm verbundenen menschlichen Gemeinschaft, in Familie, Staat und Gesellschaft, Gerechtigkeit suchen und praktizieren. Es ist gerecht, den letztlich unverdienten Vorteil, den uns Mitmenschen und unsere staatliche Gemeinschaft verschafft haben, so weit möglich auch der Allgemeinheit zurückzuerstatten.

Es ist unmöglich, umfassende Gerechtigkeit in der ganzen Welt herzustellen. Sie ist auch in der Gemeinschaft der deutschen oder europäischen Mitmenschen nicht möglich. Wenn wir meinen, gerecht gehandelt zu haben, müssen wir dennoch millionenfaches Elend in der Welt hinnehmen. Die Gerechtigkeit verlangt, dass Europa und Afrika das äußerst Mögliche unternehmen, um für unser Drittel der Weltbevölkerung die Grundrechte auf Leben und körperliche Unversehrtheit sowie auf die Menschenwürde zu sichern.

Im Zusammenhang mit den Grundrechten stellt sich die Frage nach Gott. Nahezu alle wesentlichen Grundrechte in den Verfassungen der Staaten gehen auf Gebote und Lebensregeln der großen Religionsgemeinschaften der Welt zurück. In deren Kernaussagen gibt es eine weitgehende Übereinstimmung der Gebote und Verbote. Einen Grundgedanken dazu, bekannt als die »goldene Regel«, hat Jesus von Nazareth in seiner berühmten Bergpredigt hinterlassen: »Alles, was ihr wollt, das euch die Leute tun, das sollt auch ihr ihnen tun!«[143] Der Gottesbezug kann in den Verfassungen vorgegeben sein, ist aber nicht rechtsverbindliche Vorschrift.

Zu den Ungleichheiten zwischen Europa und Afrika gehört die unterschiedliche Religiosität. Religionsgemeinschaften wie etwa die Kirchen befinden sich in nahezu allen wohlhabenden Ländern auf dem Rückzug. Entsprechend verlieren sie als »Wertelieferanten« an Bedeutung für die Gesellschaften. Woher wenn nicht von den Religionsgemeinschaften sollen aber sonst Werte herkommen? In Europa wächst wie etwa auch in den USA »Gottlosigkeit«. Kultur, Entwicklung der Gesellschaft und weltweites Ansehen gingen jedoch immer mit der Ausbreitung religiöser Prinzipien einher. Diese Prinzipien sind unverzichtbar: Respekt Gott und der Schöpfung gegenüber, die Nächstenliebe, die Zuwendung zu den Armen und die Gerechtigkeit. In Afrika ist gegenüber Europa ein entgegengesetzter Trend zu beobachten. Die Bevölkerung ist in hohem Maße religiös. Das gilt entsprechend auch für viele führende Persönlichkeiten der Nationen.

*Mein Beispiel zum Verständnis: Im Verlauf von mehr als hundert Afrikareisen bin ich zahlreichen Staatsoberhäuptern persönlich begegnet, einzelnen davon mehrfach. Ich habe bei fast allen Gesprächen gefragt, ob ein Gebet vor dem Abschied angebracht sei. Das ist in keinem einzigen Fall verneint worden. Wenn ich bei meinen Begegnungen auch vom dortigen deutschen Botschafter begleitet wurde, war Entsprechendes für diesen ungewohnt. In allen Fällen aber, auch bei moslemischen oder agnostischen Gesprächspartnern, war das »Schlussgebet« eine höchst wirkungsvolle vertrauensbildende Maßnahme.* (Erfahrungen zwischen 1982 und 2016)

Vernachlässigte Religion kann zu ihrem gefährlichen Missbrauch führen, wie aktuelle terroristische Bewegungen insbesondere im Zusammenhang mit dem Islam zeigen. Auch zur Begründung der Vorgehensweise des »Islamischen Staates« wird missbräuchlich die Religion herangezogen, was bei vielen maßgeblichen Führern der betreffenden Religionen auf deutliche Ablehnung stößt. Gleichwohl gelingt es, mit verlockenden Angeboten jungen Menschen in Europa und anderswo eine religiöse Motivation zu geben, die bis zur Bereitschaft zum Selbstmord führt. Vor allem aber sind große Teile ärmerer, aber sehr religiöser Teile moslemischer Bevölkerungen in Gefahr, von den Missbrauchenden für deren »fromme Sache« mobilisiert zu werden.

Lehre und Vorbild von Jesus von Nazareth eignet sich in diesem Zusammenhang bestens als »gemeinsamer Nenner« von Religionen und Weltanschauungen sowie den damit verbundenen Werten. Jesus ist auch von Nichtchristen wie Mahatma Gandhi oder dem Dalai Lama hoch geachtet. Für Moslems ist er Prophet und »Botschafter«, eine der »fünf Säulen des Islam«. Für gläubige Christen ist er in geistlichem Verständnis Gottes Sohn und damit Gott selbst. Die Gemeinsamkeit der Wertschätzung unabhängig von Glaubensbedingungen ist der Schlüssel.

# Das Tabu der Wahrheit

## Wen können wir retten? Wer muss umkommen?

Die erschreckende Wahrheit ist: Wir können nur einige von vielen bedrohten Menschen in vielen Teilen der Welt retten. Viele müssen umkommen, ohne dass wir es verhindern können. Wir können etliche vor dem Hungertod bewahren, Millionen nicht, darunter Hunderttausende Kinder. Wir können in begrenztem Umfang Flüchtlinge aufnehmen und in unsere europäischen Gesellschaften integrieren, viele aber nicht. Wir stehen machtlos vor der Tatsache, dass in vielen Ländern Millionen Menschen unter Gewalt, Missbrauch und Unfreiheit gequält werden, darunter viele Kinder. Nur wenig und für wenige können wir etwas dagegen tun. Dasselbe gilt auch für Menschen, die um ihrer Religion willen verfolgt und unterdrückt werden. Die Schreckensliste ist lang. Diese Wahrheiten auch nur auszusprechen ist quälend und in der Regel ein Tabu. Bei grausamen Nachrichten und Bilddokumenten wird der Fernsehzuschauer regelmäßig um Verständnis dafür gebeten, dass Schreckliches nicht gezeigt wird, um es dem Betrachter nicht zuzumuten. In welcher Verpackung auch immer: Die Wahrheit gehört auf den Tisch. Weglassen, wegsehen und wegbleiben hilft nicht nur nicht. Es verhindert möglicherweise auch notwendige Maßnahmen, um ganz persönliche Bedrohungen, aber auch solche für die eigene Gesellschaft abzuwehren. Wegsehen kann verhängnisvoll für die eigene Sicherheit werden.

Die unabweisbare Wahrheit über Hunderte von Millionen Menschen offenbart: Die Welt ist voller schrecklicher Tatbestände. Die Menschheit ist offensichtlich seit Langem und wohl auch in absehbarer Zukunft nicht der Lage, diese aus der Welt zu schaffen. Tatsache ist, dass durch öffentliche und zivilgesellschaftliche Anstrengungen vielerorts mit unterschiedli-

chem Einsatz und Erfolg allen diesen »Übeln« entgegengewirkt wird. Vieles allerdings gleicht dem allzu bekannten
Tropfen auf den heißen Stein. Grundlegende Erfolge sind
durch diese »guten Taten« weder eingetreten noch künftig zu
erwarten. Den Übeln wirksam entgegenzuwirken, kann nur
mit dem Einsatz nationaler und internationaler Politik gelingen. Dieser Einsatz bedeutet zugleich die Bekämpfung von
Fluchtursachen. Der gemeinsame Kampf direkt betroffener
und nicht direkt betroffener Länder muss sich dagegen richten, dass zum Beispiel

- 65 Millionen Menschen, Männer, Frauen und Kinder, zum
  Teil unter lebensgefährlichen und menschenunwürdigen
  Bedingungen auf der Flucht sind,
- fast 800 Millionen Menschen ständig hungern und viele
  Millionen verhungern, darunter Hunderttausende Kinder,[144]
- nahezu 400 Millionen Menschen in Subsahara-Afrika unter der Armutsgrenze von täglich nur 1,70 Euro existieren
  müssen,
- über die Hälfte aller Menschen weltweit ohne den Schutz
  eines Rechtsstaates unter Rechtlosigkeit, Gewalt und
  Schutzlosigkeit leben müssen,
- mehr als 40 Millionen Menschen von Zwangsarbeit,
  Zwangsprostitution und Menschenhandel betroffen sind,
- weltweit etwa 150 Millionen Straßenkinder schutzlos und
  unversorgt in den Großstädten vieler Länder der Dritten
  Welt umherirren und Hunderttausende als Kindersoldaten
  missbraucht werden,[145]
- mehr als zwei Milliarden Menschen keinen Zugang zu
  sauberem Trinkwasser haben und etwa ein Drittel der
  Menschheit ohne sanitäre Einrichtungen und vielfach
  unter menschenunwürdigen Wohnverhältnissen leben
  muss,[146]

- weniger als 12 % aller Menschen in nur 20 Ländern der Erde in der staatlichen Ordnung einer »vollständigen Demokratie« leben können,[147]
- Hunderttausende in aller Welt keine Religionsfreiheit haben, sondern um ihres persönlichen Glaubens willen verfolgt und unterdrückt werden.

## Was für Europa und Afrika möglich werden muss

Nur die Wahrheit vermag, aus dem Schreckensdilemma herauszuführen. Das Tabu, erschreckende Wahrheiten nicht auszusprechen, muss überwunden werden. Nur in Kenntnis von Tatsachen und Prognosen können tiefgreifende Veränderungen in der Zukunft herbeigeführt werden. Vorurteilsfreie Überlegungen müssen unter anderem dazu führen, dass

- in Europa und Afrika im Hinblick auf den Schutz von Leben und körperlicher Unversehrtheit solche staatlichen Verhältnisse geschaffen werden, bei denen ungesteuerte Fluchtbewegungen nicht mehr zu befürchten sind oder verhindert werden können,
- in allen Ländern Europas und Afrikas Hunger, Armut und Arbeitslosigkeit dadurch beseitigt werden, dass in jedem Land dem betreffenden Entwicklungsstand entsprechend ein Mindestmaß für den zu garantierenden Lebensunterhalt festgelegt wird, für dessen Verfügbarkeit die Staatengemeinschaft sorgen soll,
- in allen Staaten beider Kontinente die Einhaltung der Menschenrechte gemäß der UN-Charta ermöglicht werden kann.

In diesem Zusammenhang bedarf es neuer Regeln der internationalen Zusammenarbeit. Für neue Überlegungen muss in den politischen Institutionen selbst und in der politisch interessierten Öffentlichkeit geworben werden. Lokal- oder Nationalpatriotismus, der auswärtige Aktivitäten behindert oder verhindert, hat meist bittere Folgen und zahlt sich am Ende nicht aus. Wenn zum Beispiel für neue Regeln die Schaffung und der Betrieb von Flüchtlingslagern in der Umgebung von Herkunftsländern ermöglicht oder unterstützt werden kann, ist das weit effektiver als eine ein Vielfaches kostende Integration. Erreicht werden kann das nur in enger Abstimmung mit dem betreffenden Land, unabhängig davon, wie »salonfähig« dieses Land bei den gängigen Sachverhalten ist. Das Prinzip von der Nichteinmischung in innere Angelegenheiten eines anderen Landes kann angesichts schwerwiegender internationaler Folgen von inneren Entwicklungen nicht in jedem Fall aufrechterhalten bleiben.

## Summa summarum

Aller Voraussicht nach unveränderliche Trends diktieren die Zukunft Europas und Afrikas. Die Trends sind auf Jahrzehnte hinaus unumkehrbar. Es wird kommen, wie es kommen muss. Die zahlenmäßig reduzierte junge Generation in Deutschland und im »reicheren« Europa könnte die seit Langem deformierte Bevölkerungspyramide in absehbarer Zeit selbst dann nicht ausgleichen, wenn das kaum zu erwartende Wunder eines neuen Bewusstseins für »Nachwuchs« eintreten würde. Die 40 % der Afrikaner im Alter von bis zu 14 Jahren sind schon quicklebendig und werden dafür sorgen, dass bei unseren kontinentalen Nachbarn das prognostizierte Bevölkerungswachstum mit hoher Wahrscheinlichkeit kommt.

Die Ausbreitung demokratischer politischer Ordnungen wächst in der Welt und in Afrika. Demokratie kann auf Dauer auch vor den Vereinten Nationen nicht haltmachen. Neue Strukturen müssen sich zwangsläufig neben der Beachtung der Rechte kleinerer Länder auch nach Bevölkerungszahlen richten, um dem Grundsatz der Demokratie Rechnung zu tragen. Bei fortschreitender Entwicklung Asiens und künftig auch Afrikas führt das zwangsläufig zum Bedeutungsrückgang des alternden Europas.

Ein geordnetes Zusammenwirken mit Afrika kann insoweit mehr und mehr zum Ausweg für Europa werden. Mit der gegenwärtigen und weiter zu erwartenden nicht kontrollierbaren Überflutung Europas von Menschen aus Afrika, die hier Hilfe und Perspektive suchen, kann es ebenso wenig weitergehen wie mit dem Werteverlust in Europa, der mit der Überalterung weiter Teile dieses Kontinents einhergeht und einem notwendigen dynamischen Überlebenswillen des Kontinents entgegenwirkt. Afrika bietet demgegenüber als die Grundlage für wieder wachsendes Wertebewusstsein hohe Religiosität, wenn diese nicht wegen Armut und Hoffnungslosigkeit radikalen und brutalen Extremisten in die Hände fällt.

Gibt es in Europa und Afrika ein Bewusstsein für eine Schicksalsgemeinschaft? Für viele Europäer könnten die Bootsflüchtlinge vor Lampedusa die ersten Signale gesetzt haben. In der breiten Öffentlichkeit sind mögliche Folgen aus den absehbaren Entwicklungen beider Kontinente bisher kaum thematisiert worden. So viel ist unbestritten: Geschichte, Geografie und Demografie verbinden Europa und Afrika. Wenn die Staaten beider Kontinente eine Schicksalsgemeinschaft sind, haben sie sich diese nicht ausgesucht. Sie könnten aber darin eine große Zukunftschance erkennen.

# Und jetzt?

Europa und Afrika: Die Tatsachen liegen auf dem Tisch. Prognosen zeigen mit hoher Wahrscheinlichkeit, was kommt. Überlegungen zwingen dazu, über entsprechende Konsequenzen weiter nachzudenken.

Wir, Schreiber und Leser, stehen erneut vor zwei Alternativen:

- Die bisherigen Tatsachen, Prognosen und Überlegungen führen zu einer Situation, die von vornherein unlösbar erscheint: Europa kann nicht mit Afrika verglichen werden. Beide Kontinente in einem gemeinsamen Projekt zu verbinden ist unmöglich. Deshalb bleibt nichts anderes als: Den Dingen ihren Lauf lassen. Hinnehmen, was kommt.
- Die normative Kraft des Faktischen zwingt dazu, alle geistigen Kräfte im Hinblick auf die Gestaltung der Zukunft zu mobilisieren. Daraus kann eine Vielzahl unterschiedlichster Überlegungen folgen, die zu unterschiedlichen Visionen führen.

In den beiden folgenden Kapiteln wird eine Vision beschrieben, für die nicht der Anspruch erhoben wird, zur allein denkbaren Lösung für Europa und Afrika zu führen. Wohl aber wird eingesehen werden müssen, dass entscheidende Elemente der Vision »Europa und Afrika« auch entscheidende Elemente jeder denkbaren anderen Zukunftsgestaltung sein müssen.

# 4. Die Vision: Europa und Afrika

*Einer trage des anderen Last;*
*so werdet ihr das Gesetz Christi erfüllen.*
*Alles, was ihr wollt, das euch die Leute tun,*
*das sollt auch ihr ihnen tun!*

Das Gesetz von Jesus Christus[148]

## Aufbruch zu einer langen Reise

### Was wird aus Europa und Afrika?

Tatsachen, Prognosen und Überlegungen liegen auf dem Tisch. Was folgt nun daraus für Europa und Afrika? Zur Bewältigung herannahender Herausforderungen ist unter allen Umständen ein enges Zusammenwirken der Staaten Europas und Afrikas geboten. Dafür könnte zunächst als »kleinste« denkbare Lösung eine informelle Staatengemeinschaft mit freiwillig vereinbarten Regelungen für Teilbereiche geschaffen werden. Die »größte« denkbare Lösung wäre eine Staatengemeinschaft mit Ländern beider Kontinente, die über hoheitliche Rechte verfügen würde. So könnten sozusagen »Vereinigte Staaten von Europa und Afrika« entstehen. Beides ist schwer vorstellbar. Freiwillig vereinbarte Lösungen vermögen es wohl kaum, die unterschiedlichen Lebensbedingungen von Bevölkerungen in der Größenordnung von hunderten Millionen bis zu Milliarden zu sichern und zu gestalten. Eine Staatengemeinschaft mit eigener Staatsgewalt in welchem Umfang auch immer wirft eine solche Menge von Fragen und Bedenken auf, dass schon »Weiterdenken« unmöglich erscheint und stecken zu bleiben droht.

Dennoch und gerade deshalb wird hier die Vision »Europa und Afrika« vorgestellt. Sie ist entstanden aus der Überzeugung: Das Miteinander ist unverzichtbar. Im Laufe der Vorüberlegungen zu diesem Buch wurde der Versuch aufgegeben, Gemeinschaftslösungen bis hin zur staatsrechtlichen Gestaltung zu empfehlen. Angeregt von dem Zukunftstraum von Martin Luther King kam es zur Grundidee »Europa und Afrika«. Daraus wurde gleichsam ein vorläufig unerreichbarer Leitstern, der unberührt von allen Bedenken in die richtige Richtung weist. Diese Richtung ist klar: Europa und Afrika müssen zusammenkommen, Wirklichkeiten gemeinsam erkennen, schlussfolgern, beschließen, handeln. Sich nur der normativen Kraft des Faktischen zu überlassen, lässt die Hoffnung auf eine gute Zukunft zunehmend schwinden und erzeugt Schreckensszenarien für die junge Generation. Europa muss sich deshalb so bald wie möglich gemeinsam mit Afrika auf die lange Reise zum »Miteinander« machen.

Visionen ermöglichen interessante Überlegungen zur Gestaltung der Zukunft. Über diese sollten die »Staatenfamilien« beider Kontinente ins Gespräch kommen. Worauf könnte es mit »Europa und Afrika« mit entsprechender Einbeziehung Chinas hinauslaufen? Es geht um die Herausforderung des Jahrhunderts. Die hier vorgestellte Vision geht von der noch gegebenen Möglichkeit einer friedlichen Bewältigung der absehbaren Entwicklungen aus. Gesucht wird dazu ein denkbarer Weg, der alle fordern und mit Sinn und Energie beflügeln kann. »Europa und Afrika« kann und soll zum Glücksfall für beide Kontinente werden. Die Vision soll der Gedankenanstoß dazu sein. Sie soll die Schicksalsgemeinschaft bewusst machen und herausfordern, unabweisbare Tatbestände entschlossen anzugehen. Das Nachdenken darüber ist eine erste Teilstrecke auf der langen Reise. Und schon bald nach deren Beginn teilt sich der Weg. Zur Wahl stehen zwei Richtungen:

- Die eine Richtung heißt »Miteinander« und führt in eine Zukunft, die von den Menschen beider Kontinente gemeinsam durch Verständigung und Frieden gestaltet werden soll. Dies ist der Weg zu »Europa und Afrika«.
- Die andere Richtung heißt »Verteidigung der Eigeninteressen«. Sie führt zu Schutzwällen und Grenzwächtern. Diese sollen die Zurückweisung und Ausgrenzung von Millionen Menschen bewirken, die sich auf den Weg gemacht haben oder machen werden, um einem unerträglichen Leben zu entfliehen. Hier führt der Weg zu nationalen Verteidigungseinrichtungen nach dem bekannten Muster eines Kalten Krieges.

Geordnete Entwicklung und Gestaltung in Frieden und Freiheit – oder Chaos? Die Vision »Europa und Afrika« plädiert für das »Miteinander«.

## Vom Traum zur Vision

»I have a dream«: Diese Worte von Martin Luther King gingen um die Welt. Am 28. August 1963 zogen Hunderttausende aus allen Bevölkerungsschichten der Vereinigten Staaten von Amerika zum Lincoln-Memorial in der Hauptstadt Washington D.C. Hier sprach Martin Luther King. Fünf Jahre später wurde er ermordet. Mit der Rede von 1963 schrieb er Weltgeschichte, in der er seinen Traum schilderte, dass sich seine Nation eines Tages erhebe und die, oft für selbstverständlich gehaltene, wahre Bedeutung ihrer Überzeugung auslebe: Alle Menschen sind gleich erschaffen. Er habe den Traum, dass die Söhne früherer Sklaven und die der Sklavenhalter in Georgia miteinander am Tisch der Brüderlichkeit säßen. Er habe den Traum, dass eine Oase von Freiheit und Gerechtigkeit im Staat Mississippi, der von der Hitze der Ungerechtigkeit und Unterdrückung gekennzeichnet sei, entstehe. Er habe den Traum, dass seine eigenen vier Kinder in einem Land lebten, in dem man nicht mehr nach seiner Hautfarbe, sondern nach seinem Charakter beurteilt werde.[149]

Martin Luther King ist in Amerika und in aller Welt gehört worden. Die Selbstverständlichkeit, dass alle Menschen gleich erschaffen sind, ist die Voraussetzung für den Weltfrieden in kommenden Jahrzehnten und Jahrhunderten. Darauf beruht auch die folgende Vision. Sie soll das Nachdenken über das eigentlich Unmögliche anregen.

Henry Kissinger, der frühere Außenminister der Vereinigten Staaten von Amerika, meinte, in der Politik unserer Zeiten seien Visionen eher selten. Er hat in seinem Buch *Weltordnung* auf Deutschland und Europa bezogen kritisiert, dass

»Deutschland und Europa keine Vision hätten, mit womöglich fatalen Folgen: Europa wendet sich just in einem Augenblick nach innen, da die von Europa selbst in bedeutendem Maße mitgeschaffene Weltordnung von zerstörerischen Entwicklungen bedroht wird, die alle Regionen, die ihre Mitgestaltung versäumen, am Ende in den Abgrund reißen könnten.«[150]

Albert Einstein stellte fest: »Eine neue Art von Denken ist notwendig, wenn die Menschheit weiterleben will.« Und: »Wenn eine Idee nicht zuerst absurd erscheint, taugt sie nichts.«

## Möglichkeiten und Grenzen von Visionen

Am Anfang jedes Projektes von Rang und Bedeutung stehen Ideen. Sie sind erste Wegmarken, wenn Herausforderungen nach Lösungen verlangen. Ideen können sich zu Visionen verdichten. Bezeichnend erscheint ein Zitat unbekannter Herkunft: »Träumer haben vielleicht keinen Plan, aber Realisten haben keine Visionen.« In unserem Falle stellt sich die Frage, ob es eine gemeinsame Zukunft für Europa und Afrika geben kann. Die vorgestellte Vision kommt zu dem Schluss, dass es ohne Gemeinsamkeit keine Lösung gibt. Welcher Weg könnte zu diesem Ziel führen? Schon erste Überlegungen können zu einer vorsichtigen schrittweisen Annäherung beider Kontinente führen. Bereits dann können wirkungsvolle »Sofortmaßnahmen« gegen unkontrollierbare Entwicklungen eingeleitet werden. Zur Entwicklung von Visionen ist zunächst die Freiheit des Denkens unerlässliche Bedingung.

Eine Vision kann ihrer Natur nach keine umfassend überlegte Planung bieten. In der Vision ist es erlaubt, Undenkbares vorzubringen, rechtliche und finanzielle Gesichtspunkte und die gesamte Machbarkeit nachfolgenden Gestaltungsprozessen zu überlassen. Sich zunächst mit Visionen zu beschäftigen, erlaubt vor allem, einer wie hier vorgegebenen Vision andere Visionen gegenüberzustellen, deren einzelne Elemente vielleicht sinnvoll zu verbinden und zu optimieren. Die für die Nachbarkontinente Europa und Afrika jetzt noch gegebene Gestaltungsphase kann über kurz oder lang durch Handlungszwänge beendet werden, die keine Zeit mehr zu abgewogenem Nachdenken lassen. Bertolt Brecht hat für Situationen wie diese den weisen Rat gegeben: »Will man Schweres bewältigen, muss man es leicht angehen.«

Die Vision von »Europa und Afrika« hat ihren Ursprung im Nachdenken über die Tragödien vor der Insel Lampedusa im Mittelmeer. Was dort begann, gehört zu jenen von Zeit zu

Zeit auftretenden besonderen Ereignissen und Umbrüchen, mit denen niemand rechnet. Diese Ereignisse bestimmen dann den weiteren Verlauf der Geschichte. Man denke etwa an die politische Wende 1989, die das Ende des Kalten Krieges markiert, den Terroranschlag auf das World Trade Center in New York 2001, den Zusammenbruch von Lehman Brothers 2008 oder die Nuklearkatastrophe von Fukushima 2011. Auch die dramatische Flüchtlingskrise in der zweiten Hälfte des Jahres 2015 ist in die Reihe »unerwartet« einzuordnen. Für die Zukunft gilt: Wenn versäumt wird, über Europa und Afrika nachzudenken, können böse Überraschungen folgen, die über das Kapitel »Lampedusa« und die vom Nahen Osten ausgehende Flüchtlingskrise weit hinausgehen. Ob die hier vorgestellte Vision einen gangbaren Weg aus dem Dilemma aufzeigt, mag offen bleiben. Auf jeden Fall gilt es, im Hinblick auf die Vergangenheit vieles zu vergeben und zu vergessen. Dazu muss ein Weg gefunden werden. Hilfreich für die Suche könnte eine menschliche Haltung sein, die Nelson Mandela vor aller Welt Augen bekundet hat, als er in das Amt des Präsidenten von Südafrika eingesetzt wurde:

*Mein Beispiel zum Verständnis: Meine Mitwirkung bei Bemühungen um Frieden im sudanesischen Bürgerkrieg brachte mich 1994 nach Pretoria. In der südafrikanischen Hauptstadt veranlasste und begleitete ich ein persönliches Treffen der Präsidenten des Sudan und Ugandas am Rande der Feierlichkeiten zur Amtseinsetzung von Präsident Nelson Mandela. Dort wurde ich an den Traum von Martin Luther King erinnert, »dass eines Tages auf den roten Hügeln von Georgia Söhne früherer Sklaven und Söhne früherer Sklavenhalter miteinander am Tisch der Brüderlichkeit sitzen können«.[151] Die feierliche Amtseinsetzung fand auf einem höher gelegenen Festplatz statt. Neben der Tribüne, auf der höchste Führer aus aller Welt zu sehen waren, stand ein Tisch, an den sich*

*im Anschluss an die Vereidigung Präsident Mandela setzte.*
*Zuvor schon hatten hier jene Gefängniswärter aus dem be-*
*rüchtigten Gefängnis Robben Island Platz genommen, mit*
*denen Nelson Mandela den großen Teil seiner 27 Jahre hinter*
*Gittern verbracht hatte. In einer seiner späteren Reden hat er*
*auf den Punkt gebracht, was für die Vision von der Staaten-*
*gemeinschaft ›Europa und Afrika‹ entscheidend sein kann:*
*»Nicht die Gewehrkugeln der Generäle machen Geschichte,*
*sondern die Massen.«*                                  (Mai 1994)

Geschichte, Geografie und Demografie verbinden Europa
und Afrika. Die Staaten beider Kontinente finden sich tatsächlich in einer Schicksalsgemeinschaft, die sie sich nicht
ausgesucht haben. Diese Schicksalsgemeinschaft als Vision
aufzugreifen und gedanklich zu entwickeln, ist eine historische Chance für beide Kontinente, weil sich darin vitales
Wachstum in Afrika und problematische Stagnation in
Europa gegenseitig ausgleichen können. Gemeinsam stellen
die beiden Kontinente ein gleichwertiges Gegengewicht zu
den zwei weiteren Weltregionen mit Nord- und Südamerika
sowie Asien mit Australien und Ozeanien dar. Diese drei
Weltregionen mit vergleichbarer Bedeutung können die globalen Entwicklungen der Menschheit in Richtung Frieden
und Verständigung voranbringen.

# Grundlagen zur Gestaltung der Zukunft

## Grundwerte für das Zusammenleben der Menschen

Am Anfang aller Überlegungen zu »Europa mit Afrika« steht die Schaffung einer Wertegemeinschaft. Diese beruht auf unabdingbaren Grundrechten. Die Charta der Vereinten Nationen sowie die Gründungsdokumente der Europäischen und der Afrikanischen Union zeigen, dass die wesentlichen »Eckwerte« zu einer solchen Wertegemeinschaft weithin übereinstimmend bereits formuliert sind. Dass formulierte Grundrechte in der tatsächlichen Lebenswirklichkeit da oder dort unterschiedlich beachtet werden, steht auf einem anderen Blatt, ist aber kein Grund, auf die Festlegung von Grundrechten zu verzichten.

»Verantwortung vor Gott und den Menschen«, in Erinnerung gerufen im ersten Satz der Präambel des Grundgesetzes für die Bundesrepublik Deutschland, war ein Grundgedanke und das Signal zum Wiederentstehen Deutschlands nach Weltkriegen und totalem Zusammenbruch. »Verantwortung vor Gott und den Menschen« kann auch die Präambel für alle Elemente der Vision »Europa und Afrika« sein. Der in Deutschland immer wieder demokratisch bestätigte »Gottesbezug« ist dem großenteils »hochreligiösen« Afrika wie auf den Leib geschrieben. In beiden Kontinenten gibt es eine Vielfalt der Religionen neben mehr oder weniger verbreiteter Religionslosigkeit. Im Zusammenhang mit der Formulierung von Grundwerten wird »Gott« von vielen Menschen als inspirierende Grundüberlegung gesehen. Viele andere indessen leiten Grundwerte von menschlichen Vorbildern und philosophischen Vorgaben ab, ohne dies mit Gott zu verbinden.

Grundwerte mit und ohne Verbindung zu Gott stellen das gemeinsame Wertegerüst jeder erfolgreichen menschlichen Gemeinschaft dar. Dessen Hauptbestandteile weisen über alle wesentlichen Religionen und Philosophien der Menschheit hinweg unbestrittene und überraschende Übereinstimmungen auf. Auf gemeinsamen Grundbestandteilen haben sich in den modernen Demokratien »Koalitionen der Werte« gebildet. Das Ringen um Menschenwürde, Solidarität und Rechtsstaatlichkeit vereint überall auf der Welt Menschen mit und ohne Gottesbezug zu gemeinsamem Handeln. Jede denkbare Form der Gemeinsamkeit von »Europa und Afrika« muss von dieser »Koalition der Werte« getragen werden. Religionsfreiheit und die Absage an jede Form von religiösen Diktaturen ist hierzu die Voraussetzung.

Eine besonders ergiebige Quelle für Grundwerte aus dem »Gottesbezug« ist die Bergpredigt von Jesus Christus. Er hat von sich selbst gesagt, er sei »Weg, Wahrheit und Leben« und der einzige Zugang zum allmächtigen Gott. Er ist nicht nur der entscheidende Mittelpunkt und »Namensgeber« aller christlichen Bekenntnisse. Jesus genießt als Prophet, Botschafter Gottes und übernatürlich empfangener Sohn von Maria hohes Ansehen nach dem Koran und für jeden ernsthaften Moslem. Als Impulse für »Europa und Afrika« sind seine Beurteilungen und Gebote deshalb besonders geeignet. Von diesen seien zum Beispiel genannt:

- Selig die Sanftmütigen; denn sie werden das Land erben.
- Selig, die hungern und dürsten nach der Gerechtigkeit; denn sie werden satt werden.
- Selig die Barmherzigen; denn sie werden Barmherzigkeit erlangen.
- Selig die Friedensstifter; denn sie werden Söhne Gottes heißen.
- Ihr habt gehört, dass gesagt worden ist: *Du sollst deinen Nächsten lieben* und deinen Feind hassen. Ich aber sage euch: Liebt eure Feinde und betet für die, die euch verfolgen, damit ihr Söhne eueres Vaters im Himmel werdet.

- Achtet darauf, dass ihr euere Gerechtigkeit nicht vor den Menschen übt, um von ihnen gesehen zu werden; sonst habt ihr keinen Lohn bei euerem Vater, der im Himmel ist.
- Niemand kann zwei Herren dienen … Ihr könnt nicht Gott dienen und zugleich dem Mammon.
- Sorgt euch also nicht um den morgigen Tag; denn der morgige Tag wird für sich selber sorgen. Jeder Tag hat genug eigene Plage.
- Alles, was ihr wollt, das euch die Leute tun, das sollt auch ihr ihnen tun! Denn darin besteht das Gesetz und die Propheten.[152]

Nelson Mandela wird dieser »Gottesbezug« zugeschrieben: »Du bist ein Kind Gottes … Wir sind geboren worden, um den Glanz Gottes, der in uns ist, zu manifestieren.«[153]

Mahatma Gandhi sagte: »Wenn Gott in allem wohnt, was im Universum existiert, wenn der Gelehrte wie der Straßenkehrer von Gott sind, dann gibt es keinen, der hoch ist, und keinen, der niedrig ist, alle sind ohne Einschränkung gleich, sie sind gleich, weil sie die Geschöpfe jenes Schöpfers sind.«

## Grundrechte für die Menschen Europas und Afrikas

Die Frage nach den Grundrechten steht im Mittelpunkt aller Überlegungen zu »Europa und Afrika«. Bei den Grundwerten geht es um Gedankenansätze. Bei den Grundrechten geht es um konkrete und entscheidende Lebensregeln. Vor allem anderen steht diese Wahrheit: Schon innerhalb Europas stehen den Menschen Grundrechte nur unterschiedlich zur Verfügung. Sie sind in einem Teil der Staaten umfassend oder zumindest weitreichend gewährleistet. In einem anderen Teil sind sie für die Menschen nur in beschränktem Umfang gewährleistet. Ganz krass wird die Situation, wenn man Afrika in Betracht zieht. Hier gibt es nur wenige Staaten mit zumindest weitreichenden

Grundrechten nach europäischen Maßstäben. In vielen Staaten müssen die Menschen jedoch ohne deren ausreichenden Schutz ihr Leben bewältigen. Insgesamt sind die Grundrechtsdifferenzen zwischen den Kontinenten so groß, dass man irgendwie geartete gemeinschaftliche Überlegungen von vornherein mit dem Stempel »unmöglich« versehen möchte. Wer jedoch so »abstempelt«, der muss zugleich wissen: Dann erhält auch jede Diskussion über die Verminderung der Fluchtursachen von heute und morgen den Stempel »unmöglich«. Die Gewährleistung entscheidender Grundrechte überall in Europa und Afrika ist ein Kernanliegen dieser Vision, dessen Verwirklichung einen langen Atem benötigt. Aus der Liste der Grundrechte seien hier die Folgenden in den Vordergrund gestellt:

- Das Grundrecht der unantastbaren Menschenwürde. Sie zu achten und zu schützen muss im Vordergrund aller Überlegungen zum Zusammenwirken der Kontinente und ihrer Staaten stehen. Das Grundrecht auf Menschenwürde führt zu den unverletzlichen und unveräußerlichen Menschenrechten als Grundlage jeder menschlichen Gemeinschaft.
- Das Grundrecht auf die Gleichheit der Menschen vor dem Gesetz ist für »Europa und Afrika« von besonderer Bedeutung im Hinblick auf große ethnische Unterschiede, auf die Unterschiede zwischen sehr arm und sehr reich und nicht zuletzt im Hinblick auf die Gleichberechtigung von Frauen und Männern.
- Das Grundrecht auf die Freiheit des Glaubens, des Gewissens und die Freiheit des religiösen und weltanschaulichen Bekenntnisses sind entscheidend für das Gelingen eines Miteinanders zwischen Europa und Afrika. Hier müssen zum Beispiel auch Lösungen gefunden werden für das Neben- oder Miteinander von Gesellschaften, deren Frauenbild sich zwischen Gleichberechtigung und Unterordnung deutlich unterscheidet.

- Das Grundrecht auf den besonderen Schutz von Ehe und Familie muss einerseits fortbestehen. Andererseits wird »Europa und Afrika« eine Gemeinschaft von Menschen sein, die hinsichtlich Ehe und sexualethischen Fragen höchst unterschiedliche Festlegungen und Lebensentwürfe mitbringen. Europäische Staaten mit Zuwanderern aus östlichen Regionen sind jetzt schon mit diesen Problemen unter Menschenrechtsgesichtspunkten befasst.
- Ein Grundrecht auf Freizügigkeit für alle Menschen Europas und Afrikas bedarf besonderer Überlegungen, denn es kann auf unbestimmte Zeit hinaus nicht in Aussicht gestellt werden, solange die Lebensverhältnisse hier und dort so verschieden sind wie heute.

## Grundprinzipien für die Vision »Europa und Afrika«

Erfolg und Misserfolg von Staaten und Gesellschaften in Europa, in Afrika und in aller Welt kommen nicht von ungefähr. Staaten oder Gemeinschaften von Staaten mit einer »vollständigen Demokratie«, mit funktionierender Marktwirtschaft, der Rechtsstaatlichkeit und der Einhaltung von Menschenrechten stehen im internationalen Vergleich und Wettbewerb weit vor Staaten und Gesellschaften, in denen alle diese Qualitätsmerkmale kaum oder nicht zu finden sind. Als Beispiele für jede denkbare Vision seien hier die folgenden Grundprinzipien genannt:

- Das Grundprinzip »Alle Staatsgewalt geht vom Volk aus« ist für jede irgendwie geartete Form das künftige Miteinander von Europa und Afrika entscheidend. »Europa und Afrika« muss Mehrheitswille der Menschen der Kontinente werden. Weit ab vom Volkswillen bestimmende Gremien könnten den notwendigen Durchsetzungswillen nicht herbeiführen.

- Das Grundprinzip der Beachtung des Völkerrechts soll auch für die Vision »Europa und Afrika« selbstverständlich sein. Völkerrechtlich bedeutsame Regelungen in bestehenden Staatengemeinschaften sollten auf ihre Eignung auch für »Europa und Afrika« in Betracht gezogen werden. Hier seien die Vereinten Nationen, die Europäische Gemeinschaft, der Europarat, die Afrikanische Union und regionale Staatengemeinschaften genannt.

- Das Grundprinzip des demokratischen und sozialen Bundesstaates sollte für jede denkbare Organisation eines Miteinanders der Staaten und Staatengemeinschaften Europas und Afrikas Leitgedanke sein.

- Das Grundprinzip der Sozialen Marktwirtschaft mit der klassischen Forderung »Wohlstand für alle« muss zentraler Impulsgeber für die Entwicklung von »Europa und Afrika« werden. Ein nach Milliarden zählendes Potenzial von Verbrauchern und Arbeitskräften steht sozusagen zum Einsatz bereit. Am Anfang aller Überlegungen steht die hervorragende Entwicklung Europas mit ausgereifter Erfahrung in Produktion, Vermarktung und Management. Afrika hat die menschlichen Ressourcen und die Rohstoffe.

- Das Grundprinzip vom Schutz der natürlichen Lebensgrundlagen steht neben der Gewährleistung der Menschenrechte weit oben auf der Liste der Prioritäten. Insbesondere der afrikanische Kontinent bietet einen gewaltigen Reichtum an Ressourcen, Bodenschätzen und Entfaltungsmöglichkeiten für die Ansiedlung von Menschen, der in Zeiten von Anarchie und Misswirtschaft unwiederbringlich verloren gehen könnte. Hier ist vor allem internationale Solidarität gegen rechtswidrige Ausbeutung von Bodenschätzen gefragt.

# Wenn die Vision zur Wirklichkeit wird

## Angenommen, »Europa und Afrika« kommt zustande

Nehmen wir also an, dass die Kontinente zueinanderfinden. Aus dem Bewusstsein von Tatsachen und Prognosen, die zu tiefgreifenden Besorgnissen vor allem für die jüngeren Generationen führen müssten, könnte Optimismus und Wagemut für eine überaus interessante gemeinsame Zukunft entstehen. Wenn etwa tragische Entwicklungen mit unbeherrschbaren Flüchtlingsströmen Schlagzeilen und allgemeines Bewusstsein bestimmten, könnten neue Perspektiven in den Vordergrund treten. Im Verlauf des Prozesses würden sich Herausforderungen ergeben, die »klassische« Problemfelder innerhalb Europas oder Afrikas in den Hintergrund treten lassen könnten. Zu diesen Herausforderungen würde unter anderem gehören:

- »Europa und Afrika« ist ein Friedensprojekt. Das entschlossene gemeinsame Streben nach Frieden und Verständigung zwischen allen Staaten beider Kontinente kann zur Beendigung von kriegerischen Auseinandersetzungen, innerstaatlichen Machtkämpfen, Bürgerkriegen und ethnischen Konflikten führen.
- »Europa und Afrika« kann in großem Maße Menschenrechte gewährleisten oder auf ihre Gewährleistung hinwirken. Demokratie und Rechtsstaatlichkeit können sich in beiden Kontinenten entfalten und festigen. Auf dieser Grundlage können zum Beispiel neben Maßnahmen zur Beseitigung oder Verringerung von Fluchtursachen gemeinsame Regeln für Aus- und Zuwanderungen zwischen den Kontinenten vereinbart werden.
- »Europa und Afrika« kann zum größten denkbaren Projekt für die Wirtschaft werden. In einer »interkontinentalen« Marktwirtschaft werden Beschäftigungs- und Entfaltungs-

möglichkeiten insbesondere für junge Menschen geschaffen, die auch zu sozialstaatlichen Strukturen und zu breitem Wohlstand führen. Die Entwicklung der Landwirtschaft und des handwerklichen Mittelstandes als Dienstleister stehen dabei im Vordergrund. Wenn durch Industrie 4.0 der europäischen Wirtschaft tiefgreifende Veränderungen mit dem weitreichenden Verlust bisheriger Arbeitsplätze bevorstehen, kann »Europa und Afrika« zu völlig neuen Perspektiven führen.

- Europa, Afrika und China können Partner auf Augenhöhe werden. Die Volksrepublik China ist der nicht mehr wegzudenkende und unentbehrliche Entwicklungspartner für Afrika geworden. In einer Dreierverbindung mit diesem Partner entsteht zugleich auch eine wirkungsvolle weltwirtschaftliche Verknüpfung Afrikas und Europas mit Asien. Ein »Bündnis für Infrastruktur« mit China kann eine die Kontinente voranbringende Infrastruktur weiter ausbauen und vollenden. Auf sich allein gestellt könnte Europa oder gar ein einzelnes europäisches Land nicht mehr entscheidend für die Infrastruktur Afrikas sein. Zukunftsweisend ist hingegen die interessante Tatsache, dass europäisches Consulting bei den riesigen Infrastrukturprojekten der Chinesen schon heute eine bedeutende Rolle spielt.

- Die Vision »Europa und Afrika« scheint zunächst weit entfernt von jeder Machbarkeit. Die der Vision zugrunde liegenden Tatsachen entfalten sich jedoch ohne jede Rücksicht auf eine Machbarkeit. Zum »Weiterdenken« soll dieses Exempel anregen: Europa und Afrika sind zwei Partner, denen sich eine verbindliche »Lebenspartnerschaft« anbietet, nachdem sie sich kennen und schätzen gelernt haben. Sie kommen zu dem Schluss, das Miteinander zu wagen. Die Kontinente mit ihren Staaten und Staatengemeinschaften sind die beiden großen Familien der Partner. Diese Familien müssen zusammenfinden, ihre Möglichkeiten offenlegen und beschließen, dem »Miteinander-Wunsch« zuzustimmen und alles Notwendige zu regeln.

Mit der Machbarkeitsfrage stellt sich die Frage nach Alternativen. An erster Stelle steht dabei, was geschehen wird, wenn »nichts« geschieht. Was folgt dann zum Beispiel aus der verbreiteten Auffassung, dass in großen Teilen Afrikas die Entwicklungen angesichts schnell steigender Bevölkerungszahlen auf der Strecke bleiben? Was wird aus den sozialen Brennpunkten der Megastädte, speziell in den Ländern mit »schwacher« Staatsgewalt? Je gefährlicher eine sich abzeichnende Entwicklung wird, desto größer wird der Druck auf unerlässliche Reaktionen. Zudem steigen die Kosten. Je länger abgewartet wird, desto geringer wird der Gestaltungsspielraum für die hier vorgelegte oder irgendeine andere Option.

## »Zwischenstationen« unabhängig von jeder Vision

Ob die Vision »Europa und Afrika« zur Wirklichkeit wird oder nicht – die nachfolgend genannten Schritte in die Zukunft führen in jedem Fall weiter. An der zwingenden Notwendigkeit, sich mit der Entwicklung und dem künftigen Schicksal in beiden Kontinenten ernsthaft zu befassen, führt kein Weg vorbei. Es wäre verhängnisvoll, beliebig ausgerichteten Fernsehprogrammen die Informationshoheit zu überlassen, um wahrscheinlich Reaktionen auszulösen, die von gegenwärtigen Flüchtlingsströmen her nur zu bekannt sind. Unabhängig von allen denkbaren Vereinbarungen für ein »Miteinander« der Kontinente oder ein Scheitern derselben sind unverzüglich Überlegungen anzustellen wie zum Beispiel:

- Zwischenstation Bürgerbeteiligung. Die weitere Entwicklung der Kontinente berührt jeden ihrer Einwohner. Entweder müssen gewaltige Flüchtlingsströme in Europa aufgenommen werden oder deren Kommen muss durch opferreiche oder menschenrechtswidrige Maßnahmen verhindert werden. Da in Demokratien alle Macht vom Volk ausgeht, muss jedes politische Programm auch in diesem Zusammenhang von der Bevölkerung getragen werden. Das gilt sowohl für jeden Weg zum »Miteinander« von Europa und Afrika wie auch für den hoffentlich vermeidbaren Weg zum »Gegeneinander«. Die Schaffung eines entsprechenden Bewusstseins muss eine »Gemeinschaftsaufgabe« der Führungspersönlichkeiten von Politik, Wirtschaft, Gesellschaft und Religion werden.

- Zwischenstation Politische Bildung. Eine unerlässliche »politische Bildungsoffensive« für alle einschlägigen Bereiche muss von Sachlichkeit und Wahrheitssuche geprägt sein. Engstirnige Parteipolitik, Ideologien aller Richtungen oder religiöser Fanatismus können der Erkenntnis der Wirklichkeiten im Wege stehen und guten Entwicklungen schaden.

- Zwischenstation schulische Bildung. In beiden Kontinenten kommen auf die Kinder von heute im Laufe ihres Lebens dramatische Fragestellungen zu, auf die sie vorzubereiten sind. Vor allem die weiterführenden Schulen müssen die Probleme der demografischen Entwicklung und der kontinentalen Differenzen zwischen Arm und Reich thematisieren.

- Zwischenstation Herausforderung für Wissenschaften und Forschungen. »Europa und Afrika« muss auch in Wissenschaft und Forschung vom derzeitigen Randthema zu einem Hauptthema werden. Es geht darum, unverzüglich unbestreitbare wissenschaftliche Grundlagen für eine breite politische Bildung, aber auch für politische und wirtschaftliche Entscheidungsträger zu schaffen. Vor allen Einrichtungen des Bildungs- und Wissenschaftsbereiches steht notwendige Informations- und Überzeugungsarbeit in riesigem Umfang, angefangen bei allen politischen Institutionen bis in alle Schichten der breiten Bevölkerung hinein. Wissenschaften und Forschungseinrichtungen sind auch als Helfer für die gebotene Internationalität der Jahrhundertaufgabe gefordert. Dabei steht im Vordergrund eine konsequente Zusammenarbeit der Hochschul- und Forschungseinrichtungen beider Kontinente. Im Anbetracht der höchst unterschiedlichen Verhältnisse zwischen Europa und Afrika auf vielen Gebieten und nicht zuletzt angesichts der wünschenswerten Teilnahme der Volksrepublik China an den gemeinsamen Entwicklungen gibt es Themen- und Aufgabenfelder für alle, die sich an Denkprozessen beteiligen können und wollen.

- Zwischenstation Wirtschaftsentwicklung. Vom künftigen Gelingen einer starken wirtschaftlichen Entwicklung hängt für die Zukunft beider Kontinente alles ab. Für einen großen Teil der europäischen Wirtschaft hat der Nachbarkontinent bisher nur geringe oder gar keine Bedeutung. In wesentlichen Wirtschaftsbereichen, zum Beispiel verbunden mit der digitalen Revolution, wurden asiatischen Anbietern nahezu konkurrenzlos riesige Geschäftsbereiche überlassen. Ähnliches gilt beispielsweise auch für den Automobilmarkt. Noch vor 30 Jahren war der Kraftfahrzeugbestand in Afrika überwiegend von Fahrzeugen deutscher Hersteller geprägt. Heute sind diese kaum noch als Gebrauchtwagen anzutreffen. Auch hier hat Asien die Führung übernommen, besonders auch im riesigen Geschäftsbereich der Nutzfahrzeuge. Nicht unerwähnt soll bleiben, dass die früher für Afrika unverzichtbare europäische Bauwirtschaft sich gänzlich aus dem Kontinent zurückgezogen hat. Nur entscheidende wirtschaftliche Umdenkprozesse können hier zu einer Wende verhelfen. Hierzu gehört zum Beispiel: Wie können Produktionen und Dienstleistungen im Gegensatz zu Europa in Afrika so entwickelt werden, dass möglichst viele Arbeitskräfte einbezogen werden können? Entscheidend für die Wirtschaftsentwicklung im Zeitalter der 4. industriellen Revolution ist vor allem der Sektor Dienstleistungen, zu dem hier auch Landwirtschaft und Handwerk gerechnet werden.

- Zwischenstation Medienunterstützung. Die internationalen Gemeinschaften in beiden Kontinenten und die berichterstattenden Medien werden im Hinblick auf »Europa und Afrika« eher reagieren als agieren. Sie werden um die Beachtung der schicksalhaften Zusammenhänge nicht herumkommen, wenn das Thema gesellschaftlich und politisch »relevant« wird. Für den Prozess der politischen Bewusstseinsbildung ist der Beitrag der Medien auf jeden Fall von entscheidender Bedeutung. Deren »neue« Rolle als Protokollanten nicht steuerbarer Entwicklungen und ihre Pfadfinderfunktion in der Flüchtlingskrise, insbesondere in den Herkunftsländern, ist offensichtlich. Verantwortungsbewusste Medien können den Gedanken »Europa und Afrika« entscheidend weiterbringen und so den unerlässlichen politischen Prozess fördern und beschleunigen.

# Der harte Kern der Herausforderungen

## Das Grundrecht auf Leben und körperliche Unversehrtheit

Die unterschiedlichen Lebensverhältnisse und Überlebenschancen in beiden Kontinenten liegen auf der Hand. Sie werden mit einer ständigen Berichterstattung für jedermann bis hinein in die entlegensten Gegenden der Kontinente gebracht. Damit hat ein »westliches Freiheitsrecht« längst vor anderen westlichen Rechten in einen diesbezüglich noch unterentwickelten Raum Einzug gehalten. Im Zusammenhang damit tritt mit der Aufforderung zur organisierten Flucht in die gelobten Länder der neue internationale Wirtschaftszweig der Schleuser auf den Plan. Deren stärkste Argumente sind, bestätigt durch die Lebenserfahrung der Menschen, das bedrohte Grundrecht auf Leben und körperliche Unversehrtheit und das Grundrecht der Menschenwürde, verankert in einer funktionierenden Sozialstaatlichkeit. Wer immer sich mit dem Verhältnis von Europa und Afrika beschäftigen muss, stößt mit diesen Grundrechten unweigerlich auf den zentralen Kern aller Herausforderungen, welche Zukunftsentwürfe für »Europa und Afrika« auch immer gefunden werden mögen. Hier Wege zu Lösungen zu finden ist die Schicksalsfrage für die beiden Kontinente.

Der erste Teil des harten Kerns der Herausforderungen für »Europa und Afrika« ist die schrittweise Verwirklichung des Grundrechts auf Leben und körperliche Unversehrtheit für alle Menschen beider Kontinente. Das Fehlen dieses Grundrechts ist einer der entscheidenden Fluchtgründe und zum Beispiel in Deutschland bisher eine »erfolgversprechende« Voraussetzung für einen Asylantrag. In einigen Regionen Europas, vor allem aber in vielen Staaten Afrikas, ist dieses Grundrecht nicht oder nur unzulänglich gewährleistet. Das große Problem für die Realisierung jeder denkbaren Vision ist die unterschiedliche persönliche Sicherheitslage in den verschiedenen Ländern und Regionen der Kontinente. Es muss angenommen werden, dass die Vision von der Gewährleistung dieses Grundrechts allenfalls Schritt für Schritt zur Realität werden kann. Die Bereitschaft der europäischen und der afrikanischen Staatengemeinschaft, diese Herausforderung zu bewältigen, könnte wachsen, wenn dadurch die Vermeidung unkontrollierbarer Flüchtlingsströme bewiesen werden könnte.

Ein maßgeblicher Schritt zur Sicherung des Grundrechts auf Leben und körperliche Unversehrtheit könnte durch den von der Staatengemeinschaft der Afrikanischen Union gegründeten Friedens- und Sicherheitsrat erfolgen. Dieser könnte künftig eingreifen, wenn irgendwo dieses Grundrecht verletzt oder gefährdet ist. Mit »Hilfe zur Selbsthilfe« könnten gegebenenfalls auch Länder eingreifen, die nicht unmittelbar betroffen sind, aber über entsprechende Möglichkeiten in personeller und finanzieller Hinsicht verfügen. Bei nationalen oder internationalen Krisen gibt es bewährte Vorgehensweisen. Damit können völkerrechtlich wirksame Abkommen bei Gefahr oder Verletzung der Grundrechte den Einsatz von Polizei oder Militär im Auftrag des betroffenen Landes ermöglichen.

In schwierigen und umfangreichen Krisenfällen, wenn zum Beispiel ein ganzes Land unregierbar geworden ist und in Anarchie fiel, ist ein Zusammenwirken mit den Vereinten Nationen und anderen geeigneten Institutionen der internationalen Gemeinschaft in Betracht zu ziehen. Schon heute bestehen in der Mehrzahl der Länder beider Kontinente mehr oder weniger einsatzbereite Polizeieinheiten, die bei entsprechender Koordination ein Netzwerk für die Sicherung der Menschenrechte darstellen können. Die Einbeziehung militärischer Einheiten in Konfliktfällen wird auch in Zukunft in nicht wenigen Fällen unausweichlich sein. Hier wird es dann auf entsprechende Beschlüsse des Sicherheitsrates der Vereinten Nationen ankommen oder künftig auch auf den Friedens- und Sicherheitsrat der Afrikanischen Union.

## Das Grundrecht auf sozialstaatliche Sicherheit

Die zweite Teil des harten Kerns der Herausforderungen für »Europa und Afrika« ist die Notwendigkeit, schrittweise sozialstaatliche Strukturen zu verwirklichen. Es geht um die Menschenwürde bei Armut, Alter, Krankheit und Arbeitslosigkeit und ihre Sicherung. Langfristig und schrittweise ist das Ziel dieses Kampfes eine entsprechende Grundsicherung für alle Bürger Europas und Afrikas. Wie schon bei der Frage nach dem Grundrecht auf Leben und körperliche Unversehrtheit stößt wird man auch hier auf höchst unterschiedliche Gegebenheiten in den Einzelstaaten, weil man zwischen Staaten mit guter und keinerlei sozialer Absicherung alles antrifft. Wie groß diese Herausforderung für die Staatengemeinschaft beider Kontinente ist, geht aus der Tatsache hervor, dass nahezu 400 Millionen Menschen in Subsahara-Afrika unterhalb der Armutsgrenze von 1,70 Euro pro Tag leben müssen.[154]

Armut verletzt die Würde eines Menschen zutiefst, ganz besonders dort, wo sie mit »Rechtlosigkeit« einhergeht. Das hohe ethische Ziel der Gewährung der Grundrechte auf Leben und Menschenwürde für alle Bürger der Mitgliedsstaaten beider Kontinente ist deshalb das Kernanliegen dieser Vision. hunderte Millionen Afrikaner haben derzeit diese Grundrechte nicht. Vielerorts sind vor allem Frauen und Kinder schutzlos der Gefahr von Tod, Verbrechen und Vertreibung ausgesetzt. Armut ist in weiten Teilen Afrikas ursächlich für hohe Kindersterblichkeit, Sklavenhandel, Straßenkinder, Kindersoldaten und Kinderarbeit, für das Auseinanderfallen von Familien, das soziale Elend für viele alte Menschen und Behinderte, vor allem auch für Kriminalität. Wer kann, flieht.

Reichere Staaten haben für sich mehr oder weniger vorgesorgt, wirkungsvolle Hilfe zur Bewältigung dieser Herausforderung in anderen Teilen der Kontinente jedoch bisher nur sehr begrenzt zu leisten vermocht. Muss nicht die Würde des Menschen auch dann unantastbar sein, wenn es um den »Nächsten« anderswo geht? In Artikel 1 des Grundgesetzes der Bundesrepublik Deutschland heißt es zum Beispiel dazu:

- »Die Würde des Menschen ist unantastbar. Sie zu achten und zu schützen ist Verpflichtung aller staatlichen Gewalt.
- Das Deutsche Volk bekennt sich darum zu unverletzlichen und unveräußerlichen Menschenrechten als Grundlage jeder menschlichen Gemeinschaft, des Friedens und der Gerechtigkeit in der Welt.«

Die soziale Sicherung der Bürger ist eine Langzeitaufgabe. Es wäre wirklichkeitsfern, soziale Sicherheit in vergleichbarer Höhe in beiden Kontinenten schnell verwirklichen zu wollen. Denkbar erscheint, dass in den einzelnen Staaten Sozialleistungen nach jeweiligem Lebensstandard festgelegt und gewährleistet werden. So könnten Leistungen jeweils in angemessenem Verhältnis zu den Lebenskosten im betreffenden Land oder in dieser Region bemessen werden. Schon das wird teuer werden. Auf der »Habenseite« einer intakten Sozialordnung steht zum einen die durch sie mögliche Eindämmung der Zuwanderung von Flüchtlingen und Asylsuchenden. Zum anderen kann diese Sozialordnung der »natürlichen« und für Afrika immer untragbarer werdenden »familiären Vorsorgemaßnahme« entgegenwirken. Diese besteht in einer möglichst großen Kinderschar, von der im Alter Hilfe und Sicherheit für das eigene Überleben erwartet wird. Hier liegt einer der Gründe für das rasante Wachsen der Bevölkerung.

Die Gewährleistung des Grundrechts auf sozialstaatliche Sicherheit wird von vornherein im Hinblick auf eine schwierige Finanzierbarkeit diskutiert werden. Hier sind volkswirtschaftliche Gesamtrechnungen gefragt. Dabei können unter anderen etwa folgende Gesichtspunkte von Bedeutung sein:

- Nach allen Erfahrungen in den erfolgreichen demokratischen Staatsordnungen können sozialstaatliche Strukturen nur in Verbindung mit einer entsprechenden Wirtschaftsentwicklung geschaffen werden. Wirtschaftsentwicklung und Sozialstaatsentwicklung sind zwei Seiten einer einzigen Medaille. Das anzustrebende Ziel ist die Entwicklung einer sozialen Marktwirtschaft. Nur dann kann eine funktionierende Demokratie entstehen.

- Mit Wirtschaft und wachsender Beschäftigung wachsen auch gesetzliche Sozialabgaben der Bürger und damit die Einnahmen für die entsprechenden Sozialkassen.

- Wenn eine sozialstaatliche Entwicklung in Afrika ausbliebe, würde sich Europa auch künftig Aufwendungen in hohen Milliardenbeträgen gegenübersehen. Um Unterbringung und Integration von einer Millionen Menschen zu bewältigen, fielen in Deutschland jährlich etwa 15 Milliarden Euro für den Staat an. Dass diese Zuwanderung nur sehr begrenzt und nicht auf die Dauer von der Bevölkerung akzeptiert würde, kommt hinzu. Die politische Landschaft in Europa könnte sich radikal verändern.

- Griechenland ist in diesem Zusammenhang ein beachtenswertes Beispiel: Weit mehr als 200 Milliarden Euro an Darlehen flossen bisher zur Rettung der Staatsfinanzen für etwa 11 Millionen Griechen dorthin.[155] Man stelle sich vor, eine Summe im Verhältnis zu dieser Größenordnung würde Europa bereitstellen, um sozialstaatlich geordnete Verhältnisse in Afrika zu schaffen. Die Zukunft von »Europa und Afrika« wäre so gut wie gesichert.

Die Schaffung sozialstaatlicher Strukturen in Afrika kann die Zukunft Europas entscheiden. Jenseits aller ethischen und ökonomischen Begründungen ist diese Herausforderung seit den jüngsten Flüchtlingsströmen mit einer bedrohlichen neuen Wirklichkeit verbunden. Die Armen dieser Welt tragen nicht mehr klaglos ihr Schicksal wie in vergangenen Zeiten. Die digitale Revolution ermöglicht ihnen, in hohen Millionenzahlen den tatsächlichen Marsch in eine erhoffte bessere Zukunft zu wagen. Der demografische Trend verschafft den unvermeidlichen Über- und Unterdruck in Afrika und in Europa. Wenn Menschenrechte und Menschenwürde in früheren Zeiten erstrebenswerte Fernziele insbesondere für Staaten im Entwicklungsstadium waren, müssen zum eigenen Überleben die Habenden den weniger Besitzlosen umgehend zur Erreichung von Sicherheit und Wohlstand für alle verhelfen. Zunächst unbemerkt könnte sich sonst die größte Völkerwanderung aller Zeiten entwickeln.

*Mein Beispiel zum Verständnis: Der Präsident von Uganda hatte mich eingeladen, ihn bei seinem Besuch der Vollversammlung der Afrikanischen Union in Kairo zu begleiten. Während des Fluges fragte ich ihn:* »*Was ist derzeit deine größte Sorge?*« *Seine Antwort beschäftigt mich bis heute:* »*Ich habe Millionen junger Menschen in meinem Land, für die ich in der Zukunft nicht die geringste Verwendung sehe. Das ist meine größte Sorge.*« *Dieses Problem hat sich seitdem erheblich verschärft.* (Mai 2000)

# Impulse und Hindernisse für die Vision

## Suche nach Verbündeten in der Staatengemeinschaft

Die Vereinten Nationen und ihr Sicherheitsrat sind eine erste Adresse für alle Fragen, die mit Europa und Afrika und ihrem künftigen Verhältnis zueinander zusammenhängen. Alle Länder Europas und Afrikas sind Mitglieder der UN-Völkergemeinschaft. Wer käme als Moderator für Kontakte und Gespräche zwischen den Kontinenten eher in Frage als die UN? Sie verfügt über das umfassendste Material zu Demografie und Entwicklung weltweit. Zusammen mit dem Sicherheitsrat sind die Vereinten Nationen zudem die bestinformierte und erfahrenste Institution für alle denkbaren Krisen und Bürgerkriege. Auch die Nutzung der Kompetenz des Hohen Flüchtlingskommissars der Vereinten Nationen (UNHCR) ist für die in der Vision »Europa und Afrika« angesprochenen Fragen unverzichtbar.

Die Staatengemeinschaften der Europäischen Union und des Europarates werden in Zukunft gewollt oder ungewollt immer mehr mit Fragen befasst werden, die das Verhältnis der beiden Nachbarkontinente zueinander berühren. Die spannende Frage wird sein, ob diese Staatengemeinschaften von tatsächlichen Ereignissen eingeholt zum Handeln gezwungen werden oder ob dort das Bewusstsein wachsen kann, vorausschauend die Entwicklung der Beziehungen zum Nachbarkontinent gestaltend mitzubestimmen. Die Europäische Union ist dabei als Institution mit Handlungsvollmachten weit eher zur Einleitung von Prozessen und Maßnahmen geeignet als der Europarat. Dieser hat dagegen den Vorteil, alle europäischen Staaten zu repräsentieren und diese für ein gemeinsames Vorgehen gegenüber Afrika zu gewinnen.

Im Europäischen Parlament und in nationalen Parlamenten können Enquetekommissionen zur weiteren denkbaren

Entwicklung in den Nachbarkontinenten und zu notwendigen Vorsorgemaßnahmen angeregt werden. Wie die unerwartete Flüchtlingskrise erwiesen hat, können Folgen einer Nichtbeachtung der Entwicklung ebenso überraschend auftreten wie die von einem Tsunami ausgelöste Überflutung. Deshalb könnten das Europäisches Parlament, der Deutsche Bundestag und andere nationale Parlamente erneut und aktuell erkunden lassen, was aus Fakten und mehr oder weniger feststehenden Trends voraussichtlich geschehen kann und wie vorsorglich darauf reagiert werden sollte.

Die Afrikanische Union muss ein unverzichtbarer Partner jeder gemeinschaftlichen Entwicklung werden. Diese Staatengemeinschaft ist im Aufbau begriffen und sollte das besondere Interesse der Staatengemeinschaften Europas finden. Die Afrikanische Union umfasst mit Ausnahme Marokkos alle Staaten des Kontinents unabhängig von ihrer politischen Verfassung. Von großer Bedeutung sind die Bemühungen der Staatengemeinschaft, in Krisen- und Konfliktfällen selbst einzugreifen. Neben der Afrikanischen Union gibt es regionale Staatengemeinschaften für Entwicklung und Zusammenarbeit, die zwischenstaatlich zu beachtlichen Fortschritten geführt haben und für »Europa und Afrika« vorteilhaft sein können.

Einzelstaaten auf beiden Seiten des Mittelmeeres wie Italien, Griechenland oder Libyen und auch deren Nachbarstaaten können wesentliche Impulsgeber für umfassende Zukunftsvereinbarungen zwischen beiden Kontinenten werden. Diese Staaten sind von Zuwanderungen als »Transitländer« vor anderen Nationen zuerst betroffen. Überlegungen zur Fluchtvermeidung und zur Handhabung von Flüchtlingsbewegungen bedürfen jedoch der Solidarität aller Länder des jeweiligen Kontinents. Die Wiederholung der Uneinigkeit in der Europäischen Union über die Aufnahme von Flüchtlingen in den Jahren 2015 und 2016 könnte in dramatischen Fällen zur Katastrophe führen.

Insbesondere ehemalige Kolonialstaaten Europas wie Großbritannien, Frankreich, Portugal, Spanien und Deutschland,
sollten sich herausgefordert fühlen, das künftige »Europa und
Afrika« mitzugestalten. In weiten Teilen Afrikas sind die sich
entwickelnden Demokratien geprägt von den früheren Kolo-
nialmächten. Entsprechende »politische« Entwicklungshilfe
ist in nicht wenigen Fällen höchst angebracht. Auch einschlä-
gige Erfahrungen mit den jeweiligen Kulturen können für die
Gestaltung einer gemeinsamen Zukunft von großer Bedeutung sein.

## Impulse aus der Zivilgesellschaft

Das Wecken eines öffentlichen Interesses für die Zukunft der
Nachbarkontinente Europa und Afrika ist der wünschenswer-
teste aller denkbaren Impulse. In aller Regel wecken sich weder Staaten noch Staatengemeinschaften selbst auf. Im Zusammenhang mit der in diesem Buch vorgetragenen Vision
ist das »Wachrütteln« allerdings längst erfolgt. Hunderttausende von Flüchtlingen und die Vielzahl der vor Lampedusa
ertrunkenen Menschen, begleitet von den Medien, haben
Europa aufgeschreckt. Erst im Zusammenhang damit entstand das neue Schlagwort »Fluchtursachen«. Es ist inzwischen allgemeiner Stand der Erkenntnisse: Ohne deren entschlossene Bekämpfung ist eine wirksame Ordnung der
modernen Völkerwanderung nicht möglich. Die Vision
»Europa und Afrika« ist ein Ansatz zu einem »Großeinsatz«
gegen Fluchtursachen, ohne den eine Lösung nicht denkbar
erscheint.

Impulse aus der Zivilgesellschaft können weiterhelfen, weil
angenommen werden muss, dass Aktivitäten von »offizieller«
Seite angesichts immer als vorrangig betrachteter Tagespro-
bleme entweder in den Hintergrund oder auf später verscho-
ben werden. Nach der alten Erkenntnis »Wer fragt, der führt«

können erste Überlegungen in beiden Kontinenten von jeder Einzelperson ausgehen, die aus persönlichen, familiären oder beruflichen Gründen mit beiden Kontinenten verbunden ist. Der oder die Einzelne kann Fragen platzieren in den elektronischen Medien, in den Leserbriefspalten der Tageszeitungen oder in den Informationsveranstaltungen politischer Mandatsträger und Kandidaten, insbesondere vor Wahlen. Impulsgeber können auch organisierte oder informell aktive Teile der Zivilgesellschaft, Nichtregierungsorganisationen oder Religionsgemeinschaften sein.

Auch Impulse aus dem Bereich der Wissenschaften sind für »Europa und Afrika« von entscheidender Bedeutung. Schon bisher wurden dort die Zukunft der Nachbarkontinente und ihr Verhältnis zueinander vielfach thematisiert. Die aktuellen Flüchtlingstragödien fordern erneut weitreichende Untersuchungen. Für die Vision »Europa und Afrika« oder Alternativen dazu ist zuerst die Demografie, die »Bevölkerungswissenschaft«, gefragt. Sie muss den Ernst der Lage zwischen Europa und Afrika herausstellen – oder diese Sorge als unbegründet zerstreuen. Von weiterer Bedeutung ist die Ethnologie, aus der klassischen »Völkerkunde« hervorgegangen. Diese Wissenschaft trägt durch ihren Fachbereich »Migrationsforschung« hilfreich zum Miteinander in einer multikulturellen Welt bei. Nicht zuletzt sind Staats- und Politikwissenschaften zu Wesen und Organisation einer Staatengemeinschaft dieser Art und Größe gefragt. Als besondere Aufgabe ist hierbei die wissenschaftliche Unterstützung der Demokratieförderung zu nennen. Mit diesem Bereich verbindet sich die Hoffnung auf eine gemeinsame Zukunft.

Mit Hoffnungen wird die »Entdeckung« Afrikas durch die Wirtschaft Europas erwartet. Schon die schnell wachsende Bevölkerung und der politische Zwang in beiden Kontinenten, diese Bevölkerung in geordnete staatliche und soziale Verhältnisse zu führen, markieren Rahmenbedingungen, die für viele Teile der Wirtschaft interessanter nicht sein könnten. Hier trifft Europa vor allem auf Asien mit China an der Spitze. »Zusammenwirken« ist das Gebot der Stunde, zum Beispiel zur Weiterentwicklung der Infrastruktur im gesamten Verkehrswesen.

Afrika bietet darüber hinaus zunehmend weitere Märkte, die auch für Europa interessant, vielleicht auf die Dauer sogar lebenswichtig werden können.

## Hindernisse für »Europa und Afrika«

Die größten Hindernisse für »Europa und Afrika« stellen die krassen Ungleichheiten dar. Auf diesen relativ einfachen Nenner muss man die Mehrzahl der erkennbaren Probleme bringen. Die Ungleichheiten mobilisieren Millionen Menschen, die bessere Daseinsvoraussetzungen suchen. Es führt kein Weg an dieser Erkenntnis vorbei: Der gemeinsame Weg in die Zukunft der beiden Kontinente muss zwei »Gegensätze« bewältigen: Auf der einen Seite muss mit hohem Einsatz und mit großen Opfern an der Verringerung der krassen Ungleichheiten gearbeitet werden. Auf der anderen Seite müssen der Freizügigkeit auf lange Sicht wirksam Grenzen gesetzt werden. Das erscheint möglich, wenn unter anfänglich auch bescheidenen Bedingungen die Grundrechte auf den Schutz des Lebens und der körperlichen Unversehrtheit sowie ein Mindestmaß an Sozialstaatlichkeit gewährleistet werden. Dieser Herausforderung werden sich die hier vorgestellte Vision und denkbare Alternativen gegenübergestellt sehen.

Die zum Teil extreme Ungleichheit der Staatsordnungen in Europa und Afrika ist die entscheidende Hürde für die politische Gestaltung einer gemeinsamen Zukunft. Die Vision »Europa und Afrika« sieht als Fernziel eine Staatengemeinschaft als Rechtsstaat in einer Parlamentarischen Demokratie mit sozialer Marktwirtschaft. Nicht wenige der Länder

Europas und der größte Teil der Länder Afrikas sind von dieser politischen Ordnung noch nennenswert bis weit entfernt. Demokratie- und Wirtschaftsförderung müssen deshalb einen bisher nicht bestehenden Vorrang einnehmen, vielleicht auch gegenüber bisheriger »Entwicklungshilfe«. Als Grundüberlegung für Gestalter einer gemeinsamen Zukunft gilt, dass allen Menschen beider Kontinente das Grundrecht auf Schutzbedürftigkeit und Menschenwürde gleichermaßen zusteht. Es darf wegen einer herrschenden anfechtbaren Staatsordnung nicht verweigert werden. Vor allem die »Schwachen« in beiden Kontinenten, die Kinder und die mittel- und rechtlosen Teile der Bevölkerungen, dürfen gerechterweise für die jeweils herrschende Staatsform nicht bestraft werden. Unabhängig von ihrer demokratischen Legitimation müssen gerade deshalb die Staatsoberhäupter aller Staaten beider Kontinente auf Augenhöhe eingeladen sein, gleichberechtigt bei der Suche nach der Zukunft mitzuwirken. Nur auf diesem Weg bestehen Chancen, als Fernziel Demokratie und Rechtsstaatlichkeit für alle zu verwirklichen. Wie weit Europa und Afrika hier noch auseinander liegen, zeigt das Folgende:

*Mein Beispiel zum Verständnis: Als persönlicher Gast habe ich an der 6. Amtseinführung meines langjährigen Freundes, des Präsidenten Museveni von Uganda, zusammen mit etwa 100 000 Menschen teilgenommen. Westliche Staaten hatten Museveni Vorwürfe über seinen Wahlkampf im Frühjahr 2016 gemacht und kritisiert, dass er sich erneut zur Wahl gestellt hatte. Als Reaktion nahmen von einem amerikanischen Abgesandten abgesehen westliche Regierungsvertreter an der Zeremonie nicht teil. Dagegen war China hochrangig vertreten. Putin hatte einen persönlichen Vertrauten gesandt. Eine große Zahl afrikanischer Präsidenten wohnte der Inauguration bei. Mitten unter ihnen war der mit Haftbefehl vom Internationalen Gerichtshof in Den Haag gesuchte Präsident des Sudan, Omar al Bashir, und der 92-jährige Präsident von Simbabwe, Robert Mugabe. Beide Machthaber sind im Westen umstritten. Diese Präsidenten erzielten hier bei ihrer Begrüßung den höchsten Beifall aller namentlich aufgerufenen Besucher. Der Boykott der Veranstaltung durch westliche Länder wurde von einigen aufmerksamen Journalisten, nicht aber von den Menschenmassen wahrgenommen.* (Mai 2016)

# 5. Einladung zum Umdenken

*Tu erst das Notwendige,*
*dann das Mögliche,*
*und plötzlich schaffst du das Unmögliche.*

Franz von Assisi

## Auf dem Weg von der Vision zur Realität

### Versuche zu einem neuen Denken

»Die Gedanken sind frei«. Von diesem zentralen Menschenrecht machen wir Gebrauch, wenn wir uns »Europa und Afrika« vorstellen. Der Vision liegen Realitäten zu Grunde. Die Kontinente sind da. In wenigen Jahren werden wir zusammen eine Gemeinschaft von 2 Milliarden »realen« Menschen sein. Ereignet sich unsere Zukunftsgeschichte der »normativen Kraft des Faktischen« folgend oder können wir sie willentlich gestalten? Wer willentlich gestalten will, ist eingeladen, sich an dem unvermeidlichen Umdenken zu beteiligen, das jede Zukunft der beiden Kontinente erfordert. Dabei wird sich zeigen, dass unsere Vorstellungen von den Ordnungen des menschlichen Zusammenlebens durch zahlreiche Festlegungen vorgeprägt sind, etwa Elementen wie »Demokratie«, »Soziale Gerechtigkeit«, »Rechtsstaat«, »Christliches Abendland« oder »Lebensstandard«. Von der Vision herkommend sollten zunächst alle »Brillen« dieser Art abgelegt werden, um sie später für eine umfassende Gesamtschau neu zu nutzen.

Am Anfang steht die Erkenntnis: Jeder Einzelne ist Teil der Menschheit. Wir Menschen sind einerseits nahezu gleich: 99 % unseres Erbgutes, der Genome, stimmen total überein.[156]

Und dennoch ist andererseits jeder Mensch von jedem anderen unterscheidbar, was zum Beispiel in der modernen Kriminalistik genutzt wird. Aus der Quantenphysik weiß man: Seit dem »Urknall«, dem Ausgangspunkt der Materie, ist jedes Teilchen der materiellen Welt mit jedem anderen verbunden. Alles scheint mit allem zusammenzuhängen. Diese offensichtliche Tatsache kann uns dazu helfen, ganz neu zu denken und zu handeln. Der »reichere« Teil der heutigen Menschheit zum Beispiel lebt und handelt in hohem Maße auf Kosten des »ärmeren« Teils, wenn man an die unterschiedliche Ausbeutung der Ressourcen oder an die »menschengemachte« Umweltzerstörung denkt. Umdenken muss unter anderen auf die Verringerung von Ungerechtigkeiten wie diesen gerichtet sein. Geht es uns um das Wohl aller Menschen oder nur um unseren jeweils erreichten Besitzstand? Jeder muss das Ganze berücksichtigen.

Es sei nochmals erwähnt: Wir kommen gedanklich von einer Vision her, die eine gemeinsame Zukunft der Nachbarkontinente Europa und Afrika im Auge hat. Sie soll zum »Weiterdenken« herausfordern. Dabei zeichnet sich ab, dass auf vielen Gebieten geradezu radikal umgedacht werden muss, wenn man versucht, diese Vision mit der Wirklichkeit zu verknüpfen. »Heilige« Besitzstände in Politik und Gesellschaft könnten unter den Zwang des Umdenkens geraten und der »unmöglich«-Fraktion schnell die Mehrheit bringen.

Vision oder »unmöglich«-Fraktion hin oder her: Unverzichtbar ist das Nachdenken über die Zukunft der Kontinente in jedem Fall. Wer glaubt, über diese Themen hinwegsehen und zur Tagesordnung übergehen zu können, unterliegt einem verhängnisvollen Irrtum. Man kann sich nicht zurücklehnen und entsprechende Antworten der Zukunft überlassen. Heute kalkulierbare Aufwendungen für »Europa mit Afrika« mögen noch so hoch sein. Sie könnten Entsetzen hervorrufen wie die Milliardenkredite für Griechenland. Sicher ist aber, dass jedes Abwarten jede denkbare Lösung immer teurer werden lässt. Jedes Hinhalten kann zum Verhängnis für die junge Generation von heute werden – in beiden Kontinenten. Trends und Prognosen führen zu dieser Feststellung: Mindestens alle Europäer und Afrikaner, die das 50. Lebensjahr erreicht haben, werden für Jahrzehnte ihres weiteren Lebens vom Thema eingeholt werden.

## Entscheidende Bereiche der neuen »Gedankenwelt«

Das Umdenken muss fast alle relevanten Bereiche von »Europa und Afrika« erfassen. Die folgenden Beispiele sind Teil des Gesamten:

- Am Anfang des Umdenkens steht die Kenntnisnahme der »elektronischen Revolution«. Damit sind sowohl eine technische (digitale) wie eine politikbezogene Revolution gemeint. Ihr Kern: Die Menschen aller Völker erfahren in jüngerer Zeit alles, was die gesamte Menschheit betrifft. Die Lebensbedingungen an jedem Ort der Welt werden überall »öffentlich« und weitgehend zugänglich. »Wissen ist Macht« bekommt eine neue Bedeutung. Die gegenwärtigen Flüchtlingsströme haben bewiesen: Das Wissen der Benachteiligten um Lebensbedingungen anderswo und die satellitengestützten »Wegbeschreibungen« nach dort vermögen Regierungen in hilflose Verzweiflung zu stürzen, Bevölkerungen zu beunruhigen, in den Demokratien zu völlig neuen Parteienlandschaften und politischen Mehrheiten führen. »Soziale Medien« sind Sprachrohre der elektronischen Revolution, die sich überall Meinungsführung verschaffen. Sie sind auf dem Weg, politische Machtfaktoren zu werden. Internet, Fernsehen sowie Mobiltelefon mit Bild und Ton können die Gesamtheit der Menschen vernetzen. Diese Medien entziehen sich in den meisten Teilen der Welt jeder einschränkenden Einflussnahme der politisch Verantwortlichen.

- Umdenken in beiden Kontinenten kann zur Gemeinsamkeit führen. »Europa und Afrika« ist für die Nachbarkontinente eine gigantische Herausforderung, die eine jeweilige kontinentale Einigkeit voraussetzt. In Europa haben Geschichte und Kalter Krieg zur großen Trennung von West und Ost geführt. Es könnte sich herausstellen, dass nur eine gesamteuropäische Gemeinsamkeit bei dem Thema »Europa und Afrika« die Kräfte entfalten kann, ohne die eine gemeinsame Zukunft nicht denkbar ist. Die Herbeiführung einer »Gemeinsamkeit in Sachen Afrika« wird in Europa nicht einfach sein. Im Gegensatz dazu ist Afrika wahrscheinlich sehr viel leichter für eine »Gemeinsamkeit in Sachen Europa« zu gewinnen.

- Umdenken kann dem Rückfall in die Nationalstaatlichkeit Einhalt gebieten. Dieser Rückfall könnte zum gefährlichen Weg in die Katastrophe werden. Die Einsicht dürfte nicht zu schwer sein: Millionen Menschen auf der Flucht sind von einzelnen auf sich selbst angewiesenen Staaten nicht steuerbar. Die Flüchtlinge suchen und finden ihren Weg, wenn sie nicht mit tödlicher Waffengewalt aufgehalten werden können. Nur gemeinsam kommen Herkunfts- und Aufnahmeländer zu geordneten Regelungen. Bisher haben die Flüchtlingsprobleme in Europa zu verhängnisvollen politischen »Nebenwirkungen« geführt. Vielerorts wurde die Illusion verbreitet, man könne die zuströmenden Menschen einfach zurückweisen, die nationalen Grenzen schließen und den Rest der Welt ihrem Schicksal überlassen. Der »Nationalismus« dieser Art führte zu überraschenden und Besorgnis erregenden Wahlergebnissen in vielen Teilen Europas. Nur in interkontinentaler Zusammenarbeit liegt die Chance, diese Trends in geordnete Bahnen zu lenken. Der einzelne Nationalstaat geht mit all seinen »Nationalisten« in den globalen Veränderungen unseres Zeitalters unter.

- Umdenken kann zum Verzicht auf einseitige Deutungs- und Gestaltungshoheit führen. Es ist leicht nachweisbar, dass erfolgreiche Gemeinwesen vor allem nach dem Vorbild echter Demokratien entwickelt werden können. Auf der Basis von Demokratie und Rechtsstaatlichkeit kann überall in der Welt Zukunft gelingen. Angesichts der Eigendynamik von »Europa und Afrika« ist es jedoch völlig ausgeschlossen, dass für das Zusammenwirken von Staaten und Staatengemeinschaften der demokratische Reifeprozess aller Einzelstaaten abgewartet werden kann. Für »Europa und Afrika« muss zwingend das Zusammenwirken aller Staaten der beiden Kontinente eingeleitet werden unabhängig vom derzeit guten oder schlechten Stand ihrer politischen Ordnungen.

- Umdenken kann helfen, »absurde« Fragen zu entsorgen. Gehört der Islam zu Deutschland? Gehört der Atheismus, der Buddhismus, der Humanismus zu Deutschland? Es gibt deutsche Staatsbürger und in Deutschland wohnende Menschen mit allen diesen und noch weiteren Kennzeichnungen. Deutschland repräsentiert wie Europa seit Langem eine Gemeinschaft von Menschen, in der mehr als jeder fünfte ausländische Wurzeln trägt, von den unterschiedlichsten Kulturen und Religionen geprägt.[157] Das Grundgesetz gibt jedermann das Recht auf freie Entfaltung angestammter oder angenommener Religionen und Kulturen, solange nicht das Recht anderer verletzt wird. Es ist auch niemandem untersagt, absurde Fragen zu stellen. Wer in Richtung »Europa und Afrika« umzudenken bereit ist, wird bald enge Denkschablonen überwinden und feststellen, dass sich in dieser Gemeinschaft die Liste der Ethnien, Religionen und Kulturen noch erheblich erweitern wird.

# Kernthemen für ein »neues Denken«

## Das Zusammenwirken von Ungleichen

An der Spitze aller Probleme für ein Miteinander von »Europa und Afrika« steht die Herausforderung des Umgangs mit den krassen Ungleichheiten der Nationen. Von gangbaren Wegen zu diesem Zusammenwirken hängt die friedliche Zukunft zwischen Europa und Afrika ab. Tatsächlich sind schon bisher die beiden Kontinente Staatengemeinschaften von verschiedenen Nationen, die ihren Bürgern zum Teil höchst ungleiche Daseinsvoraussetzungen anbieten. Das gilt schon innerhalb Europas, in noch viel größerem Maße aber für Afrika. Offensichtlich ist die Tatsache, dass die 28 Staaten der Europäischen Union mit erheblichen Unterschieden insbesondere zwischen Reich und Arm zu kämpfen haben. Für neue Anwärter auf die EU-Mitgliedschaft scheinen die Wege zu diesem Ziel gerade deshalb unendlich weit zu sein. Bei den »Reicheren« unter den EU-Mitgliedern sind problematische Absetzbewegungen zu beobachten: Sie wollen »das gemeinsame Schiff« verlassen, weil sie in der größeren Gemeinschaft ihren »Besitzstand« in Frage gestellt sehen. Noch viel krasser als innerhalb Europas sind die Ungleichheiten, wenn man die Länder beider Kontinente gemeinsam in Betracht zieht.

Zur Problematik der »Ungleichheit« sei nochmals an den unter »Tatsachen« in Kapitel 1 vorgestellten »Wohlstandsindikator für Staaten«, den sogenannten *Human Development Index* (HDI), erinnert. Das Bruttoinlandsprodukt pro Einwohner ist in den reicheren Ländern deutlich mehr als 100-mal so hoch wie in den armen afrikanischen Ländern. Ist vor diesem Hintergrund ein »Exit« für alle Überlegungen eines Miteinander, der Exit für eine Vision »Europa und Afrika«, bereits unausweichlich, bevor das Nachdenken über das weitere Schicksal der beiden Nachbarkontinente überhaupt begonnen hat?

Die Tatsachen über die Menschen und ihre Lebensgrundlagen sind nicht zu bezweifeln. Nicht nur in der Europäischen Union zeigt sich, dass das Erreichen eines höheren Lebensstandards in überschaubaren Zeiträumen kaum »machbar« ist. Dies gilt erst recht für die Staaten Europas und Afrikas insgesamt. Wer ein Zusammenwirken der Ungleichen will, muss helfen, in den schwachen Staaten zur Verbesserung des Lebensstandards und zum Entstehen sozialer Auffangnetze beizutragen. Dazu regt die Vision »Europa und Afrika« so etwas wie einen menschenwürdigen »Lebensstandard auf der Grundlage der tatsächlichen Lebensverhältnisse im Herkunftsland« an. An diesem könnten sich Sozialleistungen orientieren, die für die Menschen in ärmeren Ländern das Überleben sichern und wenigstens einen Bruchteil der Leistungen in einem Wohlstandsland umfassen können. Im Hinblick auf die Armutsverhältnisse und die persönliche Aussichtslosigkeit in zahlreichen afrikanischen Ländern können solche »Bruchteile« gleichwohl einen großen Fortschritt markieren. Das Zusammenwirken unterschiedlich wohlhabender Staaten wird vergleichsweise mit dem »Prinzip der limitierten Übertragung« auch innerhalb der Europäischen Union seit Langem praktiziert.

## Welche politische Ordnung passt für »Europa und Afrika?«

Die Kontinente Europa und Afrika sind keine völkerrechtlich definierten Körperschaften, die miteinander in Verhandlungen über Realisierungsmöglichkeiten einer Vision eintreten könnten. Die Kontinente könnten sich einzelstaatlich und im Rahmen der bestehenden Staatengemeinschaften allenfalls informell austauschen. Käme es dabei zu gemeinsamen Schlussfolgerungen, müsste versucht werden, Einzelstaaten für völkerrechtlich wirksame Vereinbarungen zu finden. Die

Schwerfälligkeit und die allenfalls begrenzte Wirksamkeit dieser Vorgehensweise sind offensichtlich. Die real existierenden Probleme sind mit den in Europa und Afrika real existierenden völkerrechtlichen Voraussetzungen nicht zu lösen. Umso größere Erwartungen richten sich auf die Europäische Union. Ideal wäre eine auf »Europa und Afrika« bezogene »Arbeitsgemeinschaft« der EU zusammen mit den übrigen Ländern Europas.

Wenn am Zusammenwirken der beiden Kontinente kein Weg vorbei führt, sind grundsätzliche Regeln und praktische Vereinbarungen unerlässlich. Die geordnete Zuwanderung von einem Land zum anderen oder die Rückführung von Menschen, die zur Einwanderung nicht berechtigt waren, erfordert tiefe Eingriffe in die Gesetzgebung und den Gesetzesvollzug einzelner Länder. Nur wenige der Länder beider Kontinente können mit demokratischen Ordnungen aufwarten, in denen Maßnahmen und Regelungen mehrheitlich beschlossen werden könnten. Wie geht man hier mit der Mehrheit der demokratisch noch nicht qualifizierten Länder um? Auch hier lautet das »Hauptthema«: Umgang mit den Ungleichheiten. Hier sind die besten Köpfe in Wissenschaft und Politik und alle, die mitdenken wollen, auf den Plan gerufen. Zunächst gilt es, nach Beispielen zu suchen.

In Geschichte und Gegenwart finden sich Beispiele von Staatengemeinschaften im Sinne der Vision. Sicher ist vorab: Einzelstaatliches oder bilaterales Vorgehen hilft allenfalls teilweise. Sicher ist aber auch: Kaum ein Land in beiden Kontinenten ist auf so etwas wie eine Schicksalsgemeinschaft eingestellt. Die Geschichte zeigt, dass Einzelstaaten »Völkerwanderungen« weder beseitigen noch auch nur reduzierend auf solche einwirken können. Selbst die »Aufnahmebereitschaft« im eignen Land lässt sich kaum steuern. Es hat sich erwiesen, dass auch die Staatengemeinschaft der Europäischen Union an schwierige Grenzen stößt, wenn es um die Verteilung von

Flüchtlingen geht. Die von Wertebewusstsein und humanitärer Solidarität geprägte deutsche Politik hatte zur Folge, dass Deutschland zum bevorzugten Ziel von Zuwanderern geworden ist. Endlich hat sich bei vielen Staaten Europas und insbesondere innerhalb der Europäischen Union mehrheitlich die Erkenntnis durchgesetzt, dass die Flüchtlingsprobleme nur »europäisch« bewältigt werden können. Von dieser Einsicht bis zum tatsächlichen Handeln scheint indessen noch ein weiter Weg zu liegen. Hier empfiehlt sich ein Blick auf die Verfassung der Vereinigten Staaten von Amerika. Diese bietet das Grundrecht auf Leben und Unversehrtheit und auf die freie Entfaltung der Persönlichkeit, was auch »Europa und Afrika« prägen sollte. Vorbildlich ist, dass es in den USA für Einwanderer nie »Zugangsbeschränkungen« politischer, sozialer oder religiöser Art gab. Die derzeit mächtigste Nation der Welt ist eine Gründung von Migranten mit großer Erfahrung beim Umgang mit Ungleichen.

Die Suche nach Beispielen führt auch zu den Vereinten Nationen, denn »Europa mit Afrika« ist und bleibt ein Bestandteil der Vereinten Nationen. Maßgeblich für die Vision »Europa und Afrika« ist das Prinzip der Völkergemeinschaft, nach dem alle Staaten der Welt unabhängig von der jeweiligen Staatsform und Größe »geborene« Mitglieder der Gemeinschaft sind. Das Problem der Ungleichheit ist hier zunächst einmal auf der Seite gelassen. In der Präambel der »Charta der Vereinten Nationen« steht die Friedenssicherung für die Völkergemeinschaft im Vordergrund. Gleich danach aber ist die Rede von »Glaube an die Grundrechte des Menschen, an Würde und Wert der menschlichen Persönlichkeit ...« Weiter wird die Förderung des »sozialen Fortschritts und eines besseren Lebensstandards angemahnt. Zur Erreichung dieser Ziele sollen »internationale Einrichtungen« in Anspruch genommen werden. Zusammengefasst wird in der Präambel festgestellt: »Wir, die Völker der Vereinten Nationen ... haben beschlossen, in unserem Bemühen um die Erreichung dieser Ziele zusammenzuwirken.«[158]

Ist die Europäische Union mit derzeit 28 der 49 europäischen Staaten ein Beispiel? Deren Mitglieder erfreuen sich einer beachtlichen Wohlstandsentwicklung. Die wirtschaftspolitischen Errungenschaften bergen vor allem in marktwirtschaftlicher Hinsicht wertvolle »Fundstücke« auch für »Europa und Afrika«. Wie weit hat sich bisher ein europäischer Zusammenhalt entwickelt? »Europäer« beklagen, dass es nur bedingt gelungen ist, neben dem Nationalbewusstsein auch ein »Europabewusstsein« zu schaffen. Schwere Zeiten wie etwa die Finanz- und Wirtschaftskrise und der »Fall Griechenland« machen deutlich: Das Zusammenwirken von Staaten muss bei der Gestaltung für alle möglichen Fälle zu Ende gedacht werden. Ein unglückliches »Versäumnis« ist für 1989 zu verzeichnen. Spätestens jetzt hätte das »Europa von Ausgesuchten« ein »Europa für alle« einschließlich Russland werden können.

Die Afrikanische Union kann bei der Entwicklung einer Staatengemeinschaft im Sinne dieser Vision entscheidend mitwirken. In vieler Hinsicht mit den Vereinten Nationen vergleichbar umfasst sie 54 afrikanische Staaten mit ihren unterschiedlichen Entwicklungsstufen und verschiedensten Ethnien und allen anderen Unterschieden. Diese Staatengemeinschaft genießt hohes Ansehen bei den meisten ihrer Mitgliedsstaaten. Sie kann entscheidend dazu beitragen, gemeinsame Interessen des Kontinents zu entwickeln. Im Vergleich zur Europäischen Union steht die AU jedoch noch am allerersten Anfang ihrer Wirkungsmöglichkeiten. Sie in ihrer Weiterentwicklung zu unterstützen, ist deshalb von großer Bedeutung und gewiss lohnend für das Gelingen des Projektes »Europa und Afrika«.

Das Umdenken lässt keinen Zweifel: »Europa und Afrika« ist ein Novum. An dieser Stelle muss die Vision eine entscheidende Antwort offen lassen: Kann eine Gemeinschaft souveräner Staaten ohne eigene ihr übertragene Staatsgewalt

»Europa und Afrika« gestalten und bestimmen? Oder: Sind für ein Projekt dieser Art zumindest auf Teilgebieten hoheitliche Befugnisse für die Gemeinschaft unverzichtbar? Hier liegt der Kern des Schicksalsthemas.

## Können »auswärtige Beziehungen« neu bedacht werden?

Für den zwischenstaatlichen Umgang der Regierungen in den Ländern der Welt haben sich »Umgangsregeln« herausgebildet. Von vornherein hat die Staatengemeinschaft der Vereinten Nationen ihre eigenen Regeln. Sie wird verstanden als eine Gemeinschaft von Gleichen. Theoretisch gilt das auch für bilaterale oder multilaterale Beziehungen zwischen Ländern. So entsendet zum Beispiel der deutsche Bundespräsident Botschafter als seine persönlichen Repräsentanten in fast alle Staaten der Erde und beglaubigt diese dem jeweiligen Staatsoberhaupt gegenüber. Er folgt insoweit dem deutschen Grundgesetz (Artikel 3 Absatz 1): »Alle Menschen sind vor dem Gesetz gleich.« Der Botschafter soll gute Beziehungen pflegen und Informationen über seinen Gaststaat liefern.

In der Praxis der internationalen Beziehungen gilt das Gleichheitsprinzip jedoch nur eingeschränkt. Wenn ein ausländischer Staatschef ein anderes Land besucht und empfangen werden will, muss er ein nach dortigen Vorstellungen einwandfreies Verhalten vorweisen. Seine Vergangenheit soll möglichst keine dunklen Stellen aufweisen. Wenn sein Land etwa im »Demokratieindex« weit unten steht, hat sein Präsident geringe Chancen, hochrangig »wahrgenommen« zu werden, es sei denn, er repräsentiert »ein großes Land« mit beachtlichem Auftragspotenzial für die Wirtschaft. Zu beklagen ist dabei, dass die »Ungleichbehandlung« letztlich vor allem die Schwachen und Hilflosen dieser Länder bestraft. In Afrika sind durchschnittlich 40 % der Menschen eines Landes unter

15 Jahre alt. Für diese Heranwachsenden gilt nach europäischem Recht die Schuldunfähigkeit. Gleichwohl werden sie und alle anderen »Unschuldigen«, wenn das Verhältnis zu ihrem Staatsoberhaupt distanziert ist, gnadenlos mit verurteilt. Zum Glück gibt es bei der Ungleichbehandlung internationaler Besucher die Ausnahme, Menschen in Not mit humanitären Hilfsmaßnahmen zur Seite zu stehen, sei es durch zivilgesellschaftliche oder staatsnahe Organisationen. Hier fließen durch die Spendenbereitschaft der Bevölkerung und vom Staat hohe Geldmittel in »Elendsgebiete«.

Nach der geltenden Praxis für außenpolitische Verhaltensregeln sind die Repräsentanten der meisten afrikanischen Länder für die führenden europäischen Regierungen nicht oder nur begrenzt »salonfähig«. Es hat sich als Irrtum erwiesen, dass mit einer derartigen Herabsetzung von Staatsoberhäuptern und anderen Verantwortlichen zur Verbesserung irgendeines Missstandes in einem Problemland beigetragen werden kann. Hier sind Korrekturen unerlässlich, wenn man mit »Europa und Afrika« weiterkommen will. Will man das »Christliche Menschenbild« mit dem Vorbild von Jesus von Nazareth auch im Bereich der internationalen Beziehungen in Betracht ziehen, wird man sich sogar besonders den »Problemfällen« unter den Staatsführern zuwenden. Gerade Repräsentanten von Ländern, in denen Demokratie und Menschenrechte verletzt werden, Korruptionsverdacht und andere Unmöglichkeiten im Raum stehen, sollten überall an höchster Stelle empfangen werden. Sie könnten dort zum Besseren beraten werden und würden Gutes versprechen. Bei einer zugleich vereinbarten nächsten Begegnung würden sie nach Fortschritten gefragt werden. So ganz nebenbei könnte dann auch über Flüchtlingsströme bis hin zur Ermöglichung humanitärer Hilfen gesprochen werden.

Ein gemeinsames Handeln auch mit problematischen und fragwürdigen Politikern in der Staatengemeinschaft von

Europa und Afrika ist unverzichtbar. Um der betroffenen Menschen willen und im Zukunftsinteresse aller kann es keine »guten« oder »bösen« Staaten, keine »Schurkenstaaten« geben. Gerade die schwächsten und die umstrittensten Staaten erzeugen die meisten Fluchtursachen – und brauchen Hilfe am dringendsten. »Verantwortung vor Gott und den Menschen« sollte auch für die Außenpolitik gelten. Wer an Gott als den Schöpfer aller Menschen glaubt, muss zur Kenntnis nehmen, dass wir alle gleich gemacht sind. Keiner ist größer als ein anderer. Warum erlauben wir uns, im vermeintlichen Dienst der *political correctness* die große Mehrzahl der Menschen wegen der unbestreitbaren Fehlbarkeit ihrer Regierenden im Stich zu lassen?

Hierzu gehört auch ein erschreckender Rückblick auf einige der Kriege in den letzten Jahren. Mit der Folge hoher ziviler und militärischer Menschenopfer, unübersehbarer Zerstörungen und Militärausgaben in riesigen Milliardenbeträgen wurden und werden insbesondere von entwickelten Industrienationen Kriege geführt. Sie richteten sich oft gegen Diktatoren und Despoten, deren Herrschaft gewiss meist grausam und unannehmbar war. Wenn man an Kriegsschauplätze wie Vietnam, Afghanistan, Irak, Libyen und neuerlich Syrien denkt, fragt man sich, ob die »Befreiung« von fragwürdigen Staatslenkern tatsächlich zur Verbesserung der Lebensverhältnisse der Menschen oder gar zum Gegenteil geführt hat. Millionen Menschen ist es dabei »vor der Befreiung« viel besser gegangen als danach. Das gilt insbesondere auch für viele betroffene christliche Minderheiten. Eine dem Menschen geltende Politik kann auch entsprechend dem christlichen Menschenbild wegen des Unbehagens über eine Staatsführung nicht ein ganzes Land verurteilen. »Verantwortung vor den Menschen« muss auf ein Land bezogen von den Bedürfnissen der Kinder und Jugendlichen, der Frauen, Kranken und Alten, besonders aber der Armen ausgehen, auch wenn dies das Zusammenwirken mit Diktatoren und anderen umstrittenen Staatslenkern erfordert.

*Mein Beispiel zum Verständnis: Zusammen mit einer interfraktionellen Gruppe von Abgeordneten des Deutschen Bundestags besuchen wir regelmäßig auf Einladung von Mitgliedern des Kongresses der Vereinigten Staaten das National Prayer Breakfast in Washington. In einem Gespräch mit hochrangigen amerikanischen Militärs stellten wir diese Frage: »Was war das Ergebnis der so opferreichen Kriege der letzten Jahre? Ist nicht ein wirklicher Sieg für die betroffenen Menschen ausgeblieben? Warum wurden die Verhältnisse dort danach schlimmer als zuvor?« Ein General im Ruhestand antwortete: »Wir Soldaten setzen uns in keinem Fall selbst in Marsch, um in den Krieg zu ziehen. Es ist immer die Politik, die unsere Einsätze bestimmt. In nicht wenigen Fällen war die Aufgabe viel schwieriger als von Politik und Militär erwartet. Die zu ihrer Bewältigung nötigen höheren Mittel konnten dann meist nicht zur Verfügung gestellt werden.« Unser kriegserfahrener Gesprächspartner konnte seine Emotion bei dieser »Erläuterung« kaum zurückhalten.* (Februar 2016)

Das Umdenken sollte auch vor Repräsentanten der Zivilgesellschaft nicht Halt machen. Die Zivilgesellschaften und ihre Organisationen, die sich mit den Bereichen der Menschlichkeit befassen, sind in jedem Land ein Gradmesser für die Staatsqualität. Vielfach wird Wertvolles und Lebensrettendes geleistet. Die Vertreter der Zivilgesellschaften eignen sich bestens, Missstände aller Art an höchster Stelle vorzutragen. Sie sollten deshalb Teil einer reformierten »Kontaktpädagogik« werden. Ihre Aufgabe könnte es sein, gerade mit »unmöglichen« Gesprächspartnern Kontakte aufzunehmen und zu halten. So würden sie helfen, Brücken zu den Entscheidungsträgern zu bauen. Mit spektakulären Demonstrationen, abschreckenden Aktionen oder lautstarken Verunglimpfungen ohne oder mit Begleiterscheinungen der Gewalt wird nur in wenigen Fällen etwas erreicht. Mit einer neuen Vorgehensweise könnte auch ein Beitrag dazu geleistet werden, dass in problematischen Ländern zivilgesellschaftliche Strukturen als Vorstufen der Demokratie entstehen würden.

*Mein Beispiel zum Verständnis: Im Zusammenhang mit dem Genozid in Ruanda 1994 haben Millionen Flüchtlinge aus Ruanda versucht, sich in die benachbarte Demokratische Republik Kongo zu retten. In der Region um die Stadt Goma herrschten in humanitärer Hinsicht schreckliche Verhältnisse. Es gab viele Tote, Verletzte und Obdachlose. Dr. Hans-Jochen Vogel, der ehemalige »Außenpolitiker« Dr. Hans Stercken und ich haben deshalb den damaligen in Deutschland und international umstrittenen Staatspräsidenten des Kongo, Mobutu, den Präsidenten Ugandas, Museveni, und Vertreter der »Kriegsparteien« im ruandischen Bürgerkrieg eingeladen, bei einer privaten Konferenz in Bad Kreuznach (Rheinland-Pfalz) Möglichkeiten zur wirksamen humanitären Hilfe zu schaffen. Das mit Unterstützung des Landes Rheinland-Pfalz und seines jungen Ministerpräsidenten Kurt Beck zustande gekommene Treffen wurde zur Hilfe für Hunderttausende. Weil wir so nichtöffentlich wie möglich zu tagen hofften, ist Vertretern von Menschenrechtsorganisationen unsere Konferenz erst spät bekannt geworden, so dass sich Demonstrationen gegen Präsident Mobutu in überschaubarem Umfang hielten. Eine Einbeziehung von Hilfsorganisationen in die Konferenz wäre demgegenüber die bei weitem bessere Gegenmaßnahme gewesen.* (Mai 1995)

## Umdenken bei Religion und Kultur

Ein funktionierendes Gemeinwesen ist ein Geschenk des Himmels. Im Zusammenhang mit dem »christlichen Menschenbild« und im Hinblick auf die »Verantwortung vor Gott und den Menschen«, die den Anfang der Präambel des Grundgesetzes für die Bundesrepublik Deutschland markiert, sei an das theologisch viel diskutierte Wort des Apostels Paulus erinnert: »Jeder leiste den Trägern der staatlichen Gewalt den schuldigen Gehorsam, denn es gibt keine staatliche Gewalt, die nicht von Gott stammt. Jede ist von Gott eingesetzt.«[159] Diese Grundaussage gibt Religionen und Weltanschauungen eine außerordentliche Bedeutung für alle politikbezogenen Projekte. Wer soll auch in heutiger Zeit der Gesellschaft tragende Werte liefern, wenn nicht Religionen und Weltanschauungen? Dabei sei keinen Augenblick lang vergessen, dass beide auf das Schrecklichste missbraucht worden sind und werden können. Die Geschichte ist voll von Negativbeispielen, in denen religiöse und weltanschauliche Missbräuche zu Krieg, Verbrechen und Tragödien geführt haben.

Jeder Staat und jede Staatengemeinschaft braucht ein Fundament von Grundwerten. Die Vereinten Nationen gründen sich auf ihrer Charta. Nach dieser Vision benötigt auch ein künftiges wie immer geartetes Zusammenwirken Europas und Afrikas in einer Schicksalsgemeinschaft ein entsprechendes Fundament. Hier geht es um Menschen aus unterschiedlichsten Ethnien, Kulturen, Traditionen und Religionen. Im Vergleich zu Einzelstaaten wird diese Gemeinschaft in jeder Hinsicht »global« und »multi« sein. Eine derartige Bevölkerung benötigt hohe Übereinstimmung im Grundsätzlichen und viel Freiheit in Kultur, Tradition, Weltanschauung und Religion. Auch hier ist »Umdenken« unverzichtbar, um gesellschaftliche Konfliktherde gar nicht erst entstehen zu lassen. Der Wandel zur Vielfalt ist in Europa längst Wirklichkeit geworden. Das gilt für die Bildungseinrichtungen vom Kindergarten bis zur Universität, für die Arbeitswelt, die Kultur und den Sport, insbesondere den Fußball. Von sichtbaren Zeichen dafür seien nur etwa die zahlreich entstandenen Moscheen erwähnt. Die gegenwärtige Welle der Zuwanderungen wird alle »multi«- Tendenzen noch deutlich verstärken.

Religionen und Weltanschauungen als unverzichtbare Wertelieferanten bedürfen einer sorgfältigen Betrachtung im Hinblick auf die Zukunft von Europa und Afrika. Es wird kein Weg daran vorbei führen: Den Religionen und Weltanschauungen muss so viel freie Entfaltungsmöglichkeit gegeben werden wie möglich. Zugleich muss strikt unterbunden werden, dass sie Plattformen für Hassprediger und Terroristen bieten, deren Botschaften für Einzelne und die Gesellschaft zum Verlust von Rechten und Entfaltungsmöglichkeiten führen. Besonderes Umdenken erfordern absehbare und bekannte Widersprüche zwischen grundgesetzlichen Bestimmungen und religiös begründeten Lebensregeln, zum Beispiel die Rolle der Frau und alternative Lebensgemeinschaften, die von der »klassischen« Ehe abweichen. Zwei schwer vereinbare Auffassungen stehen sich gegenüber: Die eine besteht darin, grundgesetzliche Bestimmungen zum alleinigen Maßstab und rechtlichen Zwangsrahmen für alle Bürger einer Gemeinschaft zu machen. Die andere besteht darin, religiösen Vorschriften einen höheren Rang einzuräumen als jedweden gesetzlichen Vorschriften. Die entsprechende biblische Anweisung geht auf den »ersten Papst«, den Apostel Petrus zurück: »Man muss Gott mehr gehorchen als den Menschen.«[160] Nach dem Religionsmonitor der Bertelsmann Stiftung gilt nahezu ein Fünftel der Bevölkerung Deutschlands als »hochreligiös«. Ein Teil dieser Bevölkerung könnte sich eher der Regel des Apostels Petrus verpflichtet sehen als grundgesetzlichen Vorgaben. Bei durch Zuwanderer wachsenden Anteilen der muslimischen Bevölkerung ist anzunehmen, dass auch für viele von ihnen in der Lebenspraxis religiöse Vorschriften den Vorrang haben werden. In Nigeria gelten nach dem Religionsmonitor mehr als 90 % der Menschen aus »hochreligiös«.[161] Es wird unvermeidlich sein, »Religionsfreiheit« neu zu definieren.

*Mein Beispiel zum Verständnis: Abgeordnete des Deutschen Bundestages laden jährlich zu einer »Internationalen Begegnung« nach Berlin ein. In einer Diskussion meldete sich der frühere Außenminister eines afrikanischen Landes zu Wort. Er berichtete, dass er in seiner ländlichen Heimat zunächst Schulunterricht von evangelischen Missionaren erhielt. Wenige Jahre später beschlossen die Häuptlinge nach entsprechenden Verhandlungen, die weitere Missionierung katholischen Priestern zu übertragen. Wiederum nach wenigen Jahren konnte sich im gesamten Stammesgebiet der Islam ausbreiten. Seit seinem Studium, so schloss der noch erstaunlich junge Politiker, habe er sich dann auf der Suche nach dem »Richtigen« den Atheisten angeschlossen.* (Juni 2012)

In der Vision »Europa und Afrika« treffen Zeitgeist und Religion aufeinander. In Europa verlieren die traditionellen Kirchen dramatisch an Mitgliedern und Einfluss. In Afrika sind die Religionen und ihr Einfluss in fast allen vorherrschenden Religionsgemeinschaften bedeutend und von starkem Wachstum gekennzeichnet. Besonders »freie« und von den großen Religionen unabhängige Religionsgemeinschaften wie die sogenannten »Charismatiker« markieren den großen Zuspruch zum Religiösen. Allerdings trifft man häufig auch auf radikale Abgrenzungen zwischen Religionsgemeinschaften und merkwürdige Alleinvertretungsansprüche, was die Glaubensinhalte betrifft. Religion ist gleichwohl unverändert von großer Bedeutung. Wenn in ihren Programmen große politische Parteien in jüngerer Zeit die gesellschaftliche Entwicklung eher von religiösen Inhalten abkoppeln, bilden sich schnell konservative Alternativen im Parteienspektrum, wie sich zeigte.

Ein nicht geringer Teil der afrikanischen Bevölkerung wird sich, vertreten von ihren Staaten, zum Beispiel nicht vorschreiben lassen, dass nur die Einehe gesetzlich möglich ist. Der Moslem kann nach dem Koran bis zu vier Frauen haben. In vielen Ländern Afrikas oder etwa in Russland stößt die Forderung nach rechtlicher Gleichstellung gleichgeschlechtlicher Lebensgemeinschaften mit der Ehe auf Ablehnung. In vielen europäischen Ländern dagegen wird man diese einführen oder beibehalten. Ob ein Kreuz in einem Klassenzimmer hängen, eine Lehrerin ein Kopftuch tragen oder ein Kind über welche Religion auch immer unterrichtet werden soll, muss Sache der Staaten und der dortigen Religionsfreiheit bleiben. Besitzstände um Tradition, Kultur und Religion können nicht angetastet werden, soweit sie nicht die Rechte anderer und Andersgläubiger verletzen. Es muss dem Einzelnen überlassen bleiben: Unterwirft er sich freiwillig seiner angestammten Religion oder Kultur, auch wenn diese seine Freiheit verfassungswidrig einschränkt, oder besteht er auf den Freiheitsrechten der Verfassung.

Das Umdenken in Richtung einer Neueinschätzung des Grundrechts auf Religionsfreiheit ist möglicherweise ein Ausweg aus dem Konflikt zwischen Grundgesetzen und religiösen Lebensregeln. Zu überlegen ist hier die entsprechende Rechtsauffassung in den USA. Hier mischt sich der Staat grundsätzlich in Angelegenheiten der Religionen nicht ein. Das geht dort so weit, dass die in Europa nicht zugelassene Scientology-Sekte von Staats wegen unbehelligt bleibt. Ein Umdenken für Europa und Afrika könnte etwa in diese Richtung führen:

Die freie Entfaltung der Persönlichkeit ist ein oberstes Gebot, soweit dabei nicht Rechte anderer verletzt werden. Beispiel: Wer aus religiösen Gründen zur Entfaltung seiner Persönlichkeit ein Kopftuch tragen will, sollte das von Rechts wegen genauso praktizieren können wie andererseits eine Religionsgemeinschaft oder Institution, die entsprechend »markierte« Menschen nicht in ihre Gemeinschaft oder als Arbeitnehmer einbeziehen will. Auch Religionsgemeinschaften können sich unter dieser Voraussetzung frei entfalten. Sie haben jedoch nicht das Recht, Menschen zu einer bestimmten Religionsausübung zu zwingen. Die Religionsgemeinschaften und Weltanschauungen sollten jedoch von einer bestimmten zahlenmäßigen Stärke an die Möglichkeit erhalten, im Bildungswesen ihre Lebensregeln ihren Kindern weiterzuvermitteln. Hier wird zu diskutieren sein, wie weit und mit welchen Inhalten »Integration« vorgeschrieben werden kann oder nicht. Zur freien Entfaltung einer Religionsgemeinschaft kann zum Beispiel gehören, im Rahmen der Religionsfreiheit die Gleichberechtigung von Mann und Frau ebenso in infrage zu stellen wie homosexuelle Lebensgemeinschaften. Einer liberalen Religionsgemeinschaft muss es unbenommen sein, aktuelle gesellschaftliche Prozesse zu ihrem religiösen Programm zu machen. Muslimische Religionsgemeinschaften sollen das Recht haben, ihre Auffassungen vom Verhältnis zwischen Mann und Frau, zur Homosexualität, Pornografie, Alkohol und zu Erziehungsrichtlinien entsprechend vorzugeben.

*Mein Beispiel zum Verständnis: In Nairobi, der Hauptstadt Kenias, war ich im Taxi unterwegs. Ein kräftiger junger Mann steuerte ein längst schrottreifes Fahrzeug. Am Armaturenbrett bemerkte ich einen Aufkleber: »Jesus saves!« (Jesus rettet). »Das glaube ich auch«, wandte ich mich an den Fahrer. »Vielleicht kannst du mir dann auch erklären, wie ich am Ende meines Lebens in den Himmel kommen kann«, fragte ich den jungen »Prediger«. Der hatte sofort eine Antwort parat: »Du musst ein christliches Leben führen nach den Regeln der anglikanischen Kirche!« Ich bin weder Anglikaner noch bin ich mir sicher, wie man ein »christliches« Leben führt. Wir waren uns aber einig, dass Jesus für Leben und Tod entscheidende Bedeutung hat.* (Juni 1999)

## Umdenken im Hinblick auf den sozialen Besitzstand

Die Wahrung des sozialen Besitzstands ist eine Voraussetzung, ohne die sich vorläufig jede weitere Diskussion um eine Vision »Europa und Afrika« erübrigen würde. Die Diskussion der Zuwanderungen und in der Folgezeit Beispiele für ein neues Wahlverhalten zeigen: Im Vordergrund der Bürger, von denen in der demokratischen Staatsform alle Macht ausgeht, steht die Sorge um den eigenen Status in sozialer und wirtschaftlicher Hinsicht. Dazu gehören neben der sozialen Absicherung gegen wesentliche Lebensrisiken auch tariflich gesicherte Einkommen und eine auskömmliche Altersversorgung. In Teilen der hochentwickelten Länder geht die Befürchtung um, dass verbunden mit finanziellen Lasten des Staates für Zuwanderer Einschränkungen bei den eigenen Versorgungsrechten folgen könnten.

Die soziale Besitzstandswahrung ist unerlässlich. Sie erfordert das Bekenntnis zur Ungleichheit. In einer wie immer gestalteten Gemeinschaft »Europa und Afrika« ist es von vornherein und auf lange Sicht ausgeschlossen, gleiche Lebensvoraussetzungen für alle der zu ihr gehörenden Menschen zu schaffen. Gewährleistet werden sollen für jeden das Recht auf Leben und körperliche Unversehrtheit und ein auskömmlicher sozialstaatlicher Standard entsprechend dem Lebensstandard im betreffenden Herkunftsland. Eine Umsiedlung in ein anderes Land der Staatengemeinschaft darf für niemanden zu höheren Sozialleistungen führen als jenen im Herkunftsland, es sei denn, der Betreffende habe sich durch entsprechende Arbeit dort Ansprüche erworben. Ungleichheiten der entsprechenden Art gehören auch innerhalb der Europäischen Union zum Stand der Dinge.

Das hohe Gut von Rechtsstaatlichkeit und Demokratie ist für die meisten der »reicheren« Länder Besitzstand. Diese Grundlage für Lebensstandard und relative persönliche Sicherheit wird in der Regel von den Bürgern dieser Länder nahezu unbeachtet hingenommen und für selbstverständlich erachtet. In den größten Teilen der Welt ist dieses hohe Gut nicht oder nur eingeschränkt vorhanden und sehnlichst erwünscht. Die Suche nach einer gemeinsamen Zukunft von Europa und Afrika muss einhergehen mit der Zusicherung, in den reicheren Ländern die Sicherheit für Leben und körperliche Unversehrtheit und den errungenen Lebensstandard zu erhalten. Würde eine gemeinsame Zukunft verpasst werden, könnten die verteidigten Besitzstände ebenso in Gefahr kommen wie die Besitzstände von Menschen, die ihr Lebenswerk zurücklassen und als Folge von Kriegen und Niederlagen fliehen mussten. Viele Millionen Europäer erlebten nach dem Zweiten Weltkrieg diesen Verlust.

# Auf dem Weg zu »Europa und Afrika«

## Die USA und der »Schwarze Kontinent«

Der Liste der eng mit Europa und Afrika verknüpften Staatengemeinschaften mit den Vereinten Nationen, dem Europarat, der Europäischen Union und der Afrikanischen Union seien hier noch weitere freiwillige oder unfreiwillige »Weggefährten« hinzugefügt, die von großer Bedeutung für Afrika sind oder werden könnten. An erster Stelle sind hier die USA zu nennen, immer noch unbestritten die Weltmacht Nummer eins. Sie wurden als »Staatengemeinschaft« gegründet. Ihre heutige Bevölkerung geht ganz überwiegend auf Europa und Afrika zurück. Etwa 80 % der Bevölkerung hat europäische Wurzeln, etwa 13 % oder über 40 Millionen Amerikaner sind von der Herkunft gesehen mit Afrika verbunden. Diese Zahlen legen nahe, dass die Vision auch »Europa, Amerika und Afrika« heißen könnte.[162]

Wesentliche Aufbaujahre der USA fallen mit dem Kolonialzeitalter Afrikas zusammen. Der nach der Entdeckung des neuen Kontinents in Gang kommende Handelsverkehr wurde auch zum tragischen Instrument des Sklavenhandels. Er ging im Wesentlichen von geschäftstüchtigen Europäern aus, die in den USA willige »Abnehmer« für die »Ware Mensch« fanden. Beteiligt waren auch afrikanische Eliten, die den Sklavenjägern Zugang zu den Stammesgebieten verschafften und bei der schmutzigen »Jagd« halfen. Dieses noch kaum »aufgearbeitete« Kapitel in den europäisch-amerikanischen Beziehungen sollte für Europa und Amerika Grund genug sein für ein gemeinsames Interesse an einer menschenwürdigen Zukunft Afrikas. Mit Barack Obama wurde erstmals ein Amerikaner mit afrikanischen Wurzeln Präsident. Mit seinem Amtsantritt verbanden sich viele afrikanische Hoffnungen. Den Amerikanern wurde von afrikanischer Seite immer wieder vorgehalten, Afrikapolitik habe in den USA keinen großen Stellenwert. An diesem Defizit habe sich auch unter Präsident Obama nicht allzu viel verändert. Immerhin wurden die Mittel der Entwicklungszusammenarbeit mit Afrika südlich der Sahara zwischen 2002 und 2012 vervierfacht. Das entspricht etwa einem Zehntel des Handelsvolumens von etwa 70 Milliarden US-Dollar mit diesem Teil Afrikas.[163] Zu besonderen Projekten der amerikanischen Afrikapolitik gehört eine globale Gesundheitsinitiative, die zu nennenswerten Erfolgen im Kampf gegen Krankheiten wie HIV/Aids oder Malaria führte. Auch Programme zur Sicherung der Ernährung und zum Schutz der ökologisch so bedeutsamen tropischen Regenwälder seien hier erwähnt.[164]

## Der Nordatlantikpakt und Afrika

Die NATO ist ein bedeutender Faktor für die Vision »Europa und Afrika«. Die »Organisation des Nordatlantik-Vertrages« (*North Atlantic Treaty Organisation*) wurde im Zusammenhang mit dem Beginn eines Kalten Krieges zwischen West und Ost nach dem Ende des Zweiten Weltkrieges ins Leben gerufen. Neben den USA und Kanada gehören führende westeuropäische Länder und einige weitere europäische Staaten einschließlich der Türkei dem starken Militärbündnis an. Das Ende des Kalten Krieges wurde nicht zum Ende der NATO. Immer wieder neue Aufgaben forderten die Verteidigungsgemeinschaft heraus. Auch Afrika ist vielfaches Einsatzgebiet geworden. Unter amerikanischer Leitung im »Hauptquartier Stuttgart« geht es neben anderem um NATO-Einsätze in Somalia am ostafrikanischen »Horn von Afrika« und im Zusammenhang mit der Befriedung des nordafrikanischen Unruhestaates Libyen.

Afrika wurde aktuell zum Rückzugs- und Rekrutierungsgebiet für islamische Terroristen. In vielen Teilen des Kontinents erhalten junge Menschen verlockende Angebote, sich diesen Kämpfern anzuschließen. Ein Teil des Kampfes radikaler Bewegungen hält nun schon seit Jahren den Norden Nigerias und das westafrikanische Mali in Atem. Größere Regionen des ostafrikanischen Somalia sind unbestrittenes Herrschaftsgebiet von Verbündeten des Islamischen Staates geworden. Seit Jahren wird vergeblich versucht, an diesen und anderen Stellen dem Terror Einhalt zu gebieten. Die Erfolge sind bescheiden. Unter Sicherheitsaspekten ist Afrika fast unbemerkt in den Blick der für weltweite Sicherheit bemühten internationalen Organisationen und besonders der USA gekommen: Ein wesentliches Argument für die internationale Welt, sich mit Afrika vorausschauend zu beschäftigen. Viele afrikanische Länder versuchen, das Eindringen radikaler Moslems zu unterbinden. In den meisten dieser Länder lebt eine Bevölkerung, die unterschiedlichen Religionen angehört. Wie schon erwähnt, ist meist der »innere« Frieden in solchen Gesellschaften ausgesprochen erfreulich. Dass hier »Hassprediger« Unfrieden säen und Konflikte anzetteln, die sich auch ethnisch ausweiten können, ist vielerorts die große Sorge. Nicht wenige Staaten verfügen weder über die Kräfte noch die Mittel, auf sich alleine gestellt diese Bedrohungen abzuwehren. Schnell kann es zu unüberschaubaren Konflikten kommen.

Im Hinblick auf Afrika stellt sich zunächst die Frage nach der Zukunft der NATO. Auf die Stimme Afrikas wird es bei der Antwort nicht ankommen. Die NATO wird fortbestehen. Es liegt dann auf der Hand, im Hinblick auf Afrika und im Sinne der Vision »Europa und Afrika« die NATO einzuschließen und so etwas wie eine Entwicklungs- und Sicherheitsunion zu schaffen. Eine weitere Frage wird sein, ob und wie sich die vorwiegend von den NATO-Staaten geprägte transatlantische Gemeinschaft weiterentwickelt und welche Auswirkungen diese Entwicklung auf eine Gemeinschaft europäischer und afrikanischer Staaten hätte. Nach dem Ende des

Kalten Krieges sind Europa und Amerika eher auseinandergerückt. Auch ein Ausscheiden Großbritanniens aus der Europäischen Union wirft hier Fragen auf.

## Umdenken im Zusammenhang mit China

Die Volksrepublik China ist ein bedeutender Faktor für die Gegenwart und Zukunft Afrikas. Hier wird man vergeblich nach einer dazugehörenden »Staatengemeinschaft« suchen. Deshalb gibt es auch keine Beschlussgrundlagen oder so etwas wie eine »Charta«. China ist vor wenigen Jahren zunächst »unbemerkt« nach Afrika gekommen. Es liegt auf der Hand, dass China diesen Weg auch aus eigenem Interesse gegangen ist. In Afrika können riesige Rohstoffvorkommen für das bevölkerungsreichste Land der Welt gesichert werden. Alles spricht dafür, dass diese Entwicklungszusammenarbeit auch auf diesem Hintergrund Bestand haben wird. Hinzu kommt inzwischen aber, dass auch im Hinblick auf die weltpolitische »Machtverteilung« dieses Engagement für China von größter Bedeutung werden kann. Nicht unerwähnt darf bleiben, dass man auch in afrikanischen Ländern häufig auf Skepsis im Hinblick auf China trifft. Kritisch wird gesehen, dass chinesisches Wirken vor allem mit tausenden chinesischen Arbeitskräften von leitender bis untergeordneter Funktion bewältigt wird. Die so dringend gewünschte Beschäftigung von Afrikanern erfolgt nicht im erhofften Umfang. Im Sinne von »hilf, was helfen mag« wird die Skepsis begleitet von der realen Feststellung, dass es zum Engagement Chinas keine Alternative mehr gibt. Erleichternd für viele afrikanische Partner ist: Von China werden keine unerfüllbaren Forderungen wegen Mängeln bei Menschenrechten, Rechtsstaatlichkeit oder Korruption gestellt.

»China und Afrika« ist seit etwa zehn Jahren für beide Seiten zum Besitzstand geworden. Es ist inzwischen nicht mehr denkbar, dem bevölkerungsreichsten Land der Erde die erworbene Stellung und Mitverantwortung in Afrika abzusprechen. Es sei hier nochmals erwähnt: Mit großer Konsequenz und sichtlichem Erfolg setzt sich China vor allem für die wichtigsten Infrastrukturen der Länder Afrikas und für die Entwicklung von umfassenden Verkehrsnetzen ein, die den gesamten Kontinent überziehen sollen. Auch auf anderen wesentlichen Politikfeldern, insbesondere im Wirtschaftsbereich und im Gesundheitswesen, zieht die Volksrepublik nach. Die Anerkennung und Würdigung der chinesischen Leistungen für Afrika ist eine Grundvoraussetzung zum Gelingen von Zukunftslösungen im Sinne der Vision »Europa und Afrika«. Nur wenn mit Europas Hilfe Sicherheit und Sozialstaat auch für Afrika geschaffen wird, kann Europa gegenüber Afrika und China der Partner auf »Augenhöhe« werden, der für die Menschen des Kontinents gleichbedeutend erscheint wie der Partner, der die stolze Infrastruktur auf dem ganzen Kontinent schafft. Muss oder soll die Vision »Europa und Afrika« zur Vision für »Europa und Afrika mit China« werden? Diese Frage bleibt offen. Umdenken ist auf jeden Fall unverzichtbar. »Partner« in welcher Rechtsform auch immer wird China auf jeden Fall und unabhängig von irgendeiner politischen Ordnung sein. Ähnlich wie »Europa und Afrika« ist »China und die Welt« ein Schicksalsthema, dessen Kapitel von der normativen Kraft des Faktischen durchdrungen sind.

## Afrika und der Internationale Strafgerichtshof

Der Internationale Strafgerichtshof wurde 1998 von 124 Staaten der Welt gegründet. Zu den Unterzeichnern gehören gegenwärtig 43 der 54 Staaten Afrikas.[165] Der ganz große »Pferdefuß« des Gerichtshofes besteht darin, dass die Veto-Mächte der Vereinten Nationen, die USA, Großbritannien, Russland und China dem Gerichtshof nicht beigetreten sind.[166] »Die

Kleinen hängt man, die Großen lässt man laufen«, klagen deshalb vor allem afrikanische Kritiker des Gerichtshofes. Die »Großen« sind nach deren Auffassung dem Strafgerichtshof nicht beigetreten, weil sie ihre Politiker und Soldaten nicht international vor Gericht stellen lassen wollen, wenn es im Kampf um Frieden und Sicherheit zu problematischen Ereignissen gekommen ist. In Afrika hatte die Errichtung des Gerichtes zunächst großen Respekt und Anerkennung gefunden. Inzwischen jedoch hat sich die Auffassung verbreitet, dieser Gerichtshof sei hauptsächlich zur Verurteilung von Afrikanern eingerichtet worden. Insbesondere die Ausstellung von Haftbefehlen gegen gewählte und amtierende Präsidenten wie den Präsidenten der Republik Sudan, Omar el Bashir, leitete eine Wende ein. »Wenn die Ausstellung dieses Haftbefehls rechtens wäre, müsste die Mehrheit von uns Präsidenten verhaftet werden«, erklärte einer der Unterzeichner des Gründungsstatuts. Viele Präsidenten des Kontinents befürchten tatsächlich, nach ihrer Amtszeit ihrer Freiheit beraubt und in Den Haag vor Gericht gestellt zu werden. Sie unternehmen deshalb auch bei heftigster internationaler Kritik alles, um auch über Verfassungsbestimmungen hinweg im Amt und damit unantastbar zu bleiben.

Der Internationale Strafgerichtshof wurde als ständiges internationales Strafgericht geschaffen. Es ist zuständig für Straftaten wie Völkermord, Verbrechen gegen die Menschlichkeit, Kriegsverbrechen und Verbrechen der Aggression. Die Beziehung zu den Vereinten Nationen ist durch ein Kooperationsabkommen geregelt. Von großer Bedeutung ist die Zusammenarbeit mit dem Sicherheitsrat der Vereinten Nationen. Ohne die USA, Russland und China repräsentieren die Unterzeichnerstaaten des Strafgerichtshofes allenfalls die Hälfte der Weltbevölkerung. Afrika als Staatengemeinschaft ist insgesamt durch ausdrücklichen Beschluss der Afrikanischen Union auf Distanz zu dieser internationalen Einrichtung gegangen. Es ist zu hoffen, dass die Vereinten Nationen diese Internationale Gerichtsbarkeit so umgestalten können, dass sie durch breites gemeinsames Verständnis der Staatengemeinschaft der Welt getragen wird. Die Einordnung der Staaten dieser Welt in unterschiedliche Rechtsräume ist problematisch und nicht gerecht.

# Heute noch haben wir die Wahl

## Die Zukunft »bewusst gestalten« oder »tatenlos zusehen«

Wie soll es weitergehen im Miteinander Europas und Afrikas? Diese Frage ist eine Herausforderung an alle, die angefangen haben, über die Zukunft der beiden Nachbarkontinente und damit über die eigene Zukunft nachzudenken. Die »Gegenfrage« lautet: Wie wird es weitergehen mit Europa und Afrika, wenn man den heutigen Entwicklungen in beiden Kontinenten freien Lauf lässt? Noch haben wir die Wahl zwischen »bewusst gestalten« und »tatenlos zusehen«. Zur Wahl zwischen »bewusst gestalten« und »tatenlos zusehen« sind alle »Wahlberechtigten« in Europa und Afrika aufgerufen:

- Jeder Mensch in Europa und Afrika, der Gelegenheit hat, an einer politischen Wahl teilzunehmen, kann die um ein Mandat kämpfenden Kandidaten fragen, wie diese sich die Zukunft der beiden Kontinente vorstellen.
- Wenn zur Wahl stehende Kandidaten mehrmals gefragt werden, selbst aber noch keine Antwort haben, werden sie ihre »Wahlkampfleiter« nach plausiblen Antworten fragen. Das Thema kann nun nicht mehr unter den Tisch fallen.
- Schüler und Studenten aller Altersstufen haben besonderen Anlass, die Frage nach Europa und Afrika zu stellen. Sie werden im Lauf der nächsten Jahrzehnte zunehmend von den unausweichlichen Fakten der Entwicklung eingeholt und mit den Folgen konfrontiert.
- Die Erfinder von Video- und Gesellschaftsspielen können für jung und alt einen wertvollen Beitrag zur Bewusstseinsbildung leisten. Für jedermann verständlich kann mit Stationen des Erfolgs oder des Scheiterns das Zusammenwir-

ken der beiden Kontinente nachspielbar und damit bewusst gemacht werden.

- Die Kommunen auf allen Ebenen haben die größte Last im Zusammenhang mit der Schaffung von Daseinsvoraussetzungen und der Integration von Zuwanderern. Deshalb sollte das Bewusstsein für die unabdingbare Vermeidung von Fluchtursachen gerade auch diese Mandatsträger erfassen.

- An alle politischen Mandatsträger richten sich die größten Erwartungen auf die Thematisierung von »Europa und Afrika«. In erster Linie sind jene aufgerufen, die Mandate in den Parlamentarischen Versammlungen der Staatengemeinschaften Europas und Afrikas haben. Darüber hinaus sollten alle gewählten Abgeordneten der Nationalparlamente die Pflicht erkennen, an die Zukunft zu denken.

- Verantwortungsbewusste Medien sind schließlich und nicht zuletzt aufgerufen, einen Standpunkt zu »Europa und Afrika« einzunehmen. Bisher ist etwa die häufige Präsenz des Nachbarkontinents durch Bildberichte am Rande des Vorzeigbaren gekennzeichnet. Die kritische Befragung verantwortlicher Politiker aus beiden Kontinenten sollte hinzukommen, auch von Gesprächspartnern, die von der »offiziellen« Politik gemieden werden.

Wer »bewusst gestalten« wählt, hat dafür viele überzeugende Gründe. Die Auseinanderentwicklung der Kontinente im Hinblick auf Demografie und Entwicklung wird ernsthaft nicht infrage gestellt, auch wenn Politik, Wirtschaft und Gesellschaft bisher nicht in eigentlich angemessener Weise darauf reagiert haben. Das Bewusstsein wächst da und dort. »Die Zukunft Europas liegt in Afrika«.[167] So lautet die Überschrift eines neueren Artikels von Verena Lengsfeld, einer früheren Bundestagsabgeordneten. Eine andere deutsche Tageszeitung schreibt, dass sich die Zukunft Europas an Afrika entscheiden könne.

Zu den überzeugenden Gründen für jede Argumentation gehört zum Beispiel:

- In »Europa und Afrika« liegt die große Zukunft. Eine Investition Europas in Afrika ist, möglicherweise im Zusammenwirken mit China, eine Perspektive mit Chancen. Beide Kontinente haben im Falle Afrika eine junge, im Falle Europa eine jung gebliebene lebenszugewandte und einsatzbereite Bevölkerung.
- Es gibt Raum, Ernährung und Wirkungsmöglichkeiten für die weiteren Milliarden Menschen, die sich in biologischer Hinsicht bereits in Marsch gesetzt haben. Afrika hat dieses Land und diese Ressourcen für alle heute Lebenden, für deren Verdoppelung bis 2050 und wahrscheinlich weit darüber hinaus.
- Europa und Afrika zusammen haben jetzt noch die Möglichkeit, gemeinsam den Fluchtursachen entgegen zu treten und den betroffenen Menschen zu helfen.

Den jungen Menschen beider Kontinente gehört die Zukunft. Wir, die Verantwortlichen von heute, dürfen sie nicht daran hindern, diese Zukunft zu erobern.[168] Wer »tatenlos zusehen« wählt oder sich gleichgültig jeder Entscheidung entzieht, kann dafür ebenfalls einleuchtende Gründe gelten machen. Unter vielen anderen bereits geschilderten sei beispielhaft noch einmal an diese erinnert:

- Ein Zusammenwirken von Staaten Europas und Afrikas mit Wirkung auf Hunderte von Millionen Menschen und mit wesentlichen Eingriffen in Persönlichkeitsrechte kann wohl kaum gelingen. Oder müssten betroffene Staatengemeinschaft doch mit hoheitlichen Befugnissen ausgestattet werden? Wäre aber die Herstellung einer solchen »Staatsmacht« nicht von vornherein eine Illusion?

- Kann mit der politischen Bereitschaft gerechnet werden, dass zur Wirtschaftsförderung in den Kontinenten und für sozialstaatliche Strukturen hunderte von Milliarden Kapital gebildet werden, um Wirtschaft und Sozialstaat in allen Ländern Europas und Afrikas zum Durchbruch zu verhelfen?
- Ist es wirklich denkbar, mit der »Weltmacht« Volksrepublik China zusammen »Europa und Afrika« aufzubauen? Müsste dann nicht China selbst in die betreffende Völkergemeinschaft einbezogen werden? Für Deutschland und andere europäische Länder ist China längst schon zu einem ganz entscheidenden Faktor für die Volkswirtschaft geworden.

## Unter dem Schlussstrich

Am Ende der Wahl müssen die Stimmen ausgezählt werden. Wer hat gewonnen? Wer verloren? Was soll bei Fakten, Prognosen, Überlegungen und ernst zu nehmenden Vorbehalten aus der Vision »Europa und Afrika« oder vielleicht aus anderen Visionen werden? Das »grüne Licht« in die Zukunft führt über die Suche nach der Wahrheit. Schon Jesus sagte: »Die Wahrheit wird euch frei machen.« Wahrheit kann sehr unangenehm sein. Sie zu formulieren und auszusprechen ist oft unklug, unhöflich und manchmal nicht ungefährlich. Oft muss sie hinter tagespolitischen Prioritäten zurückstehen. Vor allem erscheint sie nicht immer eindeutig. Der römische Statthalter Pilatus hat vor 2000 Jahren die Frage vieler formuliert: »Was ist Wahrheit?«[169] Im Bewusstsein dieses Fragezeichens seien die folgenden Beispiele für relevante Wahrheiten noch einmal zusammengefasst:

- Europa und Afrika sind zwei Kontinente mit krassen Unterschieden. Sie passen nach Demokratie, Rechts- und Sozialstaatlichkeit und Wohlstand überhaupt nicht zusam-

men. Die Geschichtsperioden der Entdeckung, Kolonialherrschaft oder Entwicklungshilfe haben helle und dunkle
Seiten zu verzeichnen, letztlich aber ein allseits anerkann-
tes »Miteinander« nicht schaffen können.

- Europa schrumpft und ist überaltert. Afrika wächst stark,
ist jung und lebenshungrig. Europa verliert in kurzer Zeit
zig Millionen Einwohner und schafft ein entsprechendes
menschliches Vakuum. Afrika kann hundert Millionen
und noch viel mehr Zuwanderer bieten. Während viele
Millionen Europäer im Überfluss leben, den sie nicht verlieren wollen, leben noch viel mehr Millionen Afrikaner
unter der Armutsgrenze und in einer gefährlichen Perspektivlosigkeit, in der sie nichts zu verlieren haben.

- Europa ist nicht in der Lage, seiner Überalterung aus eigener Kraft entgegenzuwirken, selbst wenn es gelingen sollte,
auf Dauer wieder zu höheren Geburtenzahlen zu kommen.
Afrika ist nicht in der Lage, mit seinem Bevölkerungswachstum durch eigene Entwicklung Schritt zu halten.

- Der Druck einer wachsenden Bevölkerung Afrikas, die
keine Existenzgrundlage findet, kann sich nur in Richtung
Europa Luft verschaffen. Damit kehren wir zurück zu dem
Menetekel von Lampedusa, mit dem diese Überlegungen
begonnen haben.

- Bisher in ihrer Höhe nicht vorstellbare Investitionen
Europas zugunsten von Fortschritten für die Menschen in
den ärmeren Ländern Europas und Afrikas können eine
unheilvolle Entwicklung aufhalten. Die Vision »Europa
und Afrika« skizziert eine entsprechende Überlegung. Ob
die Zukunft in dieser oder in einer anderen Form realisiert
wird: Unter den sich dabei abzeichnenden Kosten für
»Europa und Afrika« wird es nicht gehen.

»Europa und Afrika« ist ein Schicksalsthema. Wer glaubt,
darüber zur Tagesordnung übergehen zu können, unterliegt

einem verhängnisvollen Irrtum. Um »Europa und Afrika« zukunftsfähig zu machen, kommen auf Europa heute unvorstellbar hohe Kosten zu. Schon und auch aus diesem Grund wird die Scheu der Verantwortlichen groß sein, sich diesem Thema zuzuwenden. Wer jedoch glaubt, man könnte sich zurücklehnen und entsprechende Antworten der Zukunft überlassen, muss sich klar werden: So hoch kalkulierbare Kosten für »Europa und Afrika« heute auch sein mögen: Jedes Abwarten erhöht die Kosten mehr und mehr. Jedes untätige Abwarten ist ein Vergehen an der jungen Generation von heute – in beiden Kontinenten.

# 6. Projekte und Sofortmaßnahmen

*Was immer ihr einem dieser
meiner geringsten Brüder getan habt,
das habt ihr mir getan.*

Jesus von Nazareth[170]

## Vorbemerkungen

### Große Hilfsbereitschaft von Staaten und der Gesellschaft

Auf beiden Ebenen hat Europa bisher versucht, zu helfen und Afrika voranzubringen: Von Staats wegen und durch die Zivilgesellschaft einschließlich der Kirchen und Wohlfahrtsorganisationen. Als erste »Helfer« Afrikas kamen die Missionare. Sie errichteten neben der Verkündigung der »Verantwortung vor Gott und den Menschen« Schulen und erste Krankenstationen. Vielen Menschen Europas, für die Afrika zur Lebensaufgabe wurde, ist zu danken. In großer Zahl haben sie bis heute ganz andere Lebensverhältnisse in Kauf genommen, Risiken aller Art nicht gescheut und oft auf ein beschauliches Dasein mit Wohlstand und Sicherheit zuhause verzichtet. Das betrifft kirchliche Mitarbeiter, Diplomaten und Beamte, Entwicklungshelfer auf allen Gebieten und viele Ehrenamtliche, die sich in einem »sozialen Jahr« oder als Fachkräfte auf Zeit einbringen oder eingebracht haben. Neben allem Engagement der Zivilgesellschaft gehört dem Steuerzahler in Europa Dank. Hunderte von Milliarden Entwicklungshilfe haben in vielen Teilen Afrikas Zeichen gesetzt und zumindest zum Teil Fundamente gelegt, auf denen jetzt weitergebaut werden kann. Auf die Erfahrungen und Enttäuschungen der Länder und Zivilgesellschaften kann für »Europa und Afrika« ratsuchend zurückgegriffen werden.

Die Gelder für »Entwicklungszusammenarbeit« fließen in die unterschiedlichsten Projekte und Bereiche, in der Regel nahe an den Grundbedürfnissen der Menschen orientiert. Viel Geld fließt aber auch »pauschal« in die Staatskassen ärmerer afrikanischer Länder als Hilfe für den Staatshaushalt, um so auf ein geordnetes Staatswesen hinzuwirken. Hierzu gehört auch der völlige oder teilweise Erlass von Schulden, die von den Entwicklungsländern in der Vergangenheit zum Beispiel in den reicheren Ländern oder bei Institutionen wie der Weltbank aufgenommen wurden. Ist mit den Hilfen immer erreicht worden, was die Geber erwarteten? Die Diskussion über die Effektivität, Gestaltung und Zielsetzung der Entwicklungshilfe begleitet die Maßnahmen, seit sie existieren.

Die Nicht-Regierungsorganisationen der Zivilgesellschaft sind neben der staatlichen Seite die anderen großen Pfeiler der Hilfen. Hohe Spendensummen für Projekte in Afrika beweisen eine eindrucksvolle Hilfsbereitschaft unserer Gesellschaften. Zigtausende Europäer leisten in Hilfsorganisationen und Religionsgemeinschaften persönliche Einsätze. Als Beispiel sei »Gemeinsam für Afrika« erwähnt, ein Bündnis von 24 Organisationen.[171] Die Nicht-Regierungs-Organisationen haben vor allem die Möglichkeit, flexibel auf Herausforderungen zu reagieren und in Katastrophenfällen baldmöglichst vor Ort Hilfe zu helfen. In den schwierigsten dieser Fälle allerdings müssen sie Hilfsorganisationen oft ihre Helfer zurückziehen, weil diese Lebensgefahren ausgesetzt sind. Gerade dann aber wäre Hilfe vor Ort am nötigsten.

»Klassische« Katastrophenhilfe kann nicht Gegenstand dieses Kapitels sein. Im Folgenden werden Maßnahmen betrachtet, die insbesondere ein engeres Miteinander Europas mit Afrika in Betracht nehmen. Die Anregungen gehen davon aus, dass eine »Schicksalsgemeinschaft« unvermeidlich die Zukunft bestimmen muss. Vorausgesetzt werden muss die Bereitschaft zum bedingungslosen »Miteinander«, die den einzelnen Menschen im Auge hat, vor allem auch die einfachen Menschen und ihre Kinder, die unschuldig an irgendeinem Zustand ihrer Staatsmacht sind. »Klassische Entwicklungshilfe« ist in aller Regel projektorientiert. In Ergänzung dazu und den tatsächlichen Bedürfnissen entsprechend werden hier auch Maßnahmen vorgestellt, die vor allem die Verbesserung oder Entwicklung von Strukturen zum Ziel haben.

Afrikaner helfen Afrika. Millionen Auswanderer oder Flüchtlinge, die in reicheren Ländern Europas Existenz und Zukunft gefunden haben, unterstützen ihre Zurückgebliebenen regelmäßig mit Überweisungen in Milliardenhöhe. Nach Angaben der Weltbank überweisen Afrikaner allein in die Länder südlich der Sahara jährlich mehr als 60 Milliarden US-Dollar an ihre Angehörigen.[172]

## Erfüllte und enttäuschte Hoffnungen

Afrikanische Wünsche und europäische Möglichkeiten: Ihre Erfüllung passt manchmal zusammen mit gegebenen Möglichkeiten und oft auch nicht. In zahlreichen Fällen habe ich das erlebt und nicht selten erlitten. Manchen von mir weitergegebenen Anliegen konnte entsprochen werden. Andere konnten noch so vielversprechend oder dringlich sein: Diese Anliegen »hatten einfach das Pech«, nicht in die angesagte Politik der Entwicklungszusammenarbeit oder in die bürokratischen Strukturen vorgegebener Antragsverfahren zu passen. Die folgenden Beispiele erfüllter oder enttäuschter Hoffnungen betreffen persönliche Wahrnehmungen und Erfahrungen, sind aber nicht als Leitfaden zur internationalen Zusammenarbeit zu verstehen. Meine zahlreichen Besuche in Afrika galten immer zuerst der Kontaktpflege im Geist der »Verantwortung vor Gott und den Menschen«. Im Laufe der Gespräche ergaben sich oft Bitten der Gastgeber. Sie betrafen in der Regel eine Mitwirkung bei der Suche nach Frieden und Verständigung in Konfliktfällen. Einige der Fälle hatten die Realisierung von Projekten zum Ziel. Mit deren Erwähnung möchte ich ohne Namensnennung der Gesprächspartner Grundsätzliches aufzeigen. In berechtigten Einzelfällen sind weitere Angaben zu den entsprechenden Fällen verfügbar.

*Meine Beispiele zum Verständnis:*

- *Zur Nachahmung empfohlen: Die Partnerschaft von Rheinland-Pfalz mit Ruanda*
  *Mein schönstes Beispiel und Anreiz für »Europa und Afrika« ist die Partnerschaft von Rheinland-Pfalz mit Ruanda. Der zur Zeit des Ministerpräsidenten Bernhard Vogel 1982 gegründete dazugehörende Verein wird von der Landesregierung unterstützt. Ihm gehören Vertreter der politischen Parteien im Landtag, der Landesregierung, der Kommunen, Schulen, Kirchen sowie die Kammern der Wirtschaft und Partnerschaftsvereine an. Der Verein ist Träger des Koordinationsbüros in der Hauptstadt Ruandas, Kigali. Diese Anlauf- und Kooperationsstelle steht für die ruandischen und rheinland-pfälzischen Partner für Hilfe und Auskunft zur Verfügung. Die Partnerschaft ist außergewöhnlich. Die beiden Länder, die flächenmäßig ähnlich groß sind, arbeiten ständig und intensiv daran, ihre Beziehungen lebendig zu halten. Dem Initiator der Zusammenarbeit, Bernhard Vogel, folgten sehr engagiert Kurt Beck und alle nachfolgenden Ministerpräsidenten, gleich welcher Partei. Sie haben in diesen 25 Jahren die Partnerschaft nicht nur finanziell unterstützt, sondern auch mit Leben erfüllt. Ihre bislang härteste Bewährungsprobe musste die Partnerschaft nach dem Genozid in Ruanda 1994 bestehen. Trotz dieses schrecklichen Einschnit-*

tes und mancher Schwierigkeiten hat sich die Partnerschaft als tragfähig erwiesen. Sie ist zu einem anerkannten Modell der Entwicklungszusammenarbeit geworden. Das Land hat dadurch hohes Ansehen in der ruandischen Bevölkerung erworben. Heute unterhalten 50 Kommunen, 12 Vereine und Stiftungen, 15 Pfarreien, 4 Hochschulen und 248 Schulen Beziehungen zu ruandischen Partnern. Selbst die Kleinsten sind eingebunden: Zum einem Jubiläum der Partnerschaft fand ein Malwettbewerb für die rheinland-pfälzischen Kindergärten statt. Die Kleinen in den Kindergärten wurden angeregt, sich in Projekten mit dem Thema Afrika zu beschäftigen. Ruanda steht bei ihnen für Afrika und weckt die Neugier auf den vielfältigen, großen Nachbarkontinent.[173]

• *Zur Nachahmung empfohlen: Der Bodensee und der Tanganyikasee in Burundi*
  Als Maßnahme der Entwicklungshilfe der Bundesrepublik Deutschland wurde in Bujumbura, der Hauptstadt Burundis, für viele Millionen Deutsche Mark eine große und moderne Anlage zur Entnahme von Trinkwasser aus dem Tanganyikasee errichtet. Bei einem meiner Besuche in diesem Land äußerte sich der Projektleiter der Deutschen Gesellschaft für Technische Zusammenarbeit besorgt, ob wohl die künftigen einheimischen Verantwortlichen für dieses segensreiche Projekt sachgerecht damit umgehen könnten. »Wir sollten dafür einen deutschen Partner haben«, bat er mich. Tatsächlich gelang es mir, mit der Unterstützung der Landesregierung von Baden-Württemberg die kommunale »Bodensee-Wasserversorgung« als Partner zu gewinnen. Ein viele Jahre lang andauernder Einsatz und Erfahrungsaustausch der Fachleute begann, mit der Folge, dass die einheimischen Fachleute in Burundi die Anlage bis heute erfolgreich für die Millionen Menschen in der Hauptstadt und Region betreiben können.[174]

- *Zur Nachahmung empfohlen: Ein Krankenhaus in Sindelfingen und in Uganda*

  *Der deutsche Botschafter in Kampala, der Hauptstadt Ugandas, bat mich, ihm zu einem Ausflug in die Stadt zu folgen. Wir besuchten eines der führenden Krankenhäuser. Es war in einem denkbar schlechten Zustand und übervoll mit Patienten, deren Betten in langen Reihen auch auf den Fluren standen. Es roch äußerst unangenehm. Die Wasserversorgung hat an diesem Tag einmal wieder versagt. Immer wieder auch Stromausfall. »Wenn ich den Sinn Ihres Besuches hier in Uganda richtig verstanden habe, müssten Sie jetzt etwas unternehmen,« meinte der Botschafter. Ich besuchte den kommunalen Träger des Städtischen Krankenhauses Sindelfingen. Der meinte zunächst, eine Partnerschaft mit einem afrikanischen Krankenhaus liege weit außerhalb des Üblichen, wollte die Entscheidung jedoch den Chefärzten überlassen. Unter diesen fanden sich mehrere Befürworter. Die Partnerschaft wurde dann mit der Ehefrau des Ministerpräsidenten von Baden-Württemberg als Schirmherrin ins Leben gerufen und besteht immer noch. Ärzte, Apotheker und Pflegepersonal verbrachten Teile ihres Urlaubs in Afrika. Dortiges Personal kam zur Fortbildung nach Sindelfingen. Das Land unterstützte den Bau eines Wohnhauses für Schwestern. Vieles hat sich zum Guten verändert.[175]*

- *Zur Nachahmung empfohlen: Berufsschulzentrum in Baden-Württemberg und Mogadischu*

  *Nach der dramatischen Rettung von in einer Lufthansamaschine entführten Geiseln in der Hauptstadt Somalias, Mogadischu, kam eine intensive Entwicklungszusammenarbeit mit diesem Land zustande. Eines der Projekte in diesem Zusammenhang war ein größeres Berufsschulzentrum mit handwerklichen Ausbildungsgängen. Die Gesellschaft für Technische Zusammenarbeit überbrachte mir den Wunsch,* mit einem deutschen Berufsschulzentrum eine Partnerschaft zu begründen. Der Kreistag eines Landkreises in Baden-Württemberg stimmte dem Projekt mit der kreiseigenen Berufsschule zu. Ein reger Austausch von Lehrern in beiden Richtungen begann. Mir wurde berichtet, das Niveau der Schule in Somalia sei sichtlich höher geworden. Dass die besten Lehrer eine Chance hatten, zu einem Studienaufenthalt nach Deutschland zu kommen, wurde zum Anreiz für die gesamte Lehrerschaft. Der unheilvolle Bürgerkrieg, der nach wenigen Jahren einsetzte, machte dem Projekt und dem Schulbetrieb insgesamt bis heute ein bitteres Ende.

- **Ein missglücktes Projekt: Die Autobahn Hauptstadt-Flughafen in Uganda**
Die Hauptstadt Ugandas, Kampala, wächst rapide, von einer Million Einwohnern zur nächsten. Und immer mehr wächst der Verkehr. Unerträglich lange Staus machen jeden Fahrplan zunichte. Die stärkst befahrene Verkehrsader von Uganda ist die Verbindungsstraße zwischen der Hauptstadt Kampala und dem Flughafen Entebbe. »Hier brauchen wir dringend eine Autobahn«, erklärte mir der Präsident wiederholt. Er dachte nicht an »Entwicklungshilfe«. Der Erbauer könnte sich gut über die zu erhebende Mautgebühr finanzieren. Als Kenner der Situation wusste ich: Das wäre ein kalkulierbares Risiko. Meine Versuche, hierfür ein Angebot aus Deutschland zu präsentieren, scheiterten. Hermes, die Exportversicherung der Bundesrepublik Deutschland, war nicht in der Lage, einen entsprechenden Kapitaleinsatz zu versichern – inzwischen steht das Bauvorhaben vor der Vollendung. Die Volksrepublik China ist in die Bresche gesprungen und hat jetzt alle Möglichkeiten, nach ersten 40 Kilometern Autobahn schrittweise das Autobahnnetz in alle Landesteile zu verwirklichen.[176]

211

- *Ein missglücktes Projekt: Die Eisenbahnlinie
  Mombasa – Nairobi – Kampala*

  *Ähnlich wie beim missglückten »Auftrag Autobahn« ist es
  mir im Sektor »Eisenbahn« ergangen. Ostafrika hat bisher
  von Mombasa, der kenianischen Hafenstadt am Indischen
  Ozean ausgehend eine Schmalspur-Eisenbahnlinie über 450
  km nach Nairobi. Von hier aus geht es weiter über mehr als
  600 km nach Kampala mit Plänen zur Verlängerung nach
  Kigali in Ruanda. Mit dem zuständigen Eisenbahnminister
  aus Uganda zusammen versuchte ich vergebens, in Deutschland Interesse an diesen Projekten zu wecken – es wird nicht
  überraschen: Die Chinesen sind jetzt voll im Einsatz, finanzieren und bauen die gesamte erwähnte Strecke. Der Ab-
  schnitt Mombasa – Nairobi soll bis etwa 4 Milliarden Euro
  kosten und 2017 in Betrieb gehen. Der Schienenverkehr hat
  hier Weltbedeutung: Von der am Indischen Ozean gelegenen
  Hafenstadt Mombasa über das etwa 1800 Meter hoch gelegene Nairobi geht es in die dicht besiedelten Länder im Inneren Afrikas. Der gewaltige Warenverkehr wird von einer
  großen Armada schwerer Lastkraftwagen mit besonders problematischer Luftverunreinigung durchgeführt. Der Bau dieser Eisenbahnstrecken ist eine ökologische Wohltat der ersten
  Klasse, wenn Millionen Tonnen Güter auf die Schiene kommen.*[177]

# Überfällige Projekte

## Beziehungen zu demokratisch »rückständigen« Staaten

Die Überwindung der Kontaktarmut zur Mehrheit der Afrikaner und ihrer Staaten ist in jeder Hinsicht ein Gebot der Stunde. Wie unter »Tatsachen« dargestellt, haben nur 12 % der Weltbevölkerung das Glück, in einer »vollständigen Demokratie« zu leben. Als einzige afrikanische Ausnahme gehört nur das kleine Mauritius zu diesen Glücklichen. Acht der insgesamt 44 Länder in Subsahara-Afrika haben wenigstens eine »unvollständige Demokratie«, 35 Länder ein »Hybridregime«, die Mischform von Demokratie und Diktatur oder ein »autoritäres Regime«.[178]

Sofortmaßnahme: Intensivere staatliche Beziehungen zu den demokratisch rückständigen Staaten sind unerlässliche Voraussetzung für jede Aktion zur Verringerung von Fluchtursachen. Staatsoberhäupter der entsprechenden Länder sollen bevorzugt hochrangig besucht und regelmäßig in die europäischen Hauptstädte eingeladen werden.

Die Einbeziehung von Organisationen für Menschenrechte und Rechtsstaatlichkeit in eine neue Beziehungsphilosophie gegenüber Staaten mit noch nicht ausreichenden demokratischen Strukturen ist geboten. Sie kann von großer Bedeutung im Gesamtzusammenhang sein. Diese Organisationen sind gute Mahner gegen Unrecht und alle damit verbundenen Übel.

Sofortmaßnahme: Wenn kritikwürdige Repräsentanten entsprechender Staaten zur Intensivierung der Beziehungen eingeladen werden, sollten Gespräche mit den Repräsentanten der Zivilgesellschaft immer Teil des Besuchsprogramms sein. Diese Gespräche können zur kurz- oder langfristigen Verbesserung bedenklicher Verhältnisse und zur Unterstützung dortiger zivilgesellschaftlicher Aktivitäten führen. Entsprechende Kontaktpflege kann aber auch von der Zivilgesellschaft selbst ausgehen.

## Förderung der Parlamentarischen Demokratie

Mehr oder weniger demokratisch gewählte Parlamente gibt es in allen Staaten Afrikas. Entsprechend dem »Demokratieindex« lässt ihr Einfluss in aller Regel zu wünschen übrig. Die nationalen Parlamente sind die besten Baustellen für den weiteren Aufbau der Demokratie.

Sofortmaßnahme: Die europäischen Parlamentarier, in Deutschland zum Beispiel die gewählten Abgeordneten von Bundestag und Landtagen, sollten sich am Kontaktaufbau zu allen Parlamentariern in Afrika bemühen, diese besuchen und zum Gegenbesuch einladen. Dabei sollten die afrikanischen Kollegen an die Tatsache herangeführt werden, dass in einem demokratischen Staat alle Gewalt vom Volk ausgehen und durch den Mandatsträger zur Wirkung gebracht werden soll.

Durch die Unterstützung der Parlamente soll wachsendes Staatsbewusstsein entstehen. Auch die politischen Körperschaften afrikanischer Länder sind noch in erheblichem Maß vom Stammesdenken geprägt. Oft sitzen in den Parlamenten Vertreter historisch zerstrittener Ethnien einander gegenüber. Hinzu kommen können scharfe Abgrenzungen der Religionsgemeinschaften untereinander.

Sofortmaßnahme: Im Deutschen Bundestag, in verschiedenen deutschen Landtagen und in einigen weiteren europäischen Ländern gibt es im Sinne der »Verantwortung vor Gott und den Menschen« die »Initiative Verantwortung«. Sie schafft die Möglichkeit zu regelmäßigen Begegnungen mit Gedankenaustausch und Gebet. Die Teilnahme steht allen amtierenden und ehemaligen Mandatsträgern unabhängig von einer politischen Partei, Ethnie, religiösen oder weltanschaulichen Zugehörigkeit offen. Mithilfe von Abgeordneten des Deutschen Bundestages und mit meiner Mitwirkung konnte diese Initiative in einer ganzen Reihe von afrikanischen Parlamenten mit großem Erfolg eingeführt werden, weil sie der starken afrikanischen Religiosität Rechnung trägt. Diese Initiative sollte weitergeführt werden.

## Aufforstung gegen den Treibhauseffekt

Die globale Klimaerwärmung ist ein Problem für alle Bewohner der Erde. Hunderttausende Tonnen Kohlendioxid werden in die Atmosphäre abgegeben. Der Treibhauseffekt ist die menschengemachte Folge. Allerdings liegt der »Pro-Kopf-Ausstoß« in den entwickelten Staaten ein Mehrfaches über dem der Entwicklungsländer. Afrika ist von dem damit zusammenhängenden Klimawandel durch Versteppung und Ausdehnung der Wüsten besonders betroffen. Hier muss weltweite Gerechtigkeit hergestellt werden. Neben der entscheidenden Verringerung des Ausstoßes an Kohlendioxid ist Aufforstung eine der wenigen, aber wirksamen weiteren Maßnahmen gegen die Klimaerwärmung. Hier leisten schon bisher die tropischen Regenwälder unschätzbare Dienste. Den entsprechenden Staaten gebührt hoher Ausgleich für diese Leistungen für die Weltgemeinschaft.

Sofortmaßnahme: Gemeinsam mit allen europäischen und afrikanischen Staaten sollte es zu einer großangelegten

»Initiative Aufforstung« kommen. Mit ihr kann auch der Ausdehnung der Wüsten und Steppen entgegengewirkt werden.

## Landwirtschaft als Priorität der Entwicklungszusammenarbeit

In vielen afrikanischen Ländern fehlt eine effektive Landwirtschaft. Dabei ist Landwirtschaft die entscheidende Möglichkeit, Menschen in großer Zahl zu beschäftigen. Schon jetzt und schon immer leben nahezu 80 % der Afrikaner von und in der Landwirtschaft, jedoch in der großen Mehrheit nur zum eigenen Überleben.[179] Im Zusammenhang damit steht eine problematische Binnenwanderung. Bettelarme Menschen aus ländlichen Räumen streben in großen Zahlen zu Großstädten wie Kairo, Kinshasa oder Nairobi in der meist vergeblichen Hoffnung, hier bessere Existenzmöglichkeiten zu finden. Die Städte wachsen mit atemberaubender Geschwindigkeit zu Megastädten heran, vor allem durch das Entstehen riesiger Slum-Gebiete mit oft unvorstellbaren Lebensbedingungen. Meist gehören auch Rechtlosigkeit und die Verletzung zentraler Menschenrechte zu den vorherrschenden Übeln, vor allem für Kinder. Bedrückende Arbeitslosigkeit und die unhaltbaren sozialen Verhältnisse lassen revolutionäre Potenziale von Fluchtanwärtern in vielfacher Millionenstärke heranwachsen. Ursache der Entwicklung ist meist die Vernachlässigung des ländlichen Raumes durch die jeweiligen Regierungen. Megastädte sind Produkte fehlender oder falscher Landwirtschaftspolitik.

Sofortmaßnahme: Die Zuwanderung in die Großstädte einzudämmen und den ländlichen Raum nachdrücklich zu fördern ist deshalb eine Sofortmaßnahme von größter Bedeutung. Dazu gehört vor allem die Förderung landwirtschaftlicher Existenzen, landwirtschaftlicher Versorgung und Vermarktung sowie die Schaffung der unerlässlichen Infrastruktur, nicht zuletzt das ausreichende Angebot an Schulen. Ergänzend ist darauf hinzuweisen, dass Afrika aus dem Weltmarkt riesige Mengen spottbilliger Lebensmittel importiert, gegen die keine dortige Landwirtschaft konkurrieren kann. Europa mit seiner organisierten Landwirtschaft muss mit afrikanischen Ländern zusammen konsequent genossenschaftliche Strukturen entwickeln und begleiten, bis aus der Hilfe Selbsthilfe wird.

## Einführung von Strukturen für das Handwerk

Neben der Landwirtschaft sind Handwerk und Mittelstand der Hoffnungsträger. Mit beiden Existenzmöglichkeiten wird auch der zukünftigen Entwicklung im Zusammenhang mit Industrie 4.0 vorgegriffen. Dienstleistung ist das Programm für die Zukunft und Afrika auf den Leib geschrieben. Berufliche Bildung ist ein Herzstück der deutschen Entwicklungszusammenarbeit. In vielen Ländern entstanden berufliche Bildungseinrichtungen mit beachtlichen Ausbildungserfolgen. Die Erfolge für die wirtschaftliche Entwicklung der Länder sind gleichwohl bescheiden. Junge Menschen, die einen Handwerksberuf erlernt haben, finden keine Hilfe vor, die sie nach ihrem Berufsabschluss weiterführt. Handwerkliche Betriebe und Einzelhandwerker sind, soweit überhaupt vorhanden, meist unstrukturiert.

Sofortmaßnahme: Deshalb wird die Einführung von eines Tages selbstverwalteten Innungen und Handwerkskammern nach deutschem Vorbild vorgeschlagen. Dies ist ein sicherer und erfolgversprechender Weg zur Schaffung eines »Mittelstands«, der in einem dualen System wesentlich neben der Berufsschule zum gesamtwirtschaftlichen

Wachstum und zur Schaffung von Arbeitsplätzen beitragen kann. Ein entsprechender Stufenplan, oft mit afrikanischen Verantwortlichen diskutiert, könnte so aussehen:

- Die Führung eines Landes wird mit Handwerk und Mittelstand in Europa bekannt gemacht und angeregt, entsprechendes im gegebenen Land zu verwirklichen.
- Die Verantwortlichen des Landes bekunden den klaren Willen zur Einführung. Sie sind bereit, ein Rahmengesetz etwa nach der Vorlage der deutschen gesetzlichen Handwerksordnung zu schaffen.
- Zum Beispiel in Partnerschaft mit einer deutschen Handwerkskammer können Schritt für Schritt berufliche Innungen geschaffen werden, Mit dem betreffenden Personenkreis vorhandener »Fachleute« wird Selbstverwaltung eingeübt mit dem Ziel, »Gesellen« und »Meister« heranzuziehen. Im Gesetz ist dann auch die Ausbildung der Lehrlinge geregelt.
- Fernziel sollte ein duales System von beruflicher und schulischer Ausbildung sein, mit dem an klassische Formen der Entwicklungszusammenarbeit angeschlossen werden kann.
- Innungen schließen sich dann zu Kammern zusammen. Diese übernehmen auch die Unterstützung von Existenzgründungen oder des Ausbaus bisher ungeordneter Betriebe. Kammern können dann Fachinstanz für Kreditvergaben werden.

## Maßnahme zur Eindämmung der Korruption

Korruption und unverantwortlicher Umgang mit Staatsfinanzen sind Grundübel in Afrika und in allen Teilen der Welt. In Europa muss jede Führungspersönlichkeit in Wirtschaft und Gesellschaft bei nachgewiesener Korruption mit dem Verlust der Position rechnen. In manchen Fällen wird Abschied dabei geradezu »vergoldet«. Vor allem sind in der Regel die Einkommen der Führungspersönlichkeiten bekannt. Der Ausgeschiedene kann sich auf seine »Versorgung« verlassen. Ganz anders in Afrika. Dort sind die Führungspositionen meist »Schleudersitze«. Fast überall müssen Verantwortliche mit Putsch oder Zusammenbruch des Staates und mit Vertreibung aus dem Amt und sogar aus dem Land rechnen. In vielen afrikanischen Ländern und anderenorts in der Welt gibt es keine »Pensionsrückstellungen« und auch keine sonstigen existenziellen Absicherungen für Führungspersönlichkeiten.

Sofortmaßnahme: Die Weltbank und andere internationale Finanzinstitutionen könnten, vielleicht unter Mitwirkung der Vereinten Nationen, eine Internationale Besoldungsordnung vorschlagen, an denen sich alle Staaten dieser Welt orientieren können. Teil des Vorschlages sollte eine Pensionsregelung sein. An eine entsprechend zu gründenden Institution der Weltgemeinschaft müssten dann die betroffenen Länder für ihre Chefs Beitragszahlungen leisten. Ergebnis wären Pensionszusagen an internationale Führungskräfte für alle Fälle. Zur Finanzierung dieser Versicherung könnten auch bescheidene Abgaben auf alle Zahlungen von Entwicklungshilfe beitragen. Transparenz über angemessene Bezüge für Führungspersönlichkeiten und die internationale Absicherung ihrer Pensionen ist das beste denkbare Mittel gegen Korruption.

## Die afrikanische und die europäische Diaspora

Außerhalb Afrikas lebt in Europa die weltweit größte Anzahl von in Afrika geborenen Menschen, die »afrikanische Diaspora«. Diese Menschen stellen in Europa ein großes Entwicklungspotential für die Zukunft beider Kontinente dar. Vergleichbar könnte die Bildung einer »europäischen Diaspora«

in Afrika zu einem beachtlichen Instrument des Zusammenwirkens der Kontinente werden.

Sofortmaßnahme: Die Bildung einer europaweiten und
einer afrikaweiten Diaspora sollte gefördert werden, um
diesen Menschen Stimme und Mitwirkungsmöglichkeit bei
der Gestaltung der Zukunft der Kontinente zu schaffen.

# Spezielle Anregungen

## Einsatz für Leben und körperliche Unversehrtheit

Pragmatische Soforthilfen bei Gefahr für Leben und körperliche Unversehrtheit sollten in jedem Krisenfall besonders überlegt werden. Insbesondere dort, wo die Vereinten Nationen oder die Afrikanische Union mit polizeilichen oder militärischen Mitteln versuchen, einem Konflikt entgegenzuwirken, sollte jedwede mögliche Hilfe angeboten werden. Diese könnte in der Lieferung von Nahrungsmitteln, Transportmitteln oder Gesundheitsfürsorge bestehen.

Sofortmaßnahme: Gerade in diesen Fällen sollte in Krisenländern die europäische oder deutsche Botschaft offen bleiben. Im erforderlichen Fall sollte die Botschaft polizeilich oder durch Militär gesichert und so ausgestattet werden, dass sie Einsätze der Hilfsorganisationen Schutz bieten und diese unterstützend begleiten kann.

## Vor Ort Fluchtursachen entgegenwirken

In Fällen von Bürgerkrieg, der Unregierbarkeit eines Staates oder einer Region, gilt es, in der Region selbst militärisch überwachte Schutzräume zu schaffen, in denen Binnenflüchtlinge solange bleiben können, bis ihr Herkunftsort wieder befriedet ist. Die dazu notwendigen bewaffneten Polizei- oder Militäreinheiten können erfahrungsgemäß aus anderen afrikanischen Staaten kostengünstig herangezogen werden.

Sofortmaßnahme: Zur Vermeidung von Fluchtbewegungen der Zivilbevölkerung sollten Gelder, die in den Aufnahmeländern für die Betreuung von Flüchtlingen anfallen, auch »vor Ort« eingesetzt werden können. Man könnte zum Beispiel eine »Bleibeprämie« einführen, die dortigem Lebensstandard entsprechend bescheiden ausfallen könnte. In Regionen ohne staatliche Ordnung und unter Kriegsverhältnissen sollten auf diese Weise Netze von Schutzzonen entstehen, die auch nützlich sein können für die Wiedereinführung von Recht und Ordnung.

## Wanderungsströme in Afrika abfangen

Durch Versorgung und Beratung von Flüchtlingen in »Zwischenstationen« soll versucht werden, diese entweder von der Aufgabe ihrer Fluchtpläne zu überzeugen oder in einem geordneten Verfahren in Richtung auf ein Aufnahmeland in Afrika oder Europa zur Einwanderung oder zu einem »Aufenthalt auf Zeit« zu begleiten.

Sofortmaßnahme: Mit Hilfe von Vereinbarungen mit dem hilfreichen Land, die den Charakter von Staatsverträgen haben könnten, sollten in den »Zwischenstationen« auch hoheitliche Funktionen wie polizeiliche Disziplin- und Ordnungsmaßnahmen sowie Funktionen bis zur Visaerteilung möglich gemacht werden. Hinzu kommen müssten medizinische Grundversorgung, Kinderbetreuung und die Vermittlung sprachlicher Grundkenntnisse. Für Zwischenstationen in Regionen in unsicheren oder umkämpften Gebieten muss auch militärischer Schutz in Betracht kommen. Die Zwischenstationen müssen in bestmöglicher Zusammenarbeit mit dem »Transitland« und mit dessen Mitwirkung eingerichtet werden.

# Mit herzlichem Dank

Von entscheidender Bedeutung für das Entstehen von *Europa und Afrika* waren in Washington D.C. Dr. Douglas Coe und in München Dr. Hans-Jochen Vogel.

Dr. Douglas Coe ist seit Jahrzehnten Leiter einer Initiative von Abgeordneten beider Häuser des amerikanischen Kongresses, vergleichbar der »Initiative Verantwortung« mit Abgeordneten des Deutschen Bundestages in Berlin. Er hat mir nicht nur den ersten Impuls für eine Reise nach Afrika gegeben. Einige Male waren wir auch zusammen zwischen Ost- und Westafrika unterwegs. Dabei profitierte ich wie erwähnt von seinen Kontakten zu afrikanischen Präsidenten, die ich dann weiterführen konnte. Bei manchen schwierigen Fragen und Einsätzen während meiner Reisen machte ich immer wieder von seiner Erfahrung Gebrauch. Meine enge Verbindung zu Mitgliedern beider Häuser des Kongresses in Washington ist mir bei meinen Gesprächspartnern in Afrika und in Deutschland nicht nur einmal zur Hilfe gekommen. Sie hat in einzelnen Fällen auch zu gemeinsamen Reisen in afrikanische Länder geführt.

Dr. Hans-Jochen Vogel ist es letztlich zu verdanken, dass dieses Buch entstand. Der ehemalige Oberbürgermeister von München, Bundesminister, Regierende Bürgermeister von Berlin, Vorsitzende der SPD-Bundestagsfraktion und Vorsitzende der Sozialdemokratischen Partei Deutschlands ist seit mehr als 25 Jahren eng verbunden mit der »Initiative Verantwortung«. Diese hat das Anliegen, die »Verantwortung vor Gott und den Menschen« nicht in Vergessenheit geraten zu lassen, an die am Anfang der Präambel des Grundgesetzes für die Bundesrepublik Deutschland erinnert wird. Im Zusammenhang mit Afrika hat Dr. Vogel wiederholt zu erfolgreichen Aktionen beigetragen wie etwa im Mai 1994, als wir sozusagen auf privater Ebene in Rheinland-Pfalz ein »Gipfeltreffen« mit afrikanischen Staatspräsidenten und Rebellengruppen im Zusammenhang mit einer dramatischen Kriegslage in Ruanda durchführten. Stets hat er mit Interesse und guten Ratschlägen meine Afrikareisen verfolgt. Auch bei der Entstehung des Manuskripts von *Europa und Afrika* hat er mit Fragen und Hinweisen geholfen. An mehreren ursprünglichen Entwürfen hatte er nicht wenig auszusetzen, aber er hat mich letzten Endes davon abgehalten, die Idee aufzugeben. Bei zahlreichen gemeinsamen Beratungen ist ein Manuskript entstanden, das Dr. Vogel schließlich für vorzeigbar hielt. Ohne dieses Signal hätte ich das »Weitermachen« bei diesem heiklen Unterfangen nicht gewagt.

# Die Stiftung für Grundwerte und Völkerverständigung

Die gemeinnützige Stiftung für Grundwerte und Völkerverständigung verfügt über zahlreiche Kontakte, auch zu afrikanischen Persönlichkeiten. Die Gründungsvorsitzenden dieser Stiftung waren Bundesminister a. D. Dr. Hans-Jochen Vogel und der verstorbene Ministerpräsident von Baden-Württemberg, Dr. Lothar Späth. Der Autor dieses Buches gehört deren Vorstand an. Für *Europa und Afrika* waren die afrikanischen Kontakte der Stiftung hilfreich. Der Stiftungszweck lautet:

> »Die Stiftung hat sich zum Ziel gesetzt, das Bewusstsein für die Verantwortung vor Gott und den Menschen in unserer Gesellschaft und die Völkerverständigung in der Welt durch die Besinnung auf Gott zu fördern.«

Informationen zum Wirken der Stiftung stehen für Interessenten zur Verfügung. Diese Initiative wird von ehrenamtlicher Mitwirkung, Zustiftungen und Spenden getragen. Hinzu kamen bisher Förderbeiträge der Bundesregierung und der Evangelischen Kirche Deutschlands.

Zur Kontaktaufnahme können Sie sich wenden an:

Stiftung für Grundwerte und Völkerverständigung
zu Händen von Herrn Rudolf Decker
Postfach 1240
71032 Böblingen
E-Mail: rudolf.decker@stiftung-grundwerte.de

# Literaturverweise

1 World Trade Organization (2015), »Trade Profiles 2015«. online Zugriff [13.9.2016]: https://www.wto.org/english/res_e/publications_e/ trade_profiles15_e.htm. Link: Download pdf.

2 Infrastructure Consortium for Africa (2013) »Infrastructure Financing Trends in Africa«. S. 14. online Zugriff [13.9.2016]: http://www.icafrica.org/fileadmin/documents/ Annual_Reports/ICA-Infra-Fin-Trends-Africa-2013-Final-WEB.pdf

3 Radermacher, F. J., & Beyers, B. (2011), »Welt mit Zukunft: Die ökosoziale Perspektive«. S. 236. Murmann Verlag DE.

4 United Nations – Department of Economic and Social Affairs/Population Division (2015), »World Population Prospects: The 2015 Revision«. online Zugriff [15.9.2016]: http://esa.un.org/unpd/wpp/DVD/. Tabelle: Total Population – Both Sexes.

5 Europäische Union, »Schuman-Erklärung – 9. Mai 1950«. online Zugriff [3.10.2016]: https://europa.eu/european-union/about-eu/symbols/ europe-day/schuman-declaration_de

6 United Nations – Department of Economic and Social Affairs/Population Division (2015), »World Population Prospects: The 2015 Revision«. S. 1 und S. 2. online Zugriff [21.9.2016]: http://esa.un.org/unpd/wpp/ Publications/Files/Key_Findings_WPP_2015.pdf

7 World Health Organization (6.6.2016), »Global Health Observatory data repository – Life expectancy Data by WHO region «, online Zugriff [15.9.2016]: http://apps.who.int/gho/data/view.main.SDG2016LEXREGv?lang=en

8 United Nations – Department of Economic and Social Affairs, Population Division (2012), »World Population Prospects: The 2012 Revision«. online Zugriff [7.7.2015]: http://www.un.org/en/development/desa/population/ publications/pdf/trends/WPP2012_Wallchart.pdf

9 United Nations (2007), »The United Nations and Darfur«. online Zugriff [21.9.2016] http://www.un.org/News/dh/infocus/sudan/fact_sheet.pdf

10 Goethe, Johann Wolfgang von. (1829). Wilhelm Meisters Wanderjahre. Kapitel 71. Projekt Gutenberg-DE. online Zugriff [30.12.2016]: http://gutenberg.spiegel.de/buch/wilhelm-meisters-wanderjahre-3679/71

11 United Nations High Commissioner for Refugees – UNHCR, »Figures at a Glance«. online Zugriff [4.10.2016]: http://www.unhcr.org/figures-at-a-glance.html

12 United Nations High Commissioner for Refugees – UNHCR (18.6.2015), »Weltweit fast 60 Millionen Menschen auf der Flucht«. online Zugriff

[21.9.2016]: http://www.unhcr.de/home/artikel/f31dce23af754ad07737
a7806dfac4fc/weltweit-fast-60-millionen-menschen-auf-der-flucht.html

13 Zeenews (9.10.2010), »Indo-Bangla border fencing to be completed by
March 2010«. online Zugriff [21.9.2016]:
http://zeenews.india.com/news/nation/indo-bangla-border-fencing-to-be-
completed-by-march-2010_569528.html

14 The Guardian (1.1.2015), »Unfinished US-Mexico border wall is a costly
logistical nightmare in Texas«. online Zugriff [21.9.2016]:
https://www.theguardian.com/us-news/2016/jan/01/unfinished-us-
mexico-border-wall-texas-secure-fence-act

15 World Food Programme, »Hunger Statistics«. online Zugriff [3.10.2016]:
https://www.wfp.org/hunger/stats

16 Vereinte Nationen (2015), »Millenniums-Entwicklungsziele Bericht 2015«
S. 9. online Zugriff [22.9.2016]:
http://www.un.org/depts/german/millennium/MDG%20Report%202015%
20German.pdf

17 World Bank Group, »Poverty GNI per capita, Atlas method (current
US$)/Sub-Saharan Africa«. online Zugriff [3.10.2016]:
http://data.worldbank.org/indicator/NY.GNP.PCAP.CD?locations=ZG
*Das jährliche Einkommen pro Kopf in Subsahara-Afrika beträgt 1628 US-
Dollar, was 4,46 US-Dollar pro Tag entspricht.*

18 Eurostat (2016), »Löhne und Arbeitskosten«. online Zugriff [3.10.2016]:
http://ec.europa.eu/eurostat/statistics-explained/index.php/
Wages_and_labour_costs/de

19 World Bank Group (30.9.2015), »FAQs: Global Poverty Line Update«.
online Zugriff [22.9.2016]:
http://www.worldbank.org/en/topic/poverty/brief/global-poverty-line-faq

20 World Bank Group, »Poverty headcount ratio at $1.90 a day (2011 PPP)
(% of population)/Sub-Saharan Africa«. online Zugriff [7.10.2016]:
http://data.worldbank.org/indicator/SI.POV.DDAY?locations=ZG&name_
desc=false
*Dies sind inflationsbereinigte US-Dollar, die mit den Preisen des Jahres 2011
vergleichbar sind. Der heutige entsprechende Geldwert liegt über 1,90 US-
Dollar. Am 28.9.2016 kosteten 1,90 US-Dollar ungefähr 1,69 Euro.*

21 World Bank Group, »Poverty & Equity/Regional Dashboard/Sub-Saharan
Africa«. online Zugriff [16.10.2016]:
http://povertydata.worldbank.org/poverty/region/SSA. Explore Data:
Select a Country.

22 Papst Franziskus (24.5.2015), »Enzyklika Laudato si' … Über die Sorge für
das gemeinsame Haus«. Nr. 51. online Zugriff [15.9.2016]:
http://w2.vatican.va/content/francesco/de/encyclicals/documents/
papa-francesco_20150524_enciclica-laudato-si.html

23 Radermacher, F. J., & Beyers, B. (2011), *Welt mit Zukunft: Die ökosoziale
Perspektive.* S. 105-106, 135. Murmann Verlag DE.

24 Vereinte Nationen (2015), »Millenniums-Entwicklungsziele Bericht 2015«
S. 24. online Zugriff [15.9.2016]: http://www.un.org/depts/german/
millennium/MDG%20Report%202015%20German.pdf

25 Bundeszentrale für politische Bildung (20.5.2005), »Sprachenvielfalt auf
dem afrikanischen Kontinent«. online Zugriff [15.9.2016]: http://
www.bpb.de/internationales/afrika/afrika/58933/sprachenvielfalt?p=all

26 Statistia, »Anteil der Anhänger ausgewählter Religionen an der
Gesamtbevölkerung in Afrika im Jahr 2010«. online Zugriff [22.9.2016]:
https://de.statista.com/statistik/daten/studie/256870/umfrage/anteil-der-
anhaenger-ausgewaehlter-religionen-an-der-bevoelkerung-in-afrika/

27 National Geographic Deutschland, »David Livingstone«. online Zugriff
[15.9.2016]: http://www.nationalgeographic.de/reportagen/entdecker/
david-livingstone

28 Bundeszentrale für politische Bildung (20.3.2015), »Bismarck und der
Kolonialismus«. online Zugriff [22.9.2016]:
http://www.bpb.de/apuz/202989/bismarck-und-der-kolonialismus?p=all

29 Bundeszentrale für politische Bildung (13.8.2010), »Afrikas steiniger Weg
in die Unabhängigkeit«. online Zugriff [15.9.2016]: http://www.bpb.de/
internationales/afrika/afrika/58874/afrikas-steiniger-weg?p=all

30 The World Bank (2013), Adams, A., Johansson de Silva, S. and Razmara. S.
(2013). »Improving skills development in the informal sector. Strategies for
Sub-Saharan Africa.« Directions in Development, Washington, DC: World
Bank. In: Deutsche Gesellschaft für internationale Zusammenarbeit.
»Afrika«. online Zugriff [22.9.2016]:
https://www.giz.de/fachexpertise/html/12559.html

31 United Kingdom Parliament, »Congress of Vienna and abolition of the
slave trade«. online Zugriff [22.9.2016]:
https://www.parliament.uk/business/committees/committees-a-z/
commons-select/petitions-committee/petition-of-the-month/
the-congress-of-vienna-and-the-abolition-of-slavery/

32 British Broadcasting Corporation – BBC (3.9.2001), »Focus on the slave
trade«. online Zugriff [22.9.2016]:
http://news.bbc.co.uk/2/hi/africa/1523100.stm

33 The Economist Intelligence Unit Limited (2016), »Democracy Index
2015«. In: Instance Supérieure Indépendante pour les Élections – Tunisie
(2016), online Zugriff [15.9.2016]: http://www.isie.tn/wp-content/uploads/
2016/01/Economist_Intelligence_Unit-Democracy-Index-2015.pdf

34 United Nations – Department of Economic and Social Affairs/Population
Division (2015), »World Population Prospects: The 2015 Revision«. online
Zugriff [15.9.2016]: http://esa.un.org/unpd/wpp/DVD/. Tabelle: Total
Population – Both Sexes.

35 Transparency International, »Corruption Perception Index 2015«. online
Zugriff [23.9.2016]: http://www.transparency.org/cpi2015/#downloads.
Link: Report and Inforgraphics.

36 Regionales Informationszentrum der Vereinten Nationen für Westeuropa – UNRIC, »UNRIC-Hintergrundinformation: Gewalt gegen Frauen – Die Fakten«. online Zugriff [23.9.2016]: http://www.unric.org/de/pressemitteilungen/26167-gewalt-gegen-frauen-die-fakten

37 World Health Organisation (2016), »Violence against women«. online Zugriff [23.9.2016]: http://www.who.int/mediacentre/factsheets/fs239/en/

38 World Health Organisation (2016), »Female genital mutilation«. online Zugriff [23.9.2016]: http://www.who.int/mediacentre/factsheets/fs241/en/

39 United Nations Office on Drugs and Crime, »Factsheet on Human Trafficking«. online Zugriff [23.9.2016]: https://www.unodc.org/documents/human-trafficking/UNVTF_fs_HT_EN.pdf

40 Universität Bremen, »Menschenrechtsschutz in Afrika – Banjul Charta der Menschenrechte und Rechte der Völker«. online Zugriff [23.9.2016]: http://www.unesco-phil.uni-bremen.de/dokumente/Menschenrechtserkl%E4rungen/Banjul%20Charta%201981.htm

41 Deutscher Bundestag – Fachbereich II Auswärtiges, Internationales Recht, Wirtschaftliche Zusammenarbeit und Entwicklung, Verteidigung, Menschenrechte und humanitäre Hilfe (31.10.2015), »SACHSTAND - Thema: Die Afrikanische Menschenrechtscharta und der Afrikanische Gerichtshof für Menschenrechte«. online Zugriff [23.9.2016]: https://www.bundestag.de/blob/414886/9e48321e3585b45e7e1f8ecd87dcdad5/wf-ii-128-05-pdf-data.pdf

42 Food and Agriculture Organization of the United Nations (2015), »The State of Food Insecurity in the World 2015«. S. 21. online Zugriff [27.9.2016]: http://www.fao.org/3/a4ef2d16-70a7-460a-a9ac-2a65a533269a/i4646e.pdf

43 Vereinte Nationen (2015), »Millenniums-Entwicklungsziele Bericht 2015«. S. 9, 58. online Zugriff [15.9.2016]: http://www.un.org/depts/german/millennium/MDG%20Report%202015%20German.pdf

44 World Bank Group, »Poverty GNI per capita, Atlas method (current US$)/Sub-Saharan Africa«. online Zugriff [3.10.2016]: http://data.worldbank.org/indicator/NY.GNP.PCAP.CD?locations=ZG Das jährliche Einkommen pro Kopf in Subsahara-Afrika beträgt 1.628 US-Dollar, was 4,46 US-Dollar pro Tag entspricht.

45 ARD Tagesschau.de (28.6.2016), »34 Cent mehr Mindestlohn für Arbeitnehmer«. online Zugriff [27.9.2016]: https://www.tagesschau.de/wirtschaft/mindestlohn-erhoehung-101.html

46 World Farmers‹ Organization, »The Role of Rural Women in Agriculture«. online Zugriff [27.9.2016]: http://www.wfo-oma.com/women-in-agriculture/articles/the-role-of-rural-women-in-agriculture.html

47 Vereinte Nationen (2015), »Millenniums-Entwicklungsziele Bericht 2015«. S. 25. online Zugriff [15.9.2016]: http://www.un.org/depts/german/millennium/MDG%20Report%202015%20German.pdf

48 United Nations Children's Fund – UNICEF, »Goal: Promote gender equality and empower women«. online Zugriff [27.9.2016]: http://www.unicef.org/mdg/index_genderequality.htm

49 United Nations Educational, Scientific and Cultural Organization – UNESCO, »Street Children«. online Zugriff [27.9.2016]: http://www.unesco.org/new/en/social-and-human-sciences/themes/fight-against-discrimination/education-of-children-in-need/street-children/

50 United Nations Children's Fund – UNICEF (5.5.2015), »Kindersoldaten: Opfer und Täter zugleich, Kinder ohne Kindheit«. online Zugriff [27.9.2016]: https://www.unicef.de/informieren/blog/2015/kindersoldaten-erzaehlen/72156

51 Office of the Special Representative of the Secratary-General for Children and Armed Conflict, »List of persistent perpetrators«. online Zugriff [20.12.2016]: https://childrenandarmedconflict.un.org/wp-content/uploads/Persistent-Perpetrators-SG-ReportonCAAC-2013.pdf

52 Europäisches Parlament - Sonderausschuss gegen organisiertes Verbrechen, Korruption und Geldwäsche (29.9.2013), »Bericht über organisiertes Verbrechen, Korruption und Geldwäsche: Empfohlene Maßnahmen und Initiativen (Schlussbericht) (2013/2107(INI))«, Erwägung P. online Zugriff [28.12.2016]: http://www.europarl.europa.eu/sides/getDoc.do?type=REPORT&reference=A7-2013-0307&format=XML&language=DE

53 The Minderoo Foundation Pty Ltd. (2016), »The Global Slavery Index 2016«. online Zugriff [27.9.2016]: http://assets.globalslaveryindex.org/downloads/Global+Slavery+Index+2016.pdf

54 International Labour Organization – ILO, »Forced labour, human trafficking and slavery«. online Zugriff [27.9.2016]: http://www.ilo.org/global/topics/forced-labour/lang--en/index.htm

55 Department of State – USA (2015), »Trafficking in Persons Report 2015«. S. 48. online Zugriff [28.9.2016]: http://www.state.gov/documents/organization/245365.pdf

56 Statistisches Bundesamt, »Lebensbedingungen, Armutsgefährdung«. online Zugriff [15.9.2016]: https://www.destatis.de/DE/ZahlenFakten/GesellschaftStaat/EinkommenKonsumLebensbedingungen/Lebensbedingungen Armutsgefaehrdung/Tabellen/EUArmutsschwelleGefaehrdung_SILC.html *Der Wert für Alleinlebende im Jahr 2014 von 11.840 Euro durch 365 Tage geteilt ergibt 32,44 Euro.*

57 Constitution of the Republic of South Africa (1996), »Article 27 Health care, food, water and social security«. online Zugriff [15.9.2016]: http://www.justice.gov.za/legislation/constitution/SAConstitution-web-eng.pdf

58 South African Government, »Old age pension«. online Zugriff [3.10.2016]: http://www.gov.za/services/social-benefits-retirement-and-old-age/old-age-pension *Am 16.10.2016 kosteten 1500 ZAR ungefähr 95,88 Euro.*

59 South African Government (28.10.2014), »Child support grant«. online
   Zugriff [3.10.2016]: http://www.gov.za/services/child-care-social-
   benefits/child-support-grant
   *Am 16.10.2016 kosteten 350 ZAR ungefähr 22,37 Euro.*

60 Studies in Poverty and Inequality Institute (2013), Brockerhoff, Stephanie.
   »Review of the Development of Social Security Policy in South Africa«.
   S. 30–31. online Zugriff [28.9.2016]:
   http://spii.org.za/wp-content/uploads/2014/01/Working-Paper-6_Social-
   Security-policy-review.pdf

61 Regionales Informationszentrum der Vereinten Nationen für Westeuropa
   – UNRIC, »Charta der Vereinten Nationen, Präambel, Art. 1, 2 und 4«.
   online Zugriff [15.9.2016]: http://www.unric.org/de/charta/

62 Regionales Informationszentrum der Vereinten Nationen für Westeuropa
   – UNRIC, »Charta der Vereinten Nationen, Präambel, Art. 1, 2 und 4«.
   online Zugriff [15.9.2016]: http://www.unric.org/de/charta/

63 Bundeszentrale für politische Bildung (24.9.2009), »Die Prinzipien der
   EU«. online Zugriff [28.9.2016]:
   http://www.bpb.de/internationales/europa/europaeische-
   union/42935/grafik-prinzipien-der-eu

64 Europarat (1949), »Die Satzung des Europarates – Amtliche Übersetzung
   Deutschlands«. online Zugriff [28.9.2016]:
   https://rm.coe.int/CoERMPublicCommonSearchServices/
   DisplayDCTMContent?documentId=0900001680306051

65 Auswärtiges Amt (10.11.2015), »Europäischer Gerichtshof für
   Menschenrechte«. online Zugriff [15.9.2016]: http://www.auswaertiges-
   amt.de/DE/Aussenpolitik/Friedenspolitik/Europarat/EuropaeischerGericht
   shofMenschenrechte_node.html

66 Europäische Union (30.9.2016), »Die Geschichte der Europäischen
   Union«. online Zugriff [30.9.2016]: https://europa.eu/european-
   union/about-eu/history_de

67 Ständige Vertretung der Bundesrepublik Deutschland bei der
   Nordatlantikvertrags-Organisation, »Geschichte, Ziele und Prinzipien«.
   online Zugriff [30.9.2016]: http://www.nato.diplo.de/Vertretung/nato/de/
   04/Ziele__Prinzipien/Ziele_20und_20Prinzipien.html

68 Deutsche Gesellschaft für internationale Zusammenarbeit, »Afrikanische
   Friedens- und Sicherheitsarchitektur (APSA)«. online Zugriff [28.9.2016]:
   https://www.giz.de/de/weltweit/15631.html

69 United Nations Economic Commission for Africa – UNECA, »Regional
   Economic Communities«. online Zugriff [28.9.2016]:
   http://www.uneca.org/oria/pages/regional-economic-communities

70 Bundeszentrale für politische Bildung (19.5.2005), »Prinzipien, Ziele und
   Institutionen der Afrikanischen Union«. online Zugriff [28.9.2016]:
   http://www.bpb.de/internationales/afrika/afrika/59006/afrikanische-
   union?p=1

71 Average Salary Survey, »South Africa«. online Zugriff [28.9.2016]:
http://www.averagesalarysurvey.com/south-africa

72 Statistia, »South Africa: unemployment rate from 2010 to 2020«. online
Zugriff [28.9.2016]: https://www.statista.com/statistics/370516/
unemployment-rate-in-south-africa/

73 World Bank Group (12.4.2016), »Countries/South Africa/Overview/
Economic Overview«. online Zugriff [28.9.2016]:
http://www.worldbank.org/en/country/southafrica/overview

74 World Bank Group (15.4.2016), »Countries/Uganda/Overview/
Economic Overview«. online Zugriff [29.9.2016]:
http://www.worldbank.org/en/country/uganda/overview

75 World Bank Group (15.4.2016), »Countries/Uganda/Overview/
Development Strategy«. online Zugriff [29.9.2016]:
http://www.worldbank.org/en/country/uganda/overview#2

76 World Bank Group, »Employment in agriculture (% of total employment)/
Uganda«. online Zugriff [29.9.2016]:
http://data.worldbank.org/indicator/SL.AGR.EMPL.ZS?locations=UG

77 Oxford Centre for the Analysis of Resource Rich Economies – OxCarre
(2012), Henstridge, Mark. Page, John. »Managing a Modest Boom: Oil
Revenues in Uganda«. S. 7. online Zugriff [29.9.2016]: http://www.oxcarre.
ox.ac.uk/images/stories/papers/ResearchPapers/oxcarrerp201290.pdf

78 Trading Economics, »Uganda Government Budget«. online Zugriff
[29.9.2016]: http://www.tradingeconomics.com/uganda/government-
budget
*Der Staatshaushalt von Uganda lag 2014 bei 4,3 % des Bruttoinlands-
produkts.*

79 Transparency International, »Corruption Perception Index 2015«. online
Zugriff [23.9.2016]: http://www.transparency.org/cpi2015/#downloads.
Link: Report and Infographics.

80 Central Intelligence Agency – The World Factbook, »Africa :: RWANDA«.
online Zugriff [29.9.2016]: https://www.cia.gov/library/publications/
resources/the-world-factbook/geos/rw.html

81 Partnerschaft Rheinland-Pfalz & Ruanda, »Graswurzelpartnerschaft
Rheinland-Pfalz-Ruanda«. online Zugriff [29.9.2016]:
http://rwa.rlp-ruanda.de/de/ueber-uns/graswurzelpartnerschaft-rheinland-
pfalz-ruanda/

82 World Bank Group (11.4.2016), »Countries/Uganda/Overview/Economic
Overview«. online Zugriff [29.9.2016]:
http://www.worldbank.org/en/country/rwanda/overview

83 World Bank Group, »Poverty headcount ratio at $1.90 a day (2011 PPP)
(% of population)/Rwanda«. online Zugriff [16.10.2016]:
http://data.worldbank.org/indicator/SI.POV.DDAY?locations=RW

84 United Nations Conference on Trade and Development – UNCTAD
   (2013), Galley, Komla Nyédji. »Why Trade Matters in Development
   Strategies?«. S. 2. online Zugriff [29.9.2016]:
   http://unctad.org/meetings/es/Contribution/ditc_dir_2013_PaperTogo.pdf

85 Heidelberg Cement Group (11.3.2015), »Werkseröffnungen in Afrika«.
   online Zugriff [29.9.2016]:
   http://www.heidelbergcement.com/de/node/7443

86 Transparency International (1.2.2016), »Corruption Perception Index
   2015«. online Zugriff [23.9.2016]: http://www.transparency.org/
   cpi2015/#downloads. Link: Report and Infographics.

87 World Bank Group, »Poverty headcount ratio at $1.90 a day (2011 PPP)
   (% of population)/Togo«. online Zugriff [29.9.2016]:
   http://data.worldbank.org/indicator/SI.POV.DDAY?locations=TG

88 Spiegel Online (21.5.2013), »Äthiopien weiht Bahnstrecke ans Meer ein«.
   online Zugriff [16.10.2016]: http://www.spiegel.de/reise/fernweh/addis-
   abeba-dschibuti-aethiopien-weiht-bahnstrecke-ein-a-1115329.html

89 Central Intelligence Agency – The World Factbook, »Europe ::
   EUROPEAN UNION«. online Zugriff [29.9.2016]: https://www.cia.gov/
   library/publications/resources/the-world-factbook/geos/ee.html

90 Berlin-Institut für Bevölkerung und Entwicklung (2008), Hoßmann, Iris;
   Karsch, Margret; Klingholz, Reiner; Köhncke, Ylva; Kröhnert, Steffen;
   Pietschmann, Catharina; Sütterlin, Sabine. »Die demografische Zukunft
   von Europa. Wie sich die Regionen verändern« Kurzfassung. S. 3. online
   Zugriff [29.9.2016]: http://www.berlin-institut.org/fileadmin/user_upload/
   Europa/Kurz_Europa_d_Map.pdf

91 Eurostat (2016), »Population and population change statistics«. online
   Zugriff [29.9.2016]: http://ec.europa.eu/eurostat/statistics-explained/
   index.php/Population_and_population_change_statistics

92 United Nations – Department of Economic and Social Affairs, Population
   Division (2015), »World Population Prospects«. online Zugriff [29.9.2016]:
   http://esa.un.org/unpd/wpp/DVD/. Tabelle: Total Population – Both Sexes.

93 Worldatlas (19.9.2016), »15 Biggest Cities In Africa«. online Zugriff
   [29.9.2016]: http://www.worldatlas.com/articles/15-biggest-cities-in-
   africa.html

94 Central Intelligence Agency – The World Factbook, »Africa :: ALGERIA«.
   online Zugriff [29.9.2016]: https://www.cia.gov/library/publications/the-
   world-factbook/geos/ag.html

95 Central Intelligence Agency – The World Factbook, »Africa :: CONGO,
   DEMOCRATIC REPUBLIC OF THE«. online Zugriff [29.9.2016]:
   https://www.cia.gov/library/publications/the-world-factbook/geos/cg.html

96 United Nations – Department of Economic and Social Affairs, Population
   Division (2012), »World Population Prospects: The 2012 Revision«. online
   Zugriff [7.7.2015]: http://www.un.org/en/development/desa/population/
   publications/pdf/trends/WPP2012_Wallchart.pdf

97 Bertelsmann Stiftung (2008), »Religionsmonitor 2008 Muslimische Religiosität in Deutschland«. S. 10. online Zugriff [29.9.2016]: https://www.bertelsmann-stiftung.de/fileadmin/files/BSt/Publikationen/ GrauePublikationen/GP_Religionsmonitor_2008_Muslimische_ Religiositaet.pdf

98 Statistia, »Anteil der Muslime an der Bevölkerung in Europa und der Welt von 1990 bis 2010 und Prognose bis 2030«. online Zugriff [29.9.2016]: https://de.statista.com/statistik/daten/studie/380914/umfrage/anteil-der-muslime-an-der-bevoelkerung-in-europa-und-der-welt/

99 Ost-West Europäische Perspektiven, Stricker, Gerd. »Islam in Russland«. online Zugriff [16.10.2016]: https://www.owep.de/artikel/623/islam-in-russland

100 WeltN24 GmbH (23.6.2015), »Muslime – Die Gewinner des demografischen Wandels«. online Zugriff [29.9.2016]: https://www.welt.de/politik/ausland/article142756110/Muslime-Die-Gewinner-des-demografischen-Wandels.html

101 Politico (24.6.2016), Guàrdia, Arnau Busquets. »How Brexit vote broke down: A visual guide to Thursday's EU referendum«. online Zugriff [14.12.2016]: http://www.politico.eu/article/graphics-how-the-uk-voted-eu-referendum-brexit-demographics-age-education-party-london-final-results/

102 Wikipedia, »Euro«. online Zugriff [30.9.2016]: https://de.wikipedia.org/wiki/Euro

103 Eurostat (2016), »Fertiltiy statistics«. online Zugriff [30.9.2016]: http://ec.europa.eu/eurostat/statistics-explained/index.php/Fertility_statistics

104 Europäische Kommission (30.9.2016), »Member States' Competitiveness Report«. online Zugriff [30.9.2016]: http://ec.europa.eu/growth/industry/competitiveness/reports/ms-competitiveness-report_en

105 Berlin-Institut für Bevölkerung und Entwicklung (15.9.2011), »Afrika vor demografischen Herausforderungen«, online Zugriff [30.9.2016]: http://www.berlin-institut.org/newsletter/Ausgabe_15.09.2011.html.html

106 Vereinte Nationen (2015), »Millenniums-Entwicklungsziele Bericht 2015«, online Zugriff [15.9.2016]: http://www.un.org/depts/german/millennium/ MDG%20Report%202015%20German.pdf

107 Vereinte Nationen – Generalversammlung (18.9.2015), Siebzigste Tagung. Tagungsordnungspunkte 15 und 116. S. 6 und 15. online Zugriff [15.9.2016]: http://www.un.org/depts/german/gv-70/a70-l1.pdf

108 Africanus, »Wirtschaft Afrikas«. online Zugriff [30.9.2016]: http://www.africanus.de/wirtschaft

109 Central Intelligence Agency – The World Factbook, »FIELD LISTING :: WATERWAYS«. online Zugriff [30.9.2016]: https://www.cia.gov/library/ publications/resources/the-world-factbook/fields/2093.html

110 African Development Bank Group (9.5.2013), »Improved Infrastructure to Support Africa's Competitiveness«. online Zugriff [30.9.2016]: http://www.afdb.org/en/blogs/afdb-championing-inclusive-growth-across-africa/post/improved-infrastructure-to-support-africas-competitiveness-11755/

111 The Brookings Institution (2015), Gutman, Jeffrey; Sy, Amadou; Chattopadhyay, Soumya. »Financing African Infrastructure: Can the World deliver?«. S. 27-28. online Zugriff [13.9.2016]: https://www.brookings.edu/wp-content/uploads/2016/07/AGIFinancingAfricanInfrastructure_FinalWebv2.pdf

112 The World Bank (2009), Teravaninthorn, Supee; Raballand, Gaël. »Transport Prices and Costs in Africa«. S. 14. online Zugriff [30.9.2016]: https://openknowledge.worldbank.org/bitstream/handle/10986/6610/461810PUB0Box3101OFFICIAL0USE0ONLY1.pdf?sequence=1

113 About, Inc. (5.9.2016), »How Much U.S. Debt Does China Really Own?«. online Zugriff [4.10.2016]: http://usgovinfo.about.com/od/moneymatters/ss/How-Much-US-Debt-Does-China-Own.htm

114 East Asia Forum (7.2.2015), Johnston, Lauren. »China's road to growth in Africa«. online Zugriff [4.10.2016]: http://www.eastasiaforum.org/2015/02/07/chinas-road-to-growth-in-africa/

115 Frankfurter Rundschau (4.1.2015), Dieterich, Johannes. »Afrikas gierige Helfer«. online Zugriff [4.10.2016]: http://www.fr-online.de/wirtschaft/afrika-afrikas-gierige-helfer,1472780,29475308.html

116 Lukas Verlag für Kunst- und Geistesgeschichte (2004), Grabner, Sigrid und Röder, Hendrik (Hg.). Emmi Bonhoeffer. »Essay, Gespräch, Erinnerung«. Berlin 2004.

117 Stiftung Weltbevölkerung (2015), »Datenreport 2015«. S. 2. online Zugriff [15.9.2016]: http://weltbevoelkerung.de/fileadmin/content/PDF/Datenreport_2015_Stiftung_Weltbevoelkerung.pdf

118 Statistia, »Entwicklung der Weltbevölkerungszahl von Christi Geburt bis zum Jahr 2015 (in Milliarden)«. online Zugriff [4.10.2016]: https://de.statista.com/statistik/daten/studie/1694/umfrage/entwicklung-der-weltbevoelkerungszahl/

119 Tessloff – Was ist Was, »Die Frage der Woche: ›Wie viele Menschen haben bisher auf der Erde gelebt?‹«. online Zugriff [29.9.2016]: http://www.wasistwas.de/archiv-wissenschaft-details/die-frage-der-woche-wie-viele-menschen-haben-bisher-auf-der-erde-gelebt.html

120 Berlin-Institut für Bevölkerung und Entwicklung (2008), Hoßmann, Iris; Karsch, Margret; Klingholz, Reiner; Köhncke, Ylva; Kröhnert, Steffen; Pietschmann, Catharina; Sütterlin, Sabine. »Die demografische Zukunft von Europa. Wie sich die Regionen verändern«. Kurzfassung. S. 3. online Zugriff [29.9.2016]: http://www.berlin-institut.org/fileadmin/user_upload/Europa/Kurz_Europa_d_Map.pdf

Eurostat (2009), »Archive:Regional population projections«. online Zugriff [4.10.2016]: http://ec.europa.eu/eurostat/statistics-explained/index.php/ Archive:Regional_population_projections

Statistisches Bundesamt (2012), »Geburten in Deutschland«. S. 14. online Zugriff [4.10.2016]: https://www.destatis.de/DE/Publikationen/ Thematisch/Bevoelkerung/Bevoelkerungsbewegung/Broschuere GeburtenDeutschland0120007129004.pdf?__blob=publicationFile

Statistisches Bundesamt (2006), »Generationen – Sterbetafeln für Deutschland: Modellrechnungen für die Geburtsjahrgänge 1871-2004«. S. 15. online Zugriff [4.10.2016]: https://www.destatis.de/DE/ Publikationen/Thematisch/Bevoelkerung/Bevoelkerungsbewegung/ Generationssterbetafeln5126101069004.pdf?__blob=publicationFile

Statistia, »Entwicklung der Weltbevölkerungszahl von Christi Geburt bis zum Jahr 2015 (in Milliarden)«. online Zugriff [29.9.2016]: https://de.statista.com/statistik/daten/studie/273406/umfrage/entwicklung-der-lebenserwartung-bei-geburt—in-deutschland-nach-geschlecht/

125 Eurostat (2016), »Population structure and ageing ». online Zugriff [4.10.2016]: http://ec.europa.eu/eurostat/statistics-explained/index.php/ Population_structure_and_ageing

126 Europäische Union – EUR-Lex (2012), »Konsolidierte Fassungen des Vertrags über die Europäische Union und des Vertrags über die Arbeitsweise der Europäischen Union«. online Zugriff [4.10.2016]: http://eur-lex.europa.eu/legal-content/DE/TXT/ ?uri=celex%3A12012M%2FTXT

127 Berlin-Institut für Bevölkerung und Entwicklung (15.9.2011), »Afrika vor demografischen Herausforderungen«, online Zugriff [30.9.2016]: http://www.berlin-institut.org/newsletter/Ausgabe_15.09.2011.html.html

128 World Bank Group, »GDP growth (annual %)«. online Zugriff [10.4.2016]: http://data.worldbank.org/indicator/NY.GDP.MKTP.KD.ZG?year_high_de sc=true

129 The White House (21.9.2016), »FACT SHEET: U.S.-Africa Cooperation on Trade and Investment Under the Obama Administration«. online Zugriff [4.10.2016]: https://www.whitehouse.gov/the-press-office/2016/09/21/fact-sheet-us-africa-cooperation-trade-and-investment-under-obama

130 Statistisches Bundesamt (2015), Allafi, Sabine. Koch, Julia. »Aussenhandel mit Afrika«. S. 16. online Zugriff [4.10.2016]: https://www.destatis.de/DE/ Publikationen/WirtschaftStatistik/2015/03/AussenhandelAfrika_ 032015.pdf?__blob=publicationFile

131 Spiegel Online (21.5.2013), »Kongo baut größtes Wasserkraftwerk der Welt«. online Zugriff [4.10.2016]: http://www.spiegel.de/wissenschaft/ technik/kongo-plant-groesstes-wasserkraftwerk-der-welt-a-900943.html

132 Solar Reserve, »Jasper«. online Zugriff [4.10.2016]: http://www.solarreserve.com/en/global-projects/pv/jasper

Bundeszentrale für politische Bildung, »Grundlagendossier Migration«.
online Zugriff [5.10.2016]: http://www.bpb.de/gesellschaft/migration/
dossier-migration/

Bundeszentrale für politische Bildung (13.3.2008), »Migration im
europäischen Vergleich – Zahlen, Daten, Fakten?«. online Zugriff
[5.10.2016]: http://www.bpb.de/gesellschaft/migration/dossier-
migration/56589/migrationsdaten

Statistisches Bundesamt, »Bevölkerung nach Migrationshintergrund und
Geschlecht«. online Zugriff [5.10.2016]:
https://www.destatis.de/DE/ZahlenFakten/GesellschaftStaat/Bevoelkerung/
MigrationIntegration/Migrationshintergrund/Tabellen/
MigrationshintergrundGeschlecht.html

Innovation und Demografischer Wandel im Gaststätten- und
Hotelgewerbe – INDIGHO (2013), Schlote-Sautter, B. Herter-Eschweiler,
R. Lauer, L. »Die demografische Lage des Hotel- und Gastgewerbes 2010«.
online Zugriff [22.9.2016]: http://safety-work.org/fileadmin/safety-
work/documents/DE/INDIGHO/Demogr_Lage_HoGa_2010.pdf

Bertelsmann Stiftung & Zentrum für Europäische Wirtschaftsforschung
GmbH (2014), Bonin, Holger. »Der Beitrag von Ausländern und künftiger
Zuwanderung zum deutschen Staatshaushalt«. S. 1. online Zugriff
[22.9.2016]: http://www.bertelsmann-stiftung.de/fileadmin/files/
user_upload/Bonin_Beitrag_Zuwanderung_zum_dt_Staatshaushalt_
141204_nm.pdf

138 World Bank Group, »Poverty headcount ratio at $1.90 a day (2011 PPP)
(% of population)/Sub-Saharan Africa«. online Zugriff [7.10.2016]:
http://data.worldbank.org/indicator/SI.POV.DDAY?locations=
ZG&name_desc=false

139 Deutsche Gesellschaft für internationale Zusammenarbeit,
»Ernährungssicherung durch Übergangshilfemaßnahmen in Subsahara-
Afrika«. online Zugriff [5.10.2016]:
https://www.giz.de/de/weltweit/40350.html

140 Tagesanzeiger (2.12.2015), Dieterich, Johannes. »Die gierigen Helfer«.
online Zugriff [22.9.2016]: http://www.tagesanzeiger.ch/ausland/naher-
osten-und-afrika/die-gierigen-helfer/story/21880711

Forum on China-Africa Cooperation FOCAC (8.12.2015), »Xi announces
10 major China-Africa cooperation plans for coming 3 years«. online
Zugriff [5.10.2016]:
http://www.focac.org/eng/ltda/dwjbzjjhys_1/t1322068.htm

Bloomberg (2.12.2015), »China's Xi Pledges $6.5 Billion to Support S.
Africa Economy«. online Zugriff [5.10.2016]:
http://www.bloomberg.com/news/articles/2015-12-02/xi-s-south-africa-
visit-starts-with-6-5-billion-in-agreements

Matthäus 7,12, aus: Die Bibel, Die Heilige Schrift des Alten und Neuen
Bundes, Herder-Übersetzung © Verlag Herder, Freiburg im Breisgau 2005.

Vereinte Nationen (2015), »Millenniums-Entwicklungsziele Bericht 2015«.
S. 23. online Zugriff [22.9.2016]:
http://www.un.org/depts/german/millennium/MDG%20Report%20
2015%20German.pdf

United Nations Educational, Scientific and Cultural Organization –
UNESCO, »Street Children«. online Zugriff [27.9.2016]:
http://www.unesco.org/new/en/social-and-human-sciences/themes/fight-
against-discrimination/education-of-children-in-need/street-children/

Vereinte Nationen (2015), »Millenniums-Entwicklungsziele Bericht 2015«.
S. 9, 58. online Zugriff [15.9.2016]:
http://www.un.org/depts/german/millennium/MDG%20Report%20
2015%20German.pdf

147 The Economist Intelligence Unit Limited (2016), »Democracy Index
2015«. In: Instance Supérieure Indépendante pour les Élections – Tunisie
(2016), online Zugriff [15.9.2016]: http://www.isie.tn/wp-
content/uploads/2016/01/Economist_Intelligence_Unit-Democracy-Index-
2015.pdf

148 Matthäus 7,12. Galater 6,2, aus: Die Bibel, Die Heilige Schrift des Alten
und Neuen Bundes, Herder-Übersetzung © Verlag Herder, Freiburg im
Breisgau 2005.

149 King, Martin Luther (28.8.1963), »Ich habe einen Traum – Ansprache
während des Marsches auf Washington für Arbeitsplätze und Freiheit«. In:
U.S. Diplomatic Mission to Germany (2010). online Zugriff [24.1.2017]:
https://usa.usembassy.de/etexts/soc/traum.htm

150 Bertelsmann (2014), Kissinger, Henry. »Weltordnung« 1. Aufl. München

151 King, Martin Luther (28.8.1963), »Ich habe einen Traum – Ansprache
während des Marsches auf Washington für Arbeitsplätze und Freiheit«. In:
U.S. Diplomatic Mission to Germany (2010). online Zugriff [24.1.2017]:
https://usa.usembassy.de/etexts/soc/traum.htm

152 Matthäus 5–7, aus: Die Bibel, Die Heilige Schrift des Alten und Neuen
Bundes, Herder-Übersetzung © Verlag Herder, Freiburg im Breisgau 2005.

153 Wikiquote, online Zugriff [20.12.2016]:
https://en.wikiquote.org/wiki/Marianne_Williamson »*You are a child of
God. ... We were born to make manifest the glory of God that is within us.*«
*Dieses Zitat stammt von Marianne Williamson (1992), A Return to Love,
wird aber oft Nelson Mandela zugeschrieben.*

154 World Bank Group, »Poverty headcount ratio at $1.90 a day (2011 PPP) (%
of population)/Sub-Saharan Africa«. online Zugriff [7.10.2016]:
http://data.worldbank.org/indicator/SI.POV.DDAY?locations=ZG&name_
desc=false

155 ARD Tagesschau (15.6.2016), »So viel Geld floss nach Griechenland«.
online Zugriff [7.10.2016]:
http://www.tagesschau.de/wirtschaft/rettungspakete-101.html

156 Spiegel Online (4.9.2007), »Genforscher enthüllt sein Innerstes«. online
Zugriff [8.10.2016]:
http://www.spiegel.de/wissenschaft/mensch/komplettes-erbgut-im-web-
genforscher-enthuellt-sein-innerstes-a-503730.html

157 Statistisches Bundesamt (16.9.2016), »Bevölkerung mit Migrationshintergrund auf Rekordniveau«. online Zugriff [8.10.2016]:
https://www.destatis.de/DE/PresseService/Presse/Pressemitteilungen/2016/
09/PD16_327_122.html

Regionales Informationszentrum der Vereinten Nationen für Westeuropa
– UNRIC, »Charta der Vereinten Nationen, Präambel«. online Zugriff
[15.9.2016]: http://www.unric.org/de/charta/

159 Römer 13,1, aus: Die Bibel, Die Heilige Schrift des Alten und Neuen
Bundes, Herder-Übersetzung © Verlag Herder, Freiburg im Breisgau 2005.

Apostelgeschichte 5,29, aus: Die Bibel, Die Heilige Schrift des Alten und
Neuen Bundes, Herder-Übersetzung © Verlag Herder, Freiburg im
Breisgau 2005.

Bertelsmann Stiftung (2008), »Religionsmonitor 2008 Muslimische
Religiosität in Deutschland«. S. 10. online Zugriff [29.9.2016]:
https://www.bertelsmann-stiftung.de/fileadmin/files/BSt/Publikationen/
GrauePublikationen/GP_Religionsmonitor_2008_Muslimische_
Religiositaet.pdf

162 Central Intelligence Agency – The World Factbook, »North America ::
UNITED STATES«. online Zugriff [8.10.2016]:
https://www.cia.gov/library/publications/the-world-factbook/geos/us.html

163 United States Census Bureau, »Trade in Goods with Sub Saharan Africa«.
online Zugriff: [8.10.2016]: https://www.census.gov/foreign-
trade/balance/c0019.html

164 The Brookings Institution (3.4.2013), »U.S. Development Assistance and
Sub-Saharan Africa: Opportunities for Engagement«. online zugriff
[8.10.2016]: https://www.brookings.edu/research/u-s-development-
assistance-and-sub-saharan-africa-opportunities-for-engagement/

165 Coalition for the International Criminal Court, »Africa and the
International Criminal Court«. online zugriff [8.10.2016]:
http://www.iccnow.org/documents/Africa_and_the_ICC.pdf

166 Bundeszentrale für politische Bildung (11.11.2013), »Internationale
Gerichtsbarkeit«. online Zugriff [8.10.2016]: http://www.bpb.de/
nachschlagen/zahlen-und-fakten/globalisierung/52814/internationale-
gerichtsbarkeit

167 Verena Lengsfeld (19.2.2016), »Die Zukunft Europas liegt in Afrika«.
online Zugriff [8.10.2016]: http://vera-lengsfeld.de/2016/02/19/die-
zukunft-europas-liegt-in-afrika/

168 Verena Lengsfeld (19.2.2016), »Die Zukunft Europas liegt in Afrika«.
online Zugriff [8.10.2016]: http://vera-lengsfeld.de/2016/02/19/die-
zukunft-europas-liegt-in-afrika/

169 Johannes 18,38, aus: Die Bibel, Die Heilige Schrift des Alten und Neuen
Bundes, Herder-Übersetzung © Verlag Herder, Freiburg im Breisgau 2005.

170 Matthäus 25,40, aus: Die Bibel, Die Heilige Schrift des Alten und Neuen
Bundes, Herder-Übersetzung © Verlag Herder, Freiburg im Breisgau 2005.

171 Gemeinsam für Afrika, »Mitgliedsorganisationen«. online Zugriff
[8.10.2016): http://www.gemeinsam-fuer-afrika.de/uber-
uns/mitgliederorganisationen/

172 World Bank Group (16.6.2013), »Remittances Create Safety Net for
African Households«. online Zugriff [8.10.2016):
http://www.worldbank.org/en/news/feature/2013/06/26/remittances-
create-safety-net-for-african-households

173 Partnerschaft Rheinland-Pfalz & Ruanda, »Graswurzelpartnerschaft
Rheinland-Pfalz-Ruanda«. online Zugriff [29.9.2016]: http://rwa.rlp-
ruanda.de/de/ueber-uns/graswurzelpartnerschaft-rheinland-pfalz-ruanda/

174 Badische Zeitung (16.12.2011), Neubauer, Michael. »Kamerad auf
Afrikareise«. online Zugriff [8.10.2016]: http://www.badische-
zeitung.de/ausland-1/kamerad-auf-afrikareise--53685107.html

175 Stuttgarter Zeitung (24.10.2015), Gerlinde Wicke-Naber, »Wir Deutschen
lernen viel in Afrika«. online Zugriff [8.10.2016]: http://www.stuttgarter-
zeitung.de/inhalt.sindelfingen-kampala-wir-deutschen-lernen-viel-in-
afrika.d3852e4d-b025-4fd9-88b9-575224e9ab40.html

176 Sunday Vision (19.62016), »Private company to manage Kampala –
Entebbe expressway«. online Zugriff [8.10.2016]:
http://www.newvision.co.ug/new_vision/news/1341843/private-company-
manage-kampala-entebbe-expressway

177 The Wall Street Journal (28.11.2013), »Chinesen bauen neue Bahnstrecke
in Kenia«. online Zugriff [8.10.2016]: http://www.wsj.de/nachrichten/
SB10001424052702304017204579226053565632332

178 The Economist Intelligence Unit Limited (2016), »Democracy Index
2015«. In: Instance Supérieure Indépendante pour les Élections – Tunisie
(2016), online Zugriff [15.9.2016]: http://www.isie.tn/wp-
content/uploads/2016/01/Economist_Intelligence_Unit-Democracy-Index-
2015.pdf

179 Deutsche Gesellschaft für internationale Zusammenarbeit GIZ,
»Ernährungssicherung durch Übergangshilfemaßnahmen in Subsahara-
Afrika«. online Zugriff [5.10.2016]:
https://www.giz.de/de/weltweit/40350.html